LOGISTIK PRAXIS

# Software in der LOGISTIK

## Big Data gezielt nutzen

Erarbeitet und zusammengestellt
von der Redaktion LOGISTIK HEUTE
in Kooperation mit Prof. Dr. Michael
ten Hompel vom Fraunhofer-Institut für
Materialfluss und Logistik, Dortmund



huss
80912 München

Bereits in der **LOGISTIK▸PRAXIS◂**-Reihe erschienen:

**Software in der Logistik – Grundlagen**
Best.-Nr. 22161
ISBN 3-931724-97-2

**Software in der Logistik – RFID**
Best.-Nr. 22162
ISBN 3-937711-07-04

**Software in der Logistik – Markt-Spiegel**
Best.-Nr. 22163
ISBN 3-937711-28-7

**Software in der Logistik – Prozesse, Vernetzung, Schnittstellen**
Best.-Nr. 22164
ISBN 978-3-937711-45-4

**Software in der Logistik – Weltweit sichere Supply Chains**
Best.-Nr. 22165
ISBN 978-3-937711-65-2

**Software in der Logistik – Klimaschutz im Fokus**
Best.-Nr. 22166
ISBN 978-3-941418-09-7

**Software in der Logistik – Bestände richtig steuern**
Best.-Nr. 22167
ISBN 978-3-941418-33-2

**Software in der Logistik – Cloud Computing**
Best.-Nr. 22168
ISBN 978-3-941418-53-0

**Software in der Logistik – Intelligente Systeme**
Best.-Nr. 22170
ISBN 978-3-941418-79-0

**Software in der Logistik – Prozesse steuern mit Apps**
Best.-Nr. 22171
ISBN 978-3-944281-04-9

Best.-Nr. 22172
ISBN 978-3-944281-22-3

HUSS-VERLAG GmbH
Joseph-Dollinger-Bogen 5, 80807 München
Telefon +49(0)89/3 23 91-0
Telefax +49(0)89/3 23 91-420
www.huss.de
www.logistik-heute.de
redaktion@logistik-heute.de
Herausgeber: Wolfgang Huss, Dr. Petra Seebauer

Titelbild: Petya Petrova, Fotolia.com
Produktmanagement: Dr. Petra Seebauer, Anja Kiewitt
Redaktion: Anja Kiewitt, Matthias Pieringer, Thilo Jörgl
Schlussredaktion: Martina Bodemann
Grafik/Layout: Ingemar Statnik
Herstellung: BAVARIA-DRUCK GmbH, 80910 München

# Fluch oder Segen

Was bedeutet der Begriff Big Data, der zurzeit in aller Munde ist? Experten fassen darunter zwei Aspekte zusammen: immer schneller wachsende Datenberge einerseits, IT-Lösungen und Systeme anderseits, die Unternehmen dabei helfen, mit der Informationsflut fertigzuwerden. Insbesondere unstrukturierte Daten, etwa aus sozialen Netzwerken, stellen den größten Teil von Big Data dar.

Jedes Unternehmen aus Industrie, Handel und Dienstleistung produziert riesige Datenmengen – seien es Tabellen, Dokumente, Präsentationen oder E-Mails. Um das Potenzial, das dieser Big-Data-Bestand birgt, auszuschöpfen, fehlt es den meisten Firmen und Behörden am nötigen Methodenwissen und an geeigneten Tools. Viele Betriebe sind auf den Umgang mit großen Datenmengen nicht vorbereitet. Fakt ist: Das Thema birgt Chancen. Fakt ist auch: Das Thema birgt Gefahren.

Auf jeden Fall werden die derzeit diskutierten innovativen Technologien die globalen Wertschöpfungsketten maßgeblich beeinflussen und mit hoher Wahrscheinlichkeit einige Paradigmenwechsel einleiten. Etablierte Anbieter antizipieren bereits die Möglichkeiten, aber noch größere Chancen bieten sich für Start-ups mit neuen Geschäftsideen.

Es ist absehbar, dass einige der logistischen Kernprobleme der Gegenwart in Zukunft keine Rolle mehr spielen werden. Gehören damit Bullwhip-Effekt, Überproduktion oder „Out of Stock" der Vergangenheit an? Meistern wir damit gar einen Teil der drängenden ökonomischen, ökologischen und sozialen Herausforderungen? Was sind die Treiber und wie sehen die Modelle und Anbieter der Zukunft aus? Wo stehen wir in fünf, zehn oder 15 Jahren? Viele Fragen, auf die es – wie es scheint – wohl bald die Antworten geben wird.

Die elfte Ausgabe aus der Ratgeberreihe „Software in der Logistik", eine Sonderpublikation des Fachmagazins LOGISTIK HEUTE in Zusammenarbeit mit dem Dortmunder Fraunhofer-Institut für Materialfluss und Logistik IML, widmet sich nicht nur den beiden Themen Big Data und IT für sichere Lieferketten. Der Band „Software in der Logistik – Big Data" veröffentlicht auch wieder die neuesten Entwicklungen und Trends aus den Bereichen RFID, SCM, ERP, WMS und TMS. Marktübersichten, Best-Practice-Projekte und Unternehmensprofile der Softwareanbieter geben Ihnen interessante Anregungen und die richtigen Ansprechpartner an die Hand.

München, Januar 2014

Dr. Petra Seebauer
Herausgeberin LOGISTIK HEUTE

# Denn sie wissen nicht, was sie tun

„Es ist alles schon einmal da gewesen!“, schallt es durch die Gänge deutscher Unternehmen. Seit die vierte industrielle Revolution mit ihren cyberphysischen Systemen ausgerufen wurde, erklären uns erfolgreiche Manager, dass sie ihre Fabriken und Logistiksysteme längst mit der vermeintlich revolutionären Technologie ausgestattet hätten. Andererseits versteigen sich erste Berater zu der Behauptung, Deutschland hinke bei der Entwicklung smarter Fabriken wieder einmal der Welt hinterher. Beides ist mehr als erstaunlich, da die Welt erst jüngst von der „4. Industriellen Revolution – Made in Germany“ erfuhr und weder für die praktische Umsetzung noch zum Hinterherhinken genügend Zeit war.

Wie immer lohnt auch bei Industrie 4.0 ein Blick in die Geschichte. Bereits in den 80er-Jahren gab es Software zur künstlichen Intelligenz für PCs. Programme wie ELIAZ faszinierten durch eine scheinbar natürliche Unterhaltung zwischen Mensch und Maschine. Agentensysteme als autonom handelnde Software waren bereits erfunden und hielten ihren Einzug in die Finanzwelt. Verbunden mit der Virtualisierung des Handels fingen die Maschinen an, menschliche Akteure zu ersetzen. Autonome Interaktion, Wahrnehmung der (virtuellen) Umwelt, soziale Interaktion und proaktives Handeln sind die Vokabeln, welche die Agentensysteme damals wie heute beschreiben.

Ein Beleg dafür, wie sehr schon in den Anfängen solche Systeme und spieltheoretisches Handeln Wirklichkeit waren, ist der „Schwarze Montag“ am 19. Oktober 1987. Er gilt als erster Börsencrash, der durch Softwareagenten und deren millisekundenschnelles Handeln („Kaskadeneffekt“) erzeugt wurde. Damals fiel der Dow Jones innerhalb eines Tages um fast ein Viertel. Welchen Einfluss autonomes Handeln und die immer komplizierteren Algorithmen auf die letzte Finanzkrise hatten, kann man sich leicht ausmalen.

Heute haben Spieltheorie und Agentensysteme die „Realwirtschaft“ erreicht. Mit Industrie 4.0 und dem Internet der Dinge halten sie Einzug in die wirkliche Welt und wir tun gut daran, uns sehr genau mit Big Data und den Algorithmen des zukünftigen Supply Chain Management zu beschäftigen. Denn diese Revolution wird schneller Realität als jede zuvor, denn sie ist nicht mehr nur von Menschen gemacht. Gewinnen wird, wer am schnellsten aus der Geschichte lernt und die neuen Technologien als Erster intelligent zu nutzen weiß.

Viele neue Erkenntnisse bei der folgenden Reise durch diese neue Welt der Software und Logistik wünscht

Prof. Dr. Michael ten Hompel
Institutsleiter Fraunhofer IML

## Einführung



## Big Data



## IT für sichere Lieferketten



## Ident-Technologien: RFID und mehr

## Warehouse Management Systeme (WMS)



## Enterprise Resource Planning Systeme (ERP)



## Transport Management Systeme (TMS)



## Supply Chain Management Systeme (SCM)



## Unternehmensprofile A-Z



## Best-Practice-Projekte

## Unternehmensprofile A–Z

## Unternehmensprofile A–Z

# Unternehmensprofile nach Softwaregebieten

## RFID



## WMS



## ERP



>

# Unternehmensprofile nach Softwaregebieten

## TMS



## SCM



## ZOLL

# Big Data

Bild: Teradata

# Der Schatz im Datensee

**Mit Big-Data-Analysen lassen sich tägliche Entscheidungen automatisieren und künftige Ereignisse zuverlässig vorhersagen. Das spart Zeit und Geld.**

*Autor:*
***Uwe Weiss,***
*Chief Executive Officer,*
*Blue Yonder GmbH & Co. KG, Karlsruhe*

Moderne, vernetzte Produktionsunternehmen generieren immense Datenmengen aus verschiedensten Quellen: Mobile Geräte und Anwendungen, Telekommunikationssysteme, Cloud-Applikationen, ERP-Systeme, E-Mail-Programme, Web- oder auch Social-Media-Anwendungen – sie alle sorgen Tag für Tag für ein unüberschaubares Big-Data-Aufkommen.

Dazu kommen Maschinen- und Sensordaten aus der Produktivumgebung, die in Fertigungs-

Bilder/Grafiken: Blue Yonder

Abb. 1: **Machine to Machine Communication**

und Logistikprozessen entstehen. Dabei liefern elektronische Steuerkomponenten kontinuierlich unstrukturierte Daten, die vollständig archiviert werden. Immer kleinere Sensoren mit immer größerer Funktionalität erzeugen nie versiegende Datenströme. So sind Unternehmen der Automobilindustrie heute mit einem durchschnittlichen Zuwachs von mehreren Terabyte pro Tag konfrontiert.

## Den Datenschatz heben

In diesen Daten, die im Produktionsalltag quasi „nebenher" entstehen, steckt viel Potenzial, das es zu nutzen gilt. Das ist aber gar nicht so einfach, bedenkt man, dass die Datenmengen schier unendlich groß sind, aus heterogenen Quellen stammen und meist unstrukturiert vorliegen. Eine zuverlässige Analyse und Auswertung führt nur über intelligente Softwarelösungen.

Herkömmliche Verfahren wie „Business Intelligence" (BI)-Anwendungen stoßen da an ihre Grenzen: Diese bieten meist nur Funktionen zur Auswertung von ERP-Daten und zur Automatisierung des Berichtswesens. Um den Schatz zu heben, der in Big Data steckt, bedarf es weit mehr. Gefragt sind Lösungen, die sich moderner Methoden der statistischen Datenanalyse bedienen, um zuverlässige Prognosen über künftige Ereignisse zu treffen, sogenannte Predictive-Analytics-Software. Entscheidend für die Präzision ist dabei, welches Datenvolumen die Prognosesoftware verarbeiten kann. Dabei profitieren Unternehmen von Entwicklungen aus der experimentellen Elementarteilchenphysik. In entsprechenden Einsatzszenarien wie etwa im weltgrößten Teilchenbeschleuniger „Large Hadron Collider" (LHC) am Kernforschungszentrum CERN in Genf werden in jeder Sekunde Daten im Petabyte-Bereich erzeugt. Die dort eingesetzte Predictive-Analytics-Software wertet diese unvorstellbar große Datenmenge in Echtzeit aus.

Die Software verfügt über intelligente Algorithmen, die aus Milliarden von Datensätzen diejenigen Ereignisse herausfiltern, die eine besondere Bedeutung für eine bestimmte Aufgabenstellung haben. Bei der Identifikation dieser extrem seltenen Ereignisse nutzt sie ausgefeilte statistische Verfahren. So lassen sich komplexe Zusammenhänge in großen Datenmengen präzise analysieren und prognostizieren.

## Maschinen kommunizieren eigenständig

Doch wie wird Predictive Analytics im Produktionsumfeld zur Datenanalyse genutzt? Nach dem Leitgedanken von Industrie 4.0 werden moderne Fertigungsumgebungen meist nicht mehr durch ein System am jeweiligen Standort gesteuert. Vielmehr kommunizieren Maschinen, Bearbeitungszentren, Transporteinheiten und sonstige fertigungsrelevante Anlagen eigenständig über ein Geflecht intelligenter

**Nach dem Leitgedanken von Industrie 4.0 kommunizieren Maschinen eigenständig miteinander.**

## Abb. 2: Wissensbasiertes Agieren

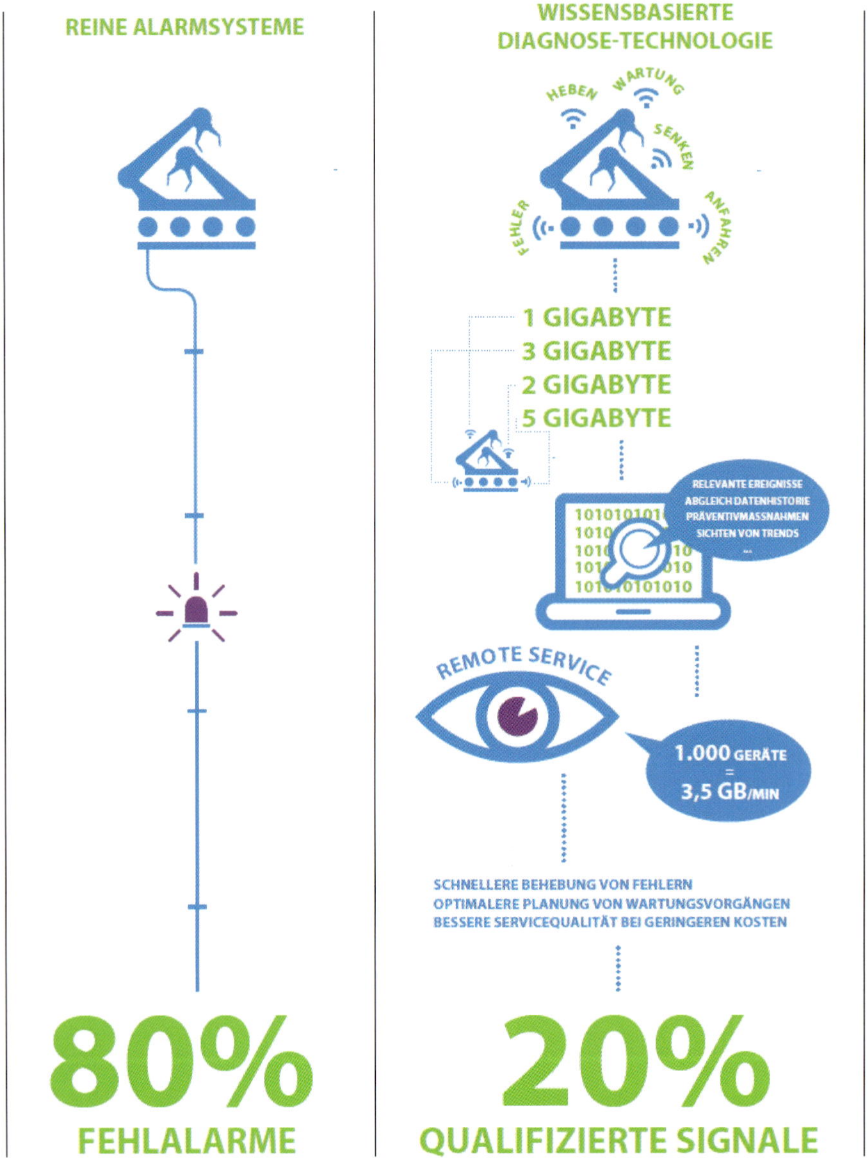


**Durch die Analyse historischer Daten in Verbindung mit absehbaren Zukunftsereignissen kann genauer vorausgeplant werden.**

Quelle: BITKOM

Komponenten miteinander (*„Machine to Machine Communication“, s. Abb. 1*).

Dieser Datenaustausch kann auch über das Internet oder ein Weitverkehrsnetz (WAN) mit Maschinen an anderen Produktionsstandorten erfolgen. Dabei werden entlang des gesamten Produktlebenszyklus Informationen gesammelt: Maschinen melden automatisch ihren Zustand, geben Auskunft über momentane Auslastung, Bedarf an Nachschub und Bestückung, bevorstehende Wartungstermine, Fehler, Störungen und sonstige Ereignisse.

Hier kommen Predictive-Analytics-Lösungen ins Spiel: Sie analysieren die Daten und nutzen

## Abb. 3: Durchschnittlicher Wettbewerbsvorteil

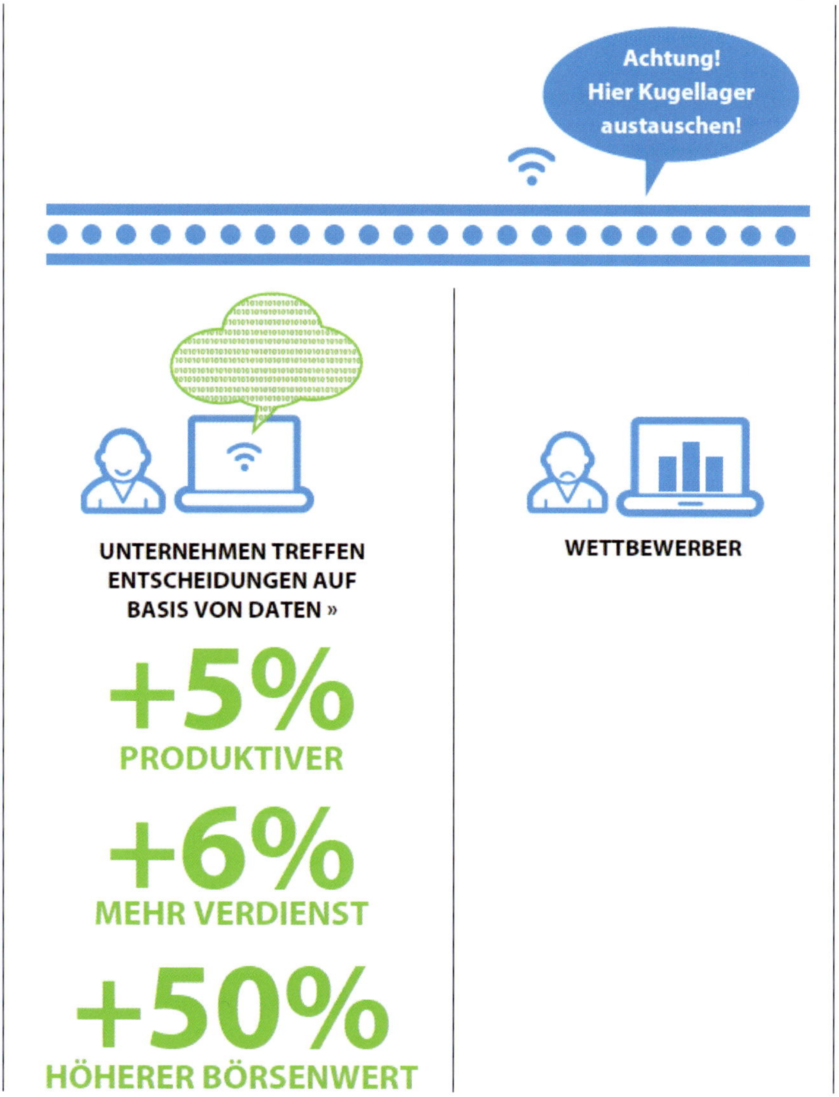


**Laut dem MIT steigen dank Big-Data-Analysen sowohl Produktivität als auch Gewinn in Unternehmen.**

Quelle: MIT

hierfür moderne statistische Methoden, die jedem Ereignis eine bestimmte Wahrscheinlichkeit zuordnen. Auf Basis der wechselseitigen Abhängigkeit von Ereignissen erkennt die Software bisher nicht bekannte Zusammenhänge und Muster im Big-Data-Bestand. So lassen sich präzise Vorhersagen über den künftigen Verlauf von Produktionsprozessen treffen: Wie wird sich die Maschinenauslastung entwickeln? Welches Material wird wann an welchen Fertigungsautomaten benötigt? Die Software ist sogar in der Lage, die nötigen Schritte automatisch einzuleiten.

### Fertigungssteuerung optimieren

Das optimiert nicht nur die gesamte Fertigungssteuerung. Von den Ergebnissen profitieren auch alle Partner der Wertschöpfungskette, die damit ihre Logistik steuern: Lieferanten, deren Systeme angebunden sind, erhalten Absatzprognosen und den damit verbundenen Materialbedarf automatisiert und sind so in der Lage auch ihre Produktion entsprechend abzustimmen. So verschlankt sich die Materialbeschaffung und das Risiko von Lieferengpässen sinkt deutlich.

Zudem ermöglicht die Prognosesoftware eine exakte Absatz- und Bedarfsplanung: Durch die Auswertung historischer Verkaufszahlen sowie weiterer entscheidender Faktoren lässt sich früh vorhersagen, welche Mengen von welchem Produkt zu welchem Zeitpunkt nachgefragt werden. So lassen sich Fertigungsmengen mit einem komfortablen Vorlauf präzise planen. Dies strafft logistische Prozesse wie Bestellvorgänge und den Materialeinkauf.

Gleichfalls lassen sich die Überwachung, Wartung und Instandhaltung von Produktionsanlagen mithilfe der Big-Data-Analyse optimieren. Dies zeigt sich insbesondere im Maschinen- und Anlagenbau: Auch hier liefern Sensoren kontinuierlich Daten über Ereignisse und Zustände. Durch die automatisierte Auswertung dieser Informationen in Echtzeit können Ingenieure und Mechaniker den Status der Produktionsumgebung realistisch einschätzen, mögliche Maschinenausfälle und Störungen frühzeitig prognostizieren.

## Schneller reagieren

So wird es möglich, rechtzeitig zu reagieren sowie unnötige und ineffektive Arbeitsschritte zu vermeiden. Dank dieser vorausschauenden Wartung („Predictive Maintenance“) werden ungeplante Stillstände sowie Fehlalarme vermieden. Zudem lassen sich Fehler schneller beheben und Wartungsmaßnahmen dann durchführen, wenn sie nötig sind. Dadurch steigt die Servicequalität bei gleichzeitig sinkenden Kosten *(s. Abb. 2)*.

Aber auch bei der Bedarfsermittlung von Ersatzteilen helfen Prognoselösungen, um die Total Costs of Ownership (TCO) niedrig zu halten und dennoch die Verfügbarkeit potenziell benötigter Teile ohne Überkapazitäten sicherzustellen. Gerade hier ist Präzision essenziell, da Lagerfläche eine wichtige Kostenstelle darstellt und Kapital nicht mehr als nötig gebunden werden sollte. Gleichzeitig können Leerstände Verzögerungen bei Reparaturen nach sich ziehen.

Durch die Analyse historischer Daten in Verbindung mit absehbaren Zukunftsereignissen, wie etwa einem Kälteeinbruch mithilfe der Wettervorhersage, kann beispielsweise in der Automobilindustrie der Bedarf für kälteempfindliche Autoteile genauer vorausgeplant werden und so zu einer besseren Kundenbindung durch schnelle Bearbeitungszeiten beitragen.

## Fazit

Große Datenmengen in Fertigungsprozessen lassen sich mit Predictive-Analytics-Software präzise auswerten und analysieren. Dank moderner statistischer Verfahren und der Zuweisung von Wahrscheinlichkeiten erkennt die Software Muster und Zusammenhänge im Datenbestand. So werden zuverlässige Vorhersagen über bestimmte Ereignisse möglich.

Prozesse rund um Bedarfsplanung, Disposition, Materialbeschaffung und Maschinenauslastung lassen sich damit automatisieren und effizienter gestalten. Die Folge: Laut Untersuchungen des Bostoner Forschungsinstituts MIT steigt dank Big-Data-Analyse die Produktivität in Unternehmen um durchschnittlich fünf Prozent und der Gewinn sogar um sechs Prozent *(s. Abb. 3)*.

# Informationen gegen Vertrauen

**Daten werden in Wertschöpfungsnetzwerken zu einer Art Währung. Wie beim Geld basiert der gegenseitige Austausch auf Vertrauen.**

*Autoren:*
***Prof. Dr. Michael Benz,***
*International School of Management, Dortmund, und Senior Business Consultant, Teradata GmbH;*
***Jürgen Boiselle,*** *Managing Partner, Teradata GmbH, Augsburg*

Im Actionfilm „The Transporter“ betreibt ein ehemaliger Elitesoldat ein erfolgreiches Logistikgeschäft, in dem er mit minimalen Informationen auskommt. Obwohl der Film bereits über zehn Jahre alt ist, war der Transporter in puncto Datenschutz Vorreiter und hielt an drei Regeln eisern fest:

1. An einer getroffenen Vereinbarung wird nichts verändert oder nachverhandelt.
2. Es werden keine Namen genannt.
3. Das Paket wird niemals geöffnet.

So einfach diese Regeln klingen mögen – in Zeiten von Big Data, Smartphones und sozialen Medien tickt die Logistikbranche ein wenig anders. Auftraggeber und Endkunden erwarten höchste Flexibilität und eine individuelle Behandlung – sowohl ihrer selbst als auch ihrer Ware. Anonym geht das nicht. Denn heutzutage agieren Unternehmen in komplexen Logistiknetzwerken. Sie werden nicht nur durch Transportwege, sondern zunehmend auch durch Datenströme verbunden.

## Wertvollstes Gut: Vertrauen

Der Vorteil ist klar: Je mehr relevante Daten ein Unternehmen mit seinen Geschäftspartnern austauscht und analysiert, desto besser kann es die immer enger getakteten Abläufe optimieren. Die ersten beiden Regeln des Transporters kann die heutige Logistik daher kaum einhalten. Gleichzeitig gilt aber weiter, was der Transporter bereits wusste: Vertrauen basiert auf einem verlässlichen Umgang mit persönlichen Informationen und stellt das wertvollste Gut in einer Geschäftsbeziehung dar.

Aber wie kann ein Unternehmen den richtigen Weg zwischen Datenschutz und Datennutzung finden? Endkunden sind heute meist nicht direkt greifbar, nutzen aber eine Vielzahl

Bild/Grafik: Teradata

**Unternehmen können ihre Abläufe optimieren, indem sie Daten ihrer Kunden oder ihrer Partnerunternehmen analysieren.**

verschiedener Kontaktkanäle. Zu den traditionellen Offline-Medien wie Kataloge und Direktmarketing gesellen sich Blogs, Podcasts, soziale Netzwerke, Wikis oder Online-Bewertungen.

Gerade die semistrukturierten Daten, wie sie beispielsweise die genannten Online-Kanäle generieren und die in keiner vorgegebenen Tabellenform vorliegen, helfen Unternehmen dabei, Prozessketten zu planen. Mithilfe integrierter Analysen lassen sich daraus wertvolle Informationen über die Vorlieben, Interessen und das Konsumverhalten von Einzelpersonen und Firmen gewinnen.

Diese Angaben benötigen Unternehmen nicht nur zur individuellen Kundenbetreuung, sondern auch zur Optimierung ihrer logistischen Prozesse. Sie verhindern beispielsweise Streuverluste bei Beständen und Ressourcen und erreichen eine schlankere Bestandsführung und damit auch geringere Kosten und höhere Margen. Auch unvorhergesehene Ereignisse wie Produktionsausfälle oder ein „Shitstorm" in sozialen Netzwerken lassen sich so schneller erkennen und möglicherweise sogar verhindern.

Neben dem Kaufpreis zahlt der Kunde also noch in einer zweiten Währung: den Daten, die er bei jeder Interaktion hinterlässt. So wandelt sich der „Customer Touch Point", also eine Stelle, an der der Kunde Kontakt zu einem Unternehmen aufnehmen kann, zum „Customer Trust Point", also zu einer Stelle, an der der Kunde dem Unternehmen sein Vertrauen schenkt.

## Datendrehscheibe Hersteller

Doch nicht nur das Vertrauen der Kunden ist für ein Unternehmen wichtig. Es muss auch selbst seinen Geschäftspartnern vertrauen können. Denn Unternehmen agieren heute in der Regel innerhalb komplexer Wertschöpfungsketten, sogenannter Supply Chain Management (SCM)-Netzwerke. Um ihre Arbeit untereinander optimal abstimmen zu können, müssen sie zumindest einen Teil ihrer Daten – und der ihrer

## Beispiel Original Equipment Manufacturer (OEM)

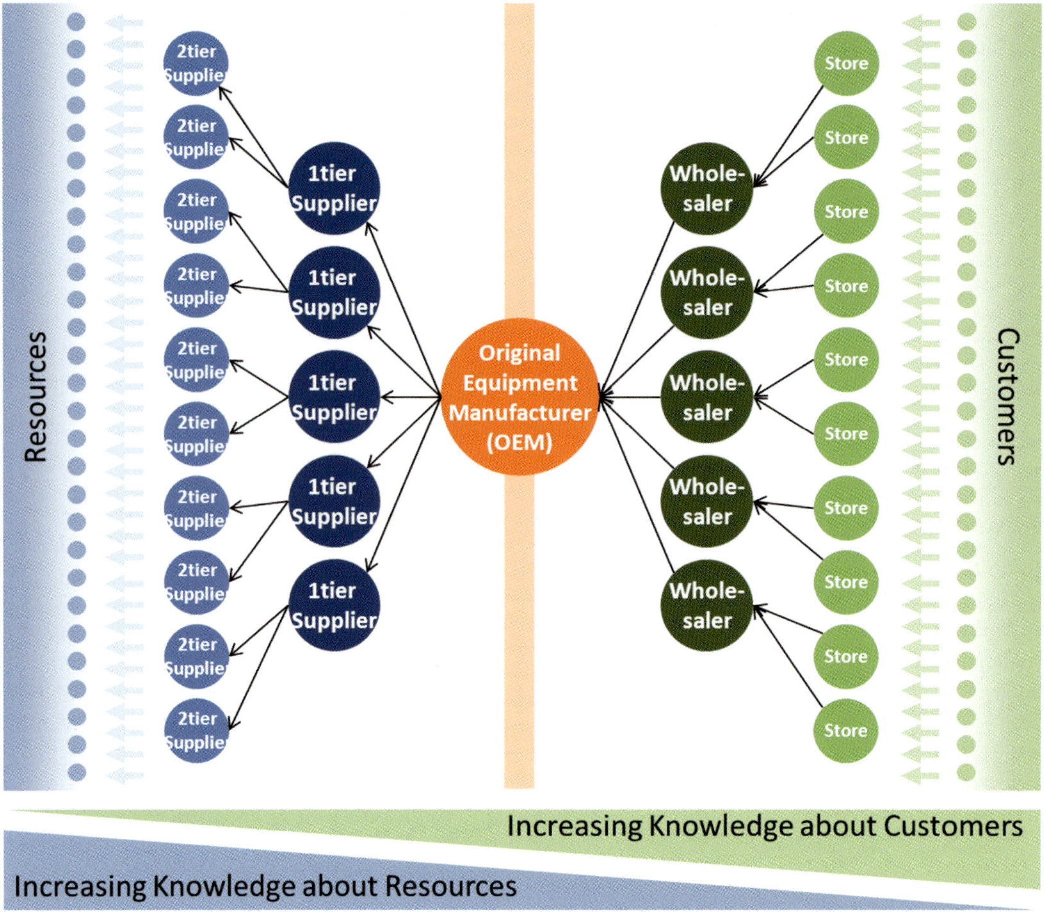


**Indem der OEM Daten seiner Zulieferer und Abnehmer analysiert, kann er die Abläufe optimieren.**

Kunden – auch Partnerunternehmen zur Verfügung stellen.

Eine besondere Rolle innerhalb eines Produktionsnetzwerks kommt etwa dem Hersteller (Original Equipment Manufacturer, OEM) zu: Er ist die Informationsdrehscheibe, die den Bedarf des Marktes mit den verfügbaren Produktionsressourcen und -kapazitäten abgleichen muss *(siehe oben)*. Diese Aufgabe kann er nur zuverlässig bewältigen, wenn alle verfügbaren Daten bereitstehen. Erst die integrierte Analyse großer Mengen unterschiedlich strukturierter Produktions-, Bewegungs- oder Telematikdaten verschafft ihm ein besseres Verständnis des gesamten Logistikprozesses, das wiederum dem kompletten Netzwerk zugutekommt.

Die ideale Basis, um eine „Single Version of Truth“ für alle Beteiligten zu schaffen, ist eine Kombination aus einem klassischen Data-Warehouse-System mit modernen Big-Data-Technologien. Eine solche Architektur ist in der Lage, sämtliche vorhandene Daten jederzeit für analytische Anfragen bereitzustellen und schnell Ergebnisse zu liefern. Gerade in der Logistik, wo es wettbewerbsentscheidend sein kann, die richtigen Informationen im richtigen

Detailgrad zum richtigen Zeitpunkt zum richtigen Entscheider zu bringen, ist eine hochleistungsfähige und verlässliche Dateninfrastruktur unverzichtbar. Schließlich erreicht man damit, dass alle Beteiligten eines Netzwerks zum Nutznießer der Informationen werden. Die Daten werden „demokratisiert".

Dabei ist der Ort, an dem sie gespeichert und analysiert werden, besonders wichtig, wenn es darum geht, sie nach außen hin zu schützen. Unproblematisch ist es, einfache „Tracking and Tracing"-Daten eines Paketdienstleisters in der Cloud vorzuhalten – aber nur dann, wenn sie nicht mit weiteren, sensibleren Inhalten verknüpft sind. Andernfalls empfiehlt sich die Sicherung und Analyse in einem abgeschlossenen Datenbereich wie beispielsweise einer „Private Cloud".

## Individuelle Kundenprofile

Besondere Vorsichtsmaßnahmen werden nötig, wenn Unternehmen mit Daten, die von einzelnen Kunden generiert werden, unter Berücksichtigung der Datenschutzbestimmungen individuelle Kundenprofile erstellen. Der Nutzen solcher Profile ist klar: Je besser Unternehmen ihren Markt kennen, umso besser können sie ihre Prozesse auslegen.

Web-Analysen zeigen beispielsweise, welche Produkte gerade auf dem Markt gefragt sind und wie diese – etwa in sozialen Netzwerken – diskutiert werden. Um den Logistikprozess durch eine Bewertung von Kundendaten und -profilen zu optimieren, sind folgende Beispiele denkbar:

- Versorgungslogistik und effiziente Ressourcennutzung in einem Handelsnetzwerk können optimal gestaltet werden, indem Vorhersagen aufgrund eindeutiger Kundenprofile getroffen werden.
- Auf Basis individueller Risikoanalysen der Kunden können Unternehmen Klumpenrisiken in Supply-Chain-Netzwerken ermitteln.
- Dienstleister können Transporte und Aufträge als Bestandteil eines aktiven Kundenbeziehungsmanagements priorisieren, ähnlich dem Vielfliegerstatus bei Fluggesellschaften.
- Preise können dynamisch angepasst und Preiselastizitäten ermittelt werden.
- Logistik und Marketing können verbunden werden, indem Unternehmen Logistikaktivitäten oder den Service beim Endkunden gezielt messen.
- Die Ersatzteillogistik kann auf Basis vorhergesehener Teileausfälle bei Fahrzeugen und Maschinen angepasst werden – abhängig vom individuellen Einsatzgebiet der technischen Systeme und der benutzenden Kunden.

Eine derartige effiziente und gleichzeitig individuelle Logistik bedarf also weitreichender Kenntnisse über die gesamte Wertschöpfungskette bis zum Endkunden. Diese Informationen können Unternehmen dauerhaft aber nur nutzen, wenn sie zwei Bedingungen erfüllen: Zum einen muss dem jeweiligen Datenlieferanten (Kunde, Auftraggeber, Endkunde) ein adäquater Wert zurückgegeben werden. Zum anderen muss dieser darauf vertrauen können, dass seine Daten vertraulich und nur zum vereinbarten Zweck genutzt werden.

Die Rechtsprechung kann Punkte wie „adäquate Gegenleistung" oder „Vertrauen" aber nicht adressieren. Es ist deshalb die Aufgabe der Unternehmen als diejenigen, die von den Daten profitieren, die Informationen vertraulich zu behandeln und einen Gegenwert zu schaffen – beispielsweise in Form von Informationsservices, Apps und anderen Leistungen, die den Kunden zugutekommen.

Die Transporter-Regel 2 „Keine Namen" gilt heute in der Form nicht mehr. Was gilt ist: „Namen gegen Vertrauen und eine individuelle Behandlung." Regel 3 bleibt hingegen unangetastet: Pakete werden auch heute nicht geöffnet.

# Hype oder Chance?

**Big Data ist derzeit in aller Munde. Gerade für das Risikomanagement in globalen Lieferketten birgt die Technologie großes Potenzial.**

*Autoren:*
***Jens Leveling, Arkadius Schier, Christian Schwede, Oliver Wolf,***
*Fraunhofer-Institut für Materialfluss und Logistik IML, Dortmund*

In der Logistik spielt die Vielfalt von Daten heutzutage eine entscheidende Rolle. Und diese große Datenmenge wächst weiter superexponentiell: je Dekade um den Faktor 1.000. Gleichzeitig nimmt der Kundenwunsch nach Individualität – Losgröße eins – zu, während viele Produkte an sich immer komplexer werden. Auch der Vernetzungsgrad von global tätigen Unternehmen sowie deren heterogenen IT-Systemen und denen der Kunden steigt zunehmend. Die Folge: Die Komplexität der Daten, Systeme, Strukturen, Prozessabläufe und Entscheidungen, genau wie die Anzahl der zu koordinierenden Partner, Prozessschnittstellen und Leistungsobjekte, nimmt täglich zu.

Lösungsansätze für den Umgang mit der Informationsflut bezeichnen Fachleute als „Big Data". Darunter verstehen die Experten verschiedene Methoden zum Finden, Verarbeiten,

**Ziel von Big Data ist es, das Datenvolumen aus heterogenen Quellen in Echtzeit zu beherrschen.**

Bilder/Grafiken: GG-Berlin/Pixelio.de; Fraunhofer IML

Analysieren und Auswerten der großen Datenmengen. Die Fachliteratur beschreibt die charakteristischen Merkmale von Big Data mit dem „3V Modell". Es dient der methodischen Analyse des Datenvolumens (engl. volume), der Datenheterogenität (engl. variety) und der Geschwindigkeit (engl. velocity) der Datenübertragung.

Die Idee, die sich hinter Big Data verbirgt – die Beherrschung des Datenvolumens aus heterogenen Datenquellen in Echtzeit –, ist nicht neu. Viele wissenschaftliche Institute und einige Unternehmen arbeiten bereits seit mehreren Jahrzehnten an Algorithmen zur Analyse extrem großer und komplexer Datenmengen. Im Jahr 2012 befand sich der Begriff Big Data daher im „Hype Cycle" des US-amerikanischen Marktforschungsunternehmens Gartner, Inc., Stamford (Connecticut), noch im Aufstieg zum „Gipfel der überzogenen Erwartung", der 2013 fast erreicht worden ist.

Abb. 1: **Logistischer Informationsfluss**

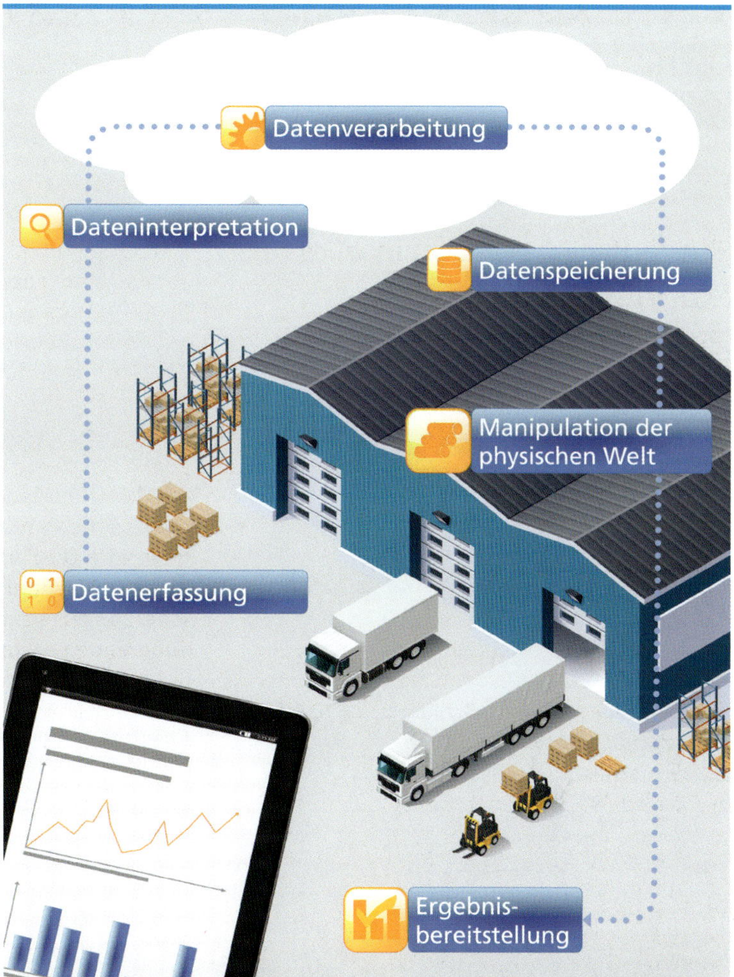


**Simulationsbasierte Assistenzsysteme übertragen Echtzeitdaten, Plandaten sowie historische Kennzahlen in ein Simulationsmodell.**

## Unterschiedliche Datenstrukturen

Doch gerade für die Logistik bergen Big-Data-Ansätze, wie „Data Mining" und „Analytics", großes Potenzial. Denn hier müssen nicht nur große Datenmengen, sondern auch zunehmend unterschiedliche Datenstrukturen verwaltet werden. Neben strukturierten Daten, etwa aus ERP-, WMS- oder TMS-Systemen, und semistrukturierten Informationen, wie CSV-, Excel-, Sensor- oder AutoID-Daten, sind das immer häufiger auch unstrukturierte Inhalte, etwa „Plain text" oder „Social Media".

Das Ziel von Big Data in der Logistik ist es, diese zunehmende Komplexität für die menschlichen Akteure kontrollierbar zu machen. Um die physikalische Welt für die Planer digital zu spiegeln, entwickeln Forscher seit Jahren logistische, simulationsbasierte Assistenzsysteme (LAS), die bereits in einigen Unternehmen

Abb. 2: **Visualisierung mit logistischen Assistenzsystemen**

Anwendung finden. Diese Systeme verarbeiten die Informationen, die mithilfe der Big-Data-Analyse aufbereitet und interpretiert werden.

In der Praxis übertragen die LAS zunächst die Echtzeitdaten der logistischen Prozesse – vom Materialfluss bis zum Informationsfluss (*s. Abb. 1*) – und die Plandaten der Unternehmenssysteme sowie historische Kennzahlen in ein Simulationsmodell. Es erlaubt dem Anwender, für verschiedene Szenarien einen Blick in die Zukunft seines Verantwortungsbereichs zu werfen, sie zu bewerten und zu vergleichen (*s. Abb. 2*).

Für Logistiker eröffnen sich dabei völlig neue Möglichkeiten, beispielsweise beim Risikomanagement. Denn sowohl im Unternehmen als auch im Internet existieren unzählige Daten, aus denen sich Informationen über mögliche Beeinflussungen und den Status der Supply Chain ableiten lassen. Bisher werden sie aber kaum genutzt.

Dabei spielen sie gerade in weltweit verzweigten, mehrstufigen Zuliefernetzwerken deutscher Firmen zunehmend eine Rolle. Mehr noch: Zukünftig wird die Beherrschung der Risiken für die deutsche Industrie zum entscheidenden Wettbewerbsvorteil auf dem Weltmarkt, sagen Experten.

Wichtige Risikofaktoren können etwa Streiks, Naturkatastrophen, politische Unruhen oder lokale sowie globale wirtschaftliche Krisen sein, aber auch alltägliche Hindernisse wie Verkehrsstaus oder Zugverspätungen. Um die logistischen Strukturinformationen mit diesen Informationen zu Risiken für das Liefernetzwerk zu verknüpfen, haben Wissenschaftler des Fraunhofer IML den „Risikomanager" entwickelt. Dieses Big-Data-Tool soll als unternehmensspezifische Risikoweltkarte beziehungsweise als Frühwarnsystem für Supply-Chain-Risikomanager dienen. Die dafür nötigen Daten stammen sowohl aus unternehmensinternen Systemen als auch aus dem Internet (zum Beispiel Twitter, Wetterdienste, Blogs oder News-Portale).

## Risiken rechtzeitig minimieren

Die Idee: Mithilfe des Risikomanagers lassen sich gezielt proaktive Maßnahmen planen und implementieren, bevor eine Störung eintreten kann. So können Risiken rechtzeitig minimiert und kostspielige Folgen vermieden werden. Daneben steigt durch die Nutzung heterogener Datenquellen die Transparenz über sämtliche Ressourcen, Prozesse, Objekte und Informationen in den Lieferketten der Unternehmen – und bei weltweit agierenden Konzernen auch innerhalb der Unternehmensnetzwerke selbst.

Diese Transparenz bildet den Grundpfeiler für die Sicherheit in Supply Chains. Verknüpft mit einem intelligenten Monitoring können die Firmen ihren Kunden dann jederzeit individuelle Informationen zur Herkunft, Herstellung und zum Transport ihrer Produkte liefern. Darüber hinaus lassen sich zentrale Ergebnisse des Bausteins Risikomanagement auf alle verteilten Unternehmen mit einem signifikanten Lieferantennetzwerk übertragen.

# AutoID, RFID und Big Data

**Zum Erfolg von Big-Data-Projekten tragen AutoID-Technologien nur marginal bei. In der Industrie 4.0 wird man an ihnen aber nicht vorbeikommen.**

Nicht erst seit der CeBIT 2013 ist Big Data der aktuelle Begriff, der das Konzept einer neuen Form der Datenanalyse umreißt und dem ein hohes Veränderungspotenzial vorhergesagt wird. Auch für die Logistik stehen enorme Potenziale der besseren Vorhersagbarkeit in den Prozessen zur Diskussion. Die Idee: Transparente Lieferketten liefern in Echtzeit detailliertes Wissen über die Nachfrage. So ließe sich ein „pull"-orientiertes Fließprinzip erreichen. Etwa zehn Jahre zuvor wurde die RFID-Technologie ähnlich diskutiert. Doch sie konnte längst nicht alle Erwartungen erfüllen. Nichtsdestotrotz entwickelt sich der RFID-Markt weiter. Und auch das Big-Data-Konzept beinhaltet die Nutzung von Daten aus RFID-Systemen *(s. Abb. 1)*.

Wie bei Big Data war auch zur Zeit des stärksten Hypes um RFID in den Jahren 2003 bis 2006 immer die Diskussion um das Thema Datenflut präsent. Die Folge: Die damals bestehenden Systemarchitekturen konnten Geschäftspro-

Abb. 1: **Verstärkungsprozess von Big Data und AutoID?**

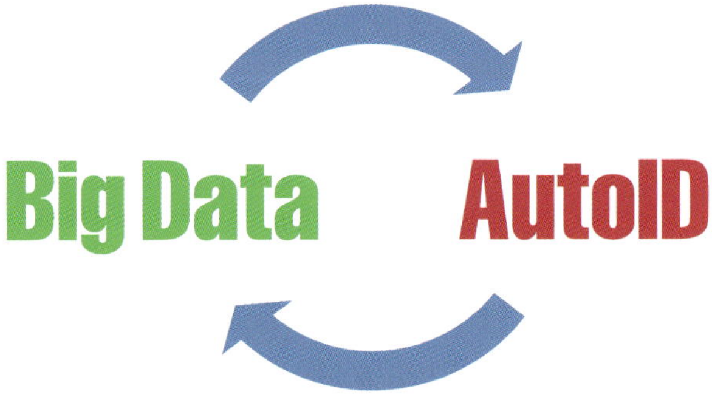


**Das Big-Data-Konzept beinhaltet auch die Nutzung von Daten aus RFID-Systemen.** Quelle: Gillert

*Autor:*
***Prof. Dr.-Ing. Frank Gillert****,*
*Logistikmanagement/Logistikcontrolling,*
*Forschungsgruppe Sichere Objektidentität,*
*TH Wildau (FH) – University of Applied Sciences, Wildau*

Zur Zeit des stärksten Hypes um RFID war immer auch die Diskussion um das Thema Datenflut präsent.

Bild: Metro

zessdaten nicht ohne Weiteres in Echtzeit verarbeiten. Doch mit der weiteren Entwicklung der RFID-Komponenten entstand sogenannte Middle- oder Edgeware für RFID-Systeme. Diese Systemschicht, die aus Device- und Data-Management-Ebenen besteht, sollte vor allem große Datenmengen, wie sie beispielsweise bei der Warenvereinnahmung von Paletten im Pulkleseverfahren auftreten, schnell verarbeiten können.

## 2D-Barcode statt RFID-Etikett

Filterverfahren sollten die korrekte Lesung sicherstellen und die Einzeldaten der Packstücke echtzeitnah zu einem Geschäftsprozess aggregieren. Dazu müssen logistische Objekte aber auf Einzelartikelebene mit Transpondern ausgerüstet werden.

Dass dieses umfängliche Tagging, das Mitte des letzten Jahrzehnts noch prophezeit wurde, nicht stattgefunden hat, ist hinlänglich bekannt. Die Massenapplikation ist eher einer spezifischen, nischenartigen Anwendung gewichen und gewinnt erst jetzt langsam wieder an Fahrt. Dennoch ist zu bezweifeln, dass in Zukunft jeder Artikel ein RFID-Etikett tragen wird – dazu haben auch die Weiterentwicklung der 2D-Barcodes sowie die breite Verfügbarkeit von 2D-Lesesystemen beigetragen.

Waren zur Zeit des klassischen Strichcodes noch aufwendige Lesesysteme mit mechanischen Komponenten zur omnidirektionalen Lesung erforderlich, so basieren die aktuellen Systeme auf elektronischen Kameras, die über den Konsumgütermassenmarkt (Stichwort Smartphones) attraktive Stückkostendegressionen aufweisen. Darüber hinaus besteht die Möglichkeit, größere Datenmengen zur Serialisierbarkeit von Gütern bereitzustellen. So hat die 2D-Barcodetechnik auch Einzug in die Welt der logistischen Ketten gehalten.

Mit dem Aufkommen des Big-Data-Ansatzes wurden die Dimensionen der Datenflut dann vollkommen verschoben. Flossen zur Zeit des RFID-Hypes bei 3.600 Paletten pro Minute mit je 500 Artikeln mal acht Stunden Arbeitszeit bei 100-Byte-Datensätzen täglich etwa 1,8 Gigabyte, werden im Rahmen von Big Data nahezu täglich

## Abb. 2: Die Aspekte von Big Data

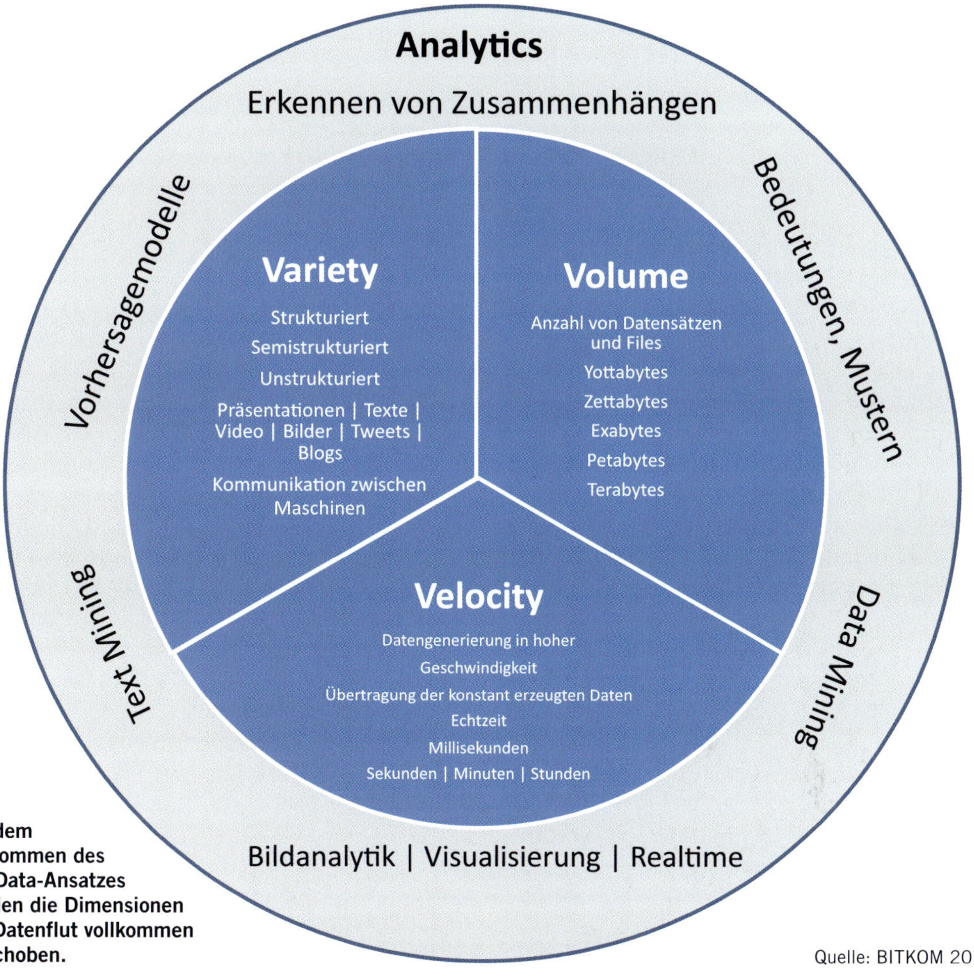


**Mit dem Aufkommen des Big-Data-Ansatzes wurden die Dimensionen der Datenflut vollkommen verschoben.**

Quelle: BITKOM 2012

neue Rekorde gebrochen. Dabei werden auch bisher unbekannte Vorsilben jenseits der heute normalen Dimension Tera gebräuchlich. Peta, Exa und Zetta sind die neuen Vorsilben des Big-Data-Zeitalters. 1,8 Zettabyte entsprechen 1,8 Billionen Gigabyte.

Hieraus resultiert eine exorbitant größere Quantität an Daten („Volume“), als es noch vor zehn Jahren der Fall war. Die Qualität im Sinne der Struktur („Variety“) hat sich aber ebenfalls verändert. *(s. Abb. 2)*

Dabei betonen Experten immer wieder die Strukturvielfalt, nämlich dass unstrukturierte, semistrukturierte und strukturierte Daten genutzt werden können. Die Fachleute gehen aber davon aus, dass 80 Prozent des Datenvolumens unstrukturierte Daten sind. Das erfordert ausgefeilte Analyseverfahren. Beispiel Google: Das Unternehmen ist nicht deswegen erfolgreich, weil es Daten sammelt und speichert, sondern weil Analysemethoden eingesetzt werden, die einen informatorischen Mehrwert für die Nutzer ermöglichen.

Der Wert der Daten ist dabei nicht absolut, sondern zeitabhängig. Ändern sich Sachverhalte aus dem Kontext oder aus ganz anderen

Kontexten, können die spezifischen Daten eine ganz neue Information bewirken. Deswegen sind die strukturierten Daten im Big-Data-Konzept sicherlich hilfreich, um Informationen zu gewinnen. Es bleibt aber zu vermuten, dass der erzeugte Mehrwert hauptsächlich durch unstrukturierte Daten zustande kommt.

Außerdem führen neue Konzepte und der deutliche Preisverfall im Bereich der Speicherkomponenten dazu, dass das Volumen keine natürliche Restriktion mehr darstellt. Vielmehr besteht die Herausforderung in der Echtzeitanalyse („Velocity"). Diese für sogenannte „Real-Time-Enterprises" bekannte Kernanforderung, deckt sich mit den Wünschen, die mit dem Einsatz von RFID seit jeher verbunden waren.

AutoID- und RFID-Verfahren basieren im Höchstmaß auf strukturierten Daten. Reduktion auf das Wesentliche und die Standardisierung bis in das kleinste Detail sind die Voraussetzung für ein funktionierendes und bezahlbares System. Während Big Data über das Datenvolumen, die Strukturvielfalt und clevere Algorithmen mit der Unschärfe arbeitet, ist die präzise Funktion des RFID-Systems mit 100 Prozent Lesequote ein Muss *(s. Abb. 3)*.

Je nach Aufgabe steht die eine oder andere Funktion im Vordergrund. Zum Tracking und Tracing kann mit der Grundfunktion „Serialisieren" gearbeitet werden, im Bereich des Kühlkettenmonitorings ist das „Informatisieren" mit Sensorik sinnvoll.

Doch damit das System funktioniert, muss ein Identifikationsmerkmal stets einem Lesepunkt zugeordnet werden. Damit ist das gesamte Konzept verhältnismäßig starr ausgelegt. Hier liegt ein wesentlicher Unterschied zwischen den Philosophien von AutoID/RFID und Big Data.

## Fazit

AutoID- und RFID-Verfahren sind eingeführte, klar definierte Verfahren zur Identifikation. Sie liefern Daten nach einem bestimmten, meist sehr reduzierten Muster. Was mit den Daten geschieht, ist nicht Bestandteil der Konzepte.

Hier liegt ein wesentlicher Strukturunterschied: Big Data ist ein Strategiekonzept, das verschiedene Architekturen und Quellen in unterschiedlicher Tiefe und unterschiedlichem Ausmaß datentechnisch analysiert. Insofern ist AutoID/RFID eine mögliche Datenquelle. Folgt man der Argumentation, dass der potenzielle Mehrwert von Big-Data-Analysen in unstrukturierten Daten liegt, dann hat die Welt der Identifikationstechnologien nur einen marginalen Beitrag am Erfolg von Big-Data-Projekten.

Erfolgreiche Big-Data-Projekte könnten theoretisch sogar den Einsatz von AutoID unwirtschaftlich machen. Dennoch bleibt abzuwarten, inwieweit sich das Konzept operativ durchsetzt. Die aktuellen Datenschutzdiskussionen zur NSA-PRISM-Affäre werden sicherlich kritische Fragen zu Big Data forcieren. Das könnte wiederum die Debatte um RFID und Datenschutz beruhigen. Zu guter Letzt wird ein Industrie-4.0.-Ansatz nur dann erfolgreich sein, wenn strukturierte Daten und Prozesse dominieren. Hier wird man an AutoID, RFID und RTLS („Real Time Location System") nicht vorbeikommen.

### Abb. 3: Generische Grundfunktionen von AutoID

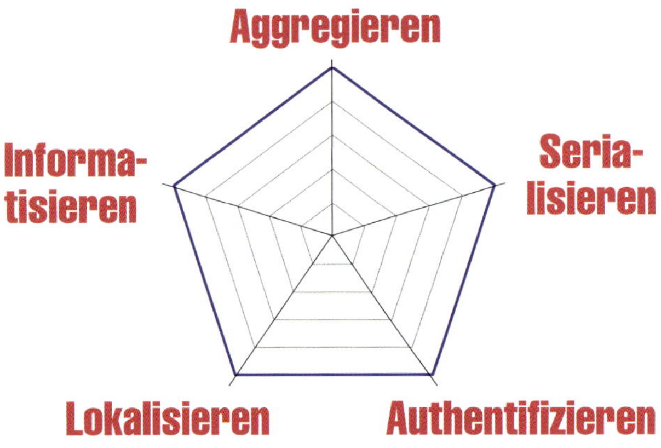


**AutoID- und RFID-Verfahren basieren im Höchstmaß auf strukturierten Daten.** Quelle: Gillert

# IT für sichere Lieferketten

Bild: Woody Stein

# Die Supply Chain sichern

**Eine aktive Logistiksteuerung in globalen Beschaffungsnetzwerken erfordert eine gemeinsame Sicht auf die Bedarfsplanung und zugesagte Lieferungen.**

Immer kürzere Produktzyklen bei gleichzeitig steigender Produktkomplexität und sinkendem Eigenfertigungsanteil, weltweite Beschaffung, möglichst niedrige Lagerbestände, volatile Märkte, Rohstoffverknappung, Zunahme von Naturkatastrophen – mit all diesen Herausforderungen wird das Supply Chain Management heute konfrontiert. Sinkende Bestands- und Zeitpuffer einerseits sowie die steigende Anzahl eingebundener externer Partner andererseits erhöhen noch zusätzlich die Wahrscheinlichkeit für Störungen in der Lieferkette (s. *Abb. 1*).

Daher ist es nicht länger selbstverständlich, dass ein Lieferant seine Ware wie bestellt zum

## Abb. 1: Lieferketten werden immer anfälliger

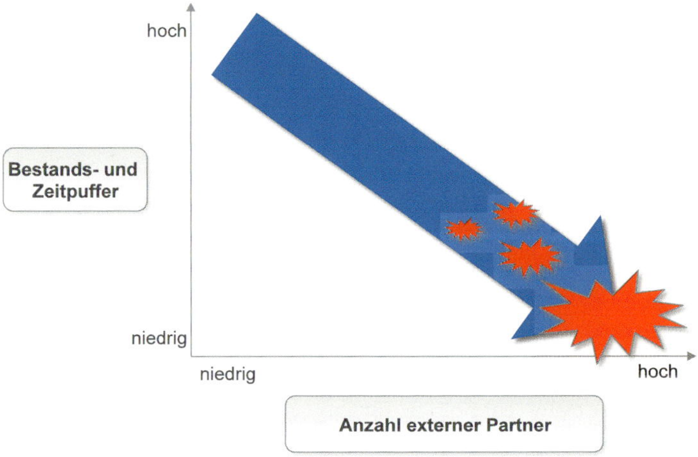


**Sinkende Bestands- und Zeitpuffer sowie die steigende Anzahl externer Partner erhöhen die Wahrscheinlichkeit für Störungen in der Supply Chain.**

Bild und Grafiken: SupplyOn

*Autor:*
***Werner Busenius,***
*Leiter Vertrieb, SupplyOn AG, Hallbergmoos*

**Kostspielige Lösung: Um Lieferengpässe zu vermeiden, legen Einkäufer häufig kapitalbindende und lagerintensive Sicherheitsbestände an.**

gewünschten Zeitpunkt und in der richtigen Menge liefern kann *(s. Abb. 2)*. Ein Lieferausfall aber kann Teile oder gar die gesamte Produktion zum Stillstand bringen. Werden Versorgungsprobleme bei Teilen mit einer langen Wiederbeschaffungszeit zu spät erkannt, müssen Hersteller kostspielige Sondermaßnahmen ergreifen. Häufig werden daher teure, weil kapitalbindende und lagerintensive Sicherheitsbestände angelegt. In jedem Fall aber ist ein beträchtlicher Aufwand notwendig, um sicherzustellen, dass die Lieferung insbesondere produktionskritischer Teile pünktlich erfolgt.

## Direktes Feedback notwendig

Als zentrale Technologie für das reibungslose Management von Supply-Chain-Prozessen haben sich die Technologien EDI und WebEDI etabliert. Mit ihnen können Nachrichten ohne Medienbrüche zwischen ERP-Systemen von Kunden und Lieferanten ausgetauscht werden. Allerdings werden damit die Nachrichten nur verschickt und angezeigt. Da ihre Interpretation in der Regel in unterschiedlichen Back-End-Systemen erfolgt, dienen EDI und WebEDI im Grunde lediglich als Ersatz für Fax und E-Mail.

Der reine Nachrichtenaustausch reicht aber für eine aktive Logistiksteuerung und zeitige Problemerkennung in komplexen globalen Beschaffungsnetzwerken nicht mehr aus. Solange das System nur die jeweils eigene Situation widerspiegelt, kann der Einkäufer seine tatsächliche Versorgungssituation nicht zuverlässig beurteilen. Hierfür bedarf es vielmehr direkter Feedback-Möglichkeiten, mit denen ein Lieferant signalisieren kann, ob er überhaupt in der Lage ist zu liefern. Erst die Darstellung der Daten in einem gemeinsamen und für alle zugänglichen System bietet die nötige Transparenz für ein effizientes, ausnahmebasiertes Arbeiten.

Größtmögliche Transparenz kann nur ein System bieten, das die Bedarfe des Einkäufers sowie die Kapazitäten und geplanten Lieferungen seines Lieferanten erfasst, die Planungsdaten auswertet und schließlich beiden Seiten eine gemeinsame Sicht auf die tatsächliche Versorgungssituation liefert. Solch eine Lösung ermöglicht eine beiderseitige Abstimmung und Feinjustierung der Planung.

Darüber hinaus sorgt ein Frühwarnsystem mit individuell anpassbaren Erinnerungsfunktionen dafür, dass Einkäufer wie Lieferant rechtzeitig über einen möglichen Engpass informiert werden: Sollten die Planungen divergieren und zu einer Unterversorgung führen, setzt das System durch einen automatisch generierten Alarm beide Seiten nach zuvor festgelegten Regeln darüber in Kenntnis.

Für höchste Versorgungssicherheit trotz reduzierter Bestände sorgt außerdem der VMI-Prozess („Vendor Managed Inventory“, s. *Abb.* 3): Wenn Einkäufer ihren Lieferanten Einblick in ihre Bestandsituation gewähren, können die Lieferanten eigenständig dafür sorgen, dass sich der Lagerbestand ihrer Kunden im Rahmen zuvor vereinbarter Minimal- und Maximalgrenzen bewegt. Droht die Unter- oder Überschreitung des vereinbarten Bestands, werden Einkäufer und Lieferant automatisch gewarnt). Denkbar ist auch, dass Lieferanten Lieferungen simulieren, um ihre Produktion optimal auf die Bedarfssituation beim Kunden abzustimmen.

Die Vorteile eines umfassenden Supply-Chain-Monitoring können nur dann vollständig realisiert werden, wenn es gelingt, wirklich

## Abb. 2: Versorgungssituation früher und heute

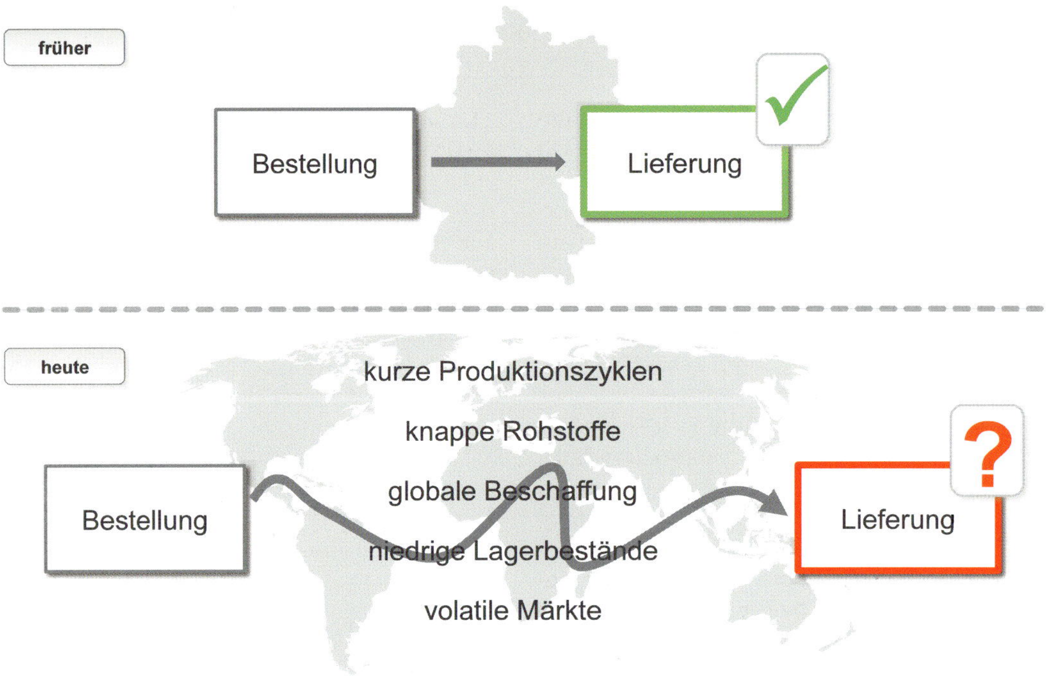


**Heute ist es nicht mehr selbstverständlich, dass ein Lieferant seine Ware wie bestellt zum gewünschten Zeitpunkt und in der richtigen Menge liefern kann.**

## Abb. 3: Vendor Managed Inventory

**Lieferant erhält Einblick in Lagerbestand und Bedarfsvorschau und sorgt dafür, dass der Bestand innerhalb vereinbarter Grenzen liegt.**

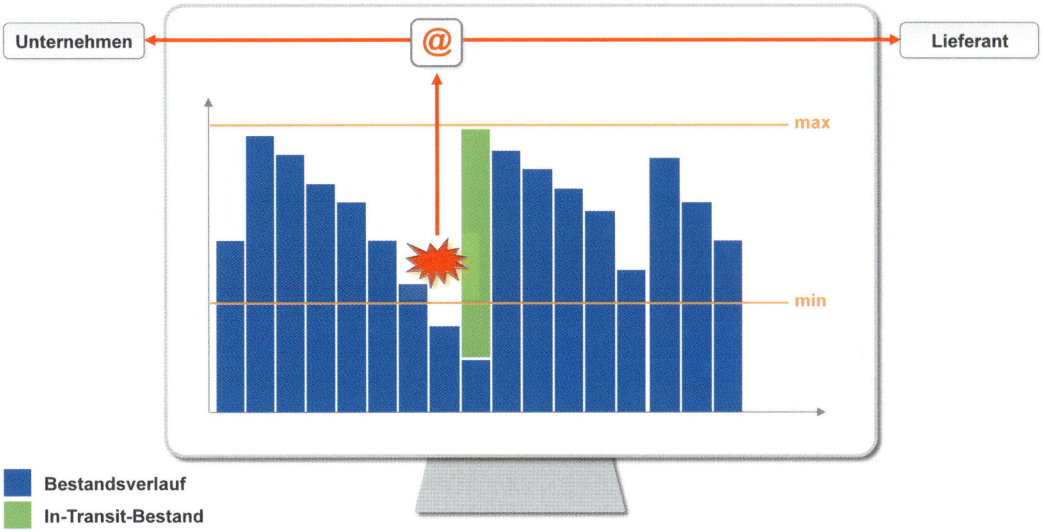


**Für höchste Versorgungssicherheit trotz reduzierter Bestände sorgt der VMI-Prozess.**

alle Geschäftspartner weltweit in dieses System einzubinden: Es gilt also, vom internationalen Konzern bis hin zum Kleinstunternehmen alle Lieferanten und Dienstleister mit ihren unterschiedlichsten technischen Voraussetzungen in ein gemeinsames System zu integrieren – gleichgültig ob es um die Lieferung von Produktionsmaterial, indirektem Material oder Katalogware geht, unabhängig von Bestellfrequenz und -volumen.

Dabei eignet sich die EDI-Anbindung im Wesentlichen nur für Großkonzerne, während sich ein mittelständisches Unternehmen eher für die Web-Anbindung entscheiden wird. Einem kleinen Unternehmen wiederum, bei dem nur sporadisch eingekauft wird, steht eine Anbindung ohne vorherige Registrierung via „E-Mail WebEDI" zur Verfügung.

Für welche Anbindung sich die Geschäftspartner auch entscheiden: Erst ein umfassendes Prozessportfolio mit aufeinander abgestimmten und flexibel ineinander greifenden Lösungen – vom klassischen Bestellprozess über verbrauchsgesteuerte Logistikkonzepte bis hin zum Transportmanagement – zeigt den gewünschten Erfolg, nämlich maximale Versorgungssicherheit, niedrige Prozess- und IT-Kosten, Wegfall teurer Trouble-Shooting-Maßnahmen und Freisetzung von Kapital, das andernfalls im Aufbau von Sicherheitsbeständen gebunden wäre.

# Risiken unter Kontrolle

Mit mesoskopischen Simulationsmodellen lassen sich risikorelevante Szenarien untersuchen und geeignete Lieferkettenstrukturen entwickeln.

Autoren:
**Prof. Dr. Michael Schenk,**
**Dr. Tobias Reggelin,**
**Dr. Juri Tolujew,**
*alle Fraunhofer-Institut für Fabrikbetrieb und -automatisierung IFF, Magdeburg*

Globale Lieferketten sind dynamisch, komplex und störanfällig und damit schwer beherrschbar. Im vergangenen Jahr verzeichneten deshalb 73 Prozent der Industrie- und Handelsunternehmen weltweit mindestens eine Störung ihrer Supply Chain. Das geht aus der Studie „Supply Chain Resilience 2012" hervor, für die das Business Continuity Institute (BCI) 532 Firmen befragt hat. Die häufigsten Ursachen waren demnach Wetterkapriolen, IT- und Telekommunikationsprobleme, Ausfälle im Transportnetzwerk sowie Naturkatastrophen. Beispiele dafür lassen sich fast täglich in der Presse finden: „Festplattenproduktion wegen Monsunfluten unterbrochen" oder „Vulkanasche zwingt BMW zum Produktionsstopp" – so lauten die Schlagzeilen.

Die Folgen für die betroffenen Unternehmen sind im Wesentlichen Produktivitäts- und Umsatzverluste sowie höhere Kosten. Kein Wunder also, dass eine robuste Supply Chain laut der BCI-Studie ein zunehmend wichtiger Faktor bei Beschaffungsentscheidungen ist.

## Risikoereignisse nehmen zu

Dass eine Lieferkettenunterbrechung das größte Geschäftsrisiko für ein Unternehmen ist, belegt auch die Studie „The Ripple Effect" von Deloitte Consulting LLP. Die Berater befragten dazu im Jahr 2012 etwa 600 Führungskräfte aus Produktions- und Handelsunternehmen mit mehr als 100 Mio. US-Dollar Jahresumsatz. Die wesentlichen Ergebnisse waren:

- Supply-Chain-Risiken sind bedeutend für strategische Unternehmensentscheidungen.
- Die Häufigkeit von Risikoereignissen hat in den vergangenen Jahren zugenommen.
- Eine der kostenintensivsten Auswirkungen ist die Unfähigkeit, auf plötzliche Nachfrageschwankungen zu reagieren.

Bild: Woody Stein Grafik: Fraunhofer IFF

Eine Vorabsimulation möglicher Risikoszenarien erleichtert den Aufbau robuster Lieferketten-strukturen.

- Zwei Drittel der Unternehmen haben ein Supply-Chain-Risiko-Programm, aber die Hälfte davon ist ineffektiv.
- Vielen Firmen fehlen die neuesten Tools und Technologien, um heutige Supply-Chain-Risiken zu verstehen und zu verringern.

Die häufigsten Risikoereignisse innerhalb der eigenen Lieferkette sind der Studie zufolge Ausfälle in den Beschaffungs-, Produktions- und Distributionsprozessen. Risiken in der erweiterten Wertschöpfungskette treten vorrangig in Form von Nachfrageschwankungen, Änderungen der Kundenpräferenzen und Lieferantenproblemen auf. Externe Risikoereignisse sind hauptsächlich volkswirtschaftliche Veränderungen, eine kritische Ressourcenverfügbarkeit, geopolitische und sicherheitsrelevante Ereignisse sowie Naturkatastrophen.

Um die damit verbundenen negativen Konsequenzen zu vermeiden, feilen bereits viele Unternehmen an Risikomanagementsystemen für ihre globalen Lieferketten. Als Reaktion auf das Erdbeben in Japan plant Toyota beispielsweise, eine widerstandsfähige Supply Chain aufzubauen, die sich innerhalb von zwei Wochen nach einer solchen Naturkatastrophe regenerieren kann. Toyota hatte bis zu sechs Monate mit den Auswirkungen des Erdbebens zu kämpfen.

Wer wie Toyota dynamische und komplexe weltweite Wertschöpfungsketten und die damit verbundenen Risiken besser beherrschen will, muss zwangsläufig seine strategischen und operativen Abläufe fortlaufend und schnell analysieren und planen. In der Praxis spielen Simulationsmodelle dabei eine zentrale Rolle. Sie bilden das dynamische Systemverhalten globaler Lieferketten im Zeitverlauf ab.

Die bisher in der Logistik verbreiteten objektbasierten, ereignisdiskreten Simulationsmodelle haben jedoch einen Nachteil: Der Aufwand, sie zu erstellen und zu berechnen, ist zu hoch. Und „System Dynamics"-Modelle sind für die meisten praktischen logistischen

## Mesoskopischer Simulator – Modell und Ergebnisse

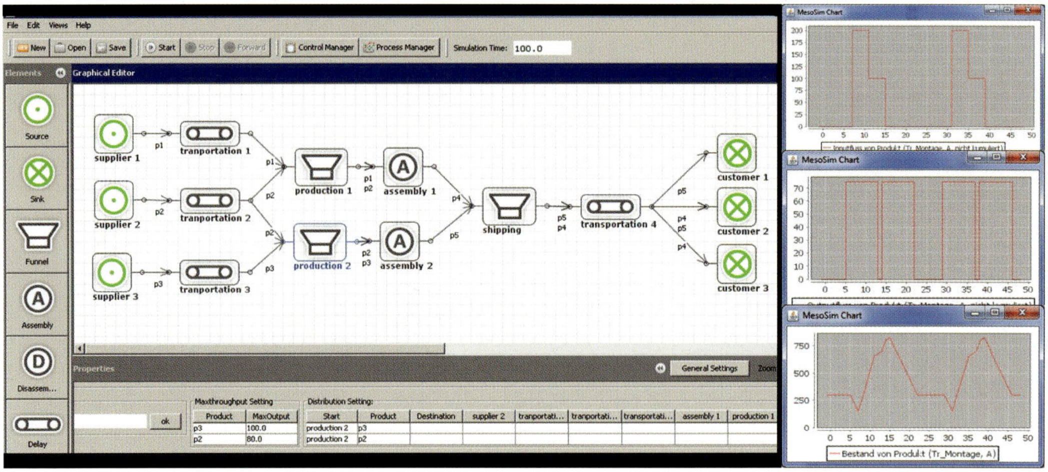


**Mesoskopische Simulationssoftware zur Szenarienbetrachtung im Risikomanagement globaler Lieferketten.**

Aufgabenstellungen zu abstrakt. Diese Lücke können mesoskopische Simulationsmodelle *(s. Abb. oben)* füllen, wie sie am Fraunhofer IFF entwickelt wurden. Im Vergleich zu ereignisdiskreten Modellen arbeiten sie mit Flussraten und einer geringeren Anzahl an zu variierenden Parametern. Sie basieren auf der „Discrete Rate Simulation", die eine schnelle und dennoch genaue Modellberechnung ermöglichen soll. So können mit mesoskopischen Simulationsmodellen risikorelevante Szenarien untersucht und geeignete Lieferkettenstrukturen entwickelt werden.

### Geeignete Maßnahmen ableiten

Weiterhin lässt sich analysieren, wie robust das bestehende Logistiknetzwerk hinsichtlich zukünftig zu erwartender Nachfrageschwankungen ist. Für potenzielle Risikoereignisse lassen sich bereits in der Planungsphase geeignete Notfallmaßnahmen ableiten und bewerten. Gleiches gilt auch für das Betreiben von globalen Lieferketten. Typische Fragen, die mit mesoskopischen Simulationsmodellen beantwortet werden können, sind:

- Die Lieferung eines Lieferanten fällt heute aus und erfolgt erst morgen. Sind die Bestände in der Supply Chain ausreichend, um diesen Ausfall abzufangen? Wenn nicht, welche Gegenmaßnahmen lösen das Problem?
- Reicht die Durchsatzkapazität des Logistikzentrums aus, um die heute erwartete Menge, die eine 20-prozentige Steigerung im Vergleich zu normalen Tagen bedeutet, bis zum Abend umzuschlagen? Falls nicht, wie müssen die Kapazitäten für den heutigen Tag angepasst werden, um alle Waren umschlagen zu können?
- Wie lange kann bei den zu erwartenden Lieferengpässen bestimmter Zulieferer die Produktion noch aufrechterhalten werden? Welche Notfallmaßnahmen müssen eingeleitet werden, damit die Versorgung der Produktion gesichert ist?
- Welche Kapazitäten müssen kurz- bis mittelfristig in der Supply Chain vorgehalten werden, damit die in dem Zeitraum zu erwartende Marktnachfrage ohne Probleme bewältigt werden kann?

Das Fraunhofer IFF hat mesoskopische Simulationsmodelle bereits erfolgreich in mehreren Forschungs- und Industrieprojekten eingesetzt. Zurzeit arbeiten die Wissenschaftler daran, sie in Kombination mit heuristischer Optimierung für die Planung, Disposition und Steuerung von Lieferketten zu nutzen.

# Transparenz im Warentransport

**RFID-Tags mit elektronischer Signatur beugen Fälschungen vor. Ein Zustandsanalysemodul versendet automatisch Alarmmeldungen, wenn mit der Lieferung etwas nicht stimmt.**

*Autoren:*
***Prof. Dr.-Ing. Klaus Richter**, Leiter Kompetenzfeld Materialflusstechnik und -systeme, Fraunhofer-Institut für Fabrikbetrieb und -automatisierung IFF, Magdeburg;*
***Karsten Ohme**, Softwarearchitekt,*
***Ingo Taubeneck**, Projektleiter Trans-4Goods, beide T-Systems Multimedia Solutions GmbH, Dresden*

Die Komplexität weltweiter Lieferketten bietet Fälschern und anderen Kriminellen zahlreiche Möglichkeiten, um Waren zu stehlen, zu beschädigen oder zu manipulieren. Gleichzeitig steigen auch auf rechtlicher Ebene die Anforderungen an die Transport- und Arzneimittelsicherheit (*siehe Kasten* S. 46). Um die Sicherheit von Güterlandtransporten zu verbessern, sind jedoch aktuelle Informationen über die Fracht und die Teilabschnitte in der Logistikkette erforderlich. Denn entscheidend ist das Wissen darüber, wo und in welchem Zustand sich eine Ware befindet und nach welchen Vorgaben sie behandelt werden muss.

Um diese Informationen durchgängig verfügbar zu machen, hat das Bundesministerium für Bildung und Forschung (BMBF) vor drei Jahren das Forschungsvorhaben „Trans4Goods" initiiert, das Ende 2013 abgeschlossen wurde. Die Projektpartner haben gemeinsam eine cloudbasierte Informations- und Kommunikationsinfrastruktur entworfen, die die Rückverfolgbarkeit von Warenbewegungen verbessern soll. Die Lösung konnte bereits während eines Feldversuchs entlang einer pharmazeutischen Lieferkette in Deutschland erfolgreich in der Praxis demonstriert werden.

## 100 interne Prozessschritte

Neben T-Systems Multimedia Solutions (MMS) beteiligten sich die Oncotec Pharma Produktion GmbH, DHL Solutions & Innovation, das Fraunhofer-Institut für Fabrikbetrieb und -automatisierung IFF, die STI Security Training International GmbH und das Institut für Luft- und Raumfahrt der TU Berlin im Forschungsverbund an dem Projekt.

Das Beispiel aus der Pharmaindustrie verdeutlicht die Arbeitsweise des Systems *(siehe*

Bild: Oncotec Grafik: GS1

In der Pharmaproduktion laufen pro Stunde Tausende kleine Glasfläschchen, sogenannte Vials, über ein Förderband.

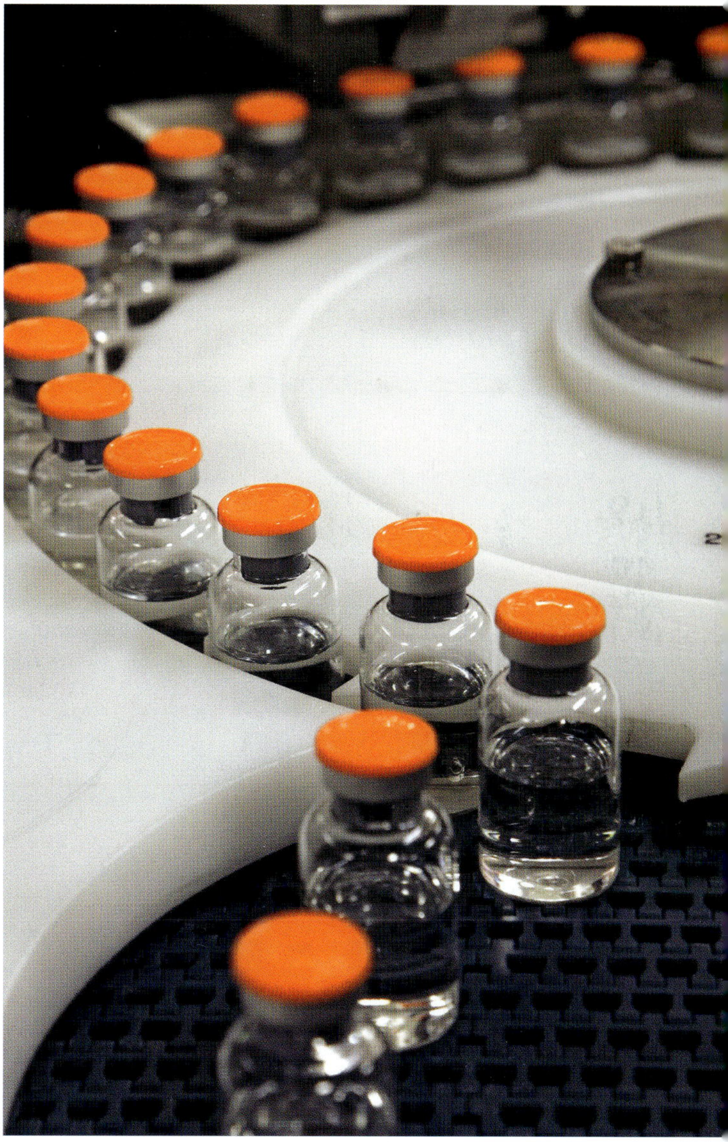

*Grafik S. 26)*: Zahlreiche externe Logistikpartner wie DHL bringen die pharmazeutischen Güter vom Hersteller zum Empfänger in Apotheken oder Krankenhäusern. Doch bevor ein pharmazeutisches Produkt für den externen Versand bereit ist, fallen bereits in der Produktion und bei der Konfektionierung 50 bis 100 interne Prozessschritte an.

Genau hier setzt Trans4Goods an: In der Pharmaproduktion laufen pro Stunde Tausende kleine Glasfläschchen, sogenannte Vials, über ein Förderband. Jedes Fläschchen wird automatisch mit einem Wirkstoff befüllt, verschlossen und gleichzeitig mit einem RFID-Tag markiert, der eine Seriennummer und weitere Daten enthält. Neben der Chargennummer können das Angaben zum Zustand und zur Handhabung des Produkts, zu seiner Mindesthaltbarkeit oder zur erforderlichen Transport- und Lagertemperatur sein. Anschließend werden die Glasfläschchen in Trays oder Pharmakisten und auf Paletten verpackt. Die Umverpackungen können ebenfalls einen RFID-Tag mit einer Seriennummer erhalten.

Entlang der gesamten nachgelagerten Transportkette kommen die Informationen dann zum Tragen, die der Hersteller während der Produktion auf dem RFID-Tag gespeichert hat. Zusätzlich stattet die neue Lösung die RFID-Tags mit einer elektronischen Signatur aus, die Fälschungen erkennbar macht.

## Cloudbasierte Datenbank

Interessant ist das nicht nur für Arzneimittel, sondern auch für andere Güter, etwa hochpreisige Ersatzteile im Automobilmarkt. Statt mit RFID-Tags können Waren oder Verpackungen dabei auch mit anderen AutoID-Datenträgern gekennzeichnet werden.

Denn das cloudbasierte Datenbanksystem, das aus Trans4Goods entstanden ist, bündelt eine Vielzahl von Erfassungs- und Kommunikationssystemen über ein Webportal. Über diese Plattform lassen sich Daten wie Größe, Volumen, Gewicht, Transportmittel, Temperatur, Ort und Kontrollmethoden in Echtzeit ver-

## Anforderungen an sichere Transportketten

Europaweit beteiligen sich alleine im Sektor der Verkehrs- und verwandten Nebenleistungen mehr als eine halbe Million Unternehmen an der Lieferkette des Landverkehrs. Sie stammen aus den unterschiedlichsten Kulturen und Geschäftsumfeldern, reichen vom multinationalen Großkonzern bis zum Kleindienstleister und transportieren Waren und Produkte jeglicher Art. In Abhängigkeit von der beförderten Fracht, der Position des Unternehmens innerhalb der Lieferkette und der Anfälligkeit der Infrastruktur sehen sich die Lieferkettenpartner mit wachsenden Sicherheitsanforderungen konfrontiert: Gesetzliche Vorgaben steigen, die Ansprüche an die Qualitätssicherung bei Herstellung und Transport nehmen zu und es entstehen neue Risiken durch Produktpiraterie oder terroristische Anschläge. Die Lieferkette des Landverkehrs ist zudem deutlich komplexer als die des See- oder Luftverkehrs, in der eine begrenzte Zahl von Unternehmen überwiegend in klar definierten und kontrollierbaren Gebieten aktiv ist. Es ist praktisch weder möglich noch sinnvoll, allgemeingültige Sicherheitsvorschriften für alle im Landverkehr tätigen Unternehmen zu erlassen, um deren unterschiedliche Sicherheitsanforderungen zu erfüllen.

Um das Sicherheitsniveau der jeweiligen logistischen Prozesse zu verbessern, empfiehlt sich vielmehr, Mindestsicherheitsanforderungen und begleitende Hightech-Technologien zu identifizieren, die schrittweise an den technischen Fortschritt und neu auftretende Risiken angepasst werden können.

folgen. Für die Sicherheit der Informationen hat T-Systems MMS im Vorfeld geeignete elektronische Signatur- und Verschlüsselungsmethoden untersucht und für das konkrete Einsatzszenario spezifiziert.

Dabei entschied sich das Projektteam für die Datenverarbeitung nach der GS1-Norm „EPCIS“, einem internationalen und branchenübergreifenden Standard für die Sendungsverfolgung. Er spezifiziert die Speicherung und Abfrage logis-

## Beispiel Healthcare: Kennzeichnen im Kreislauf

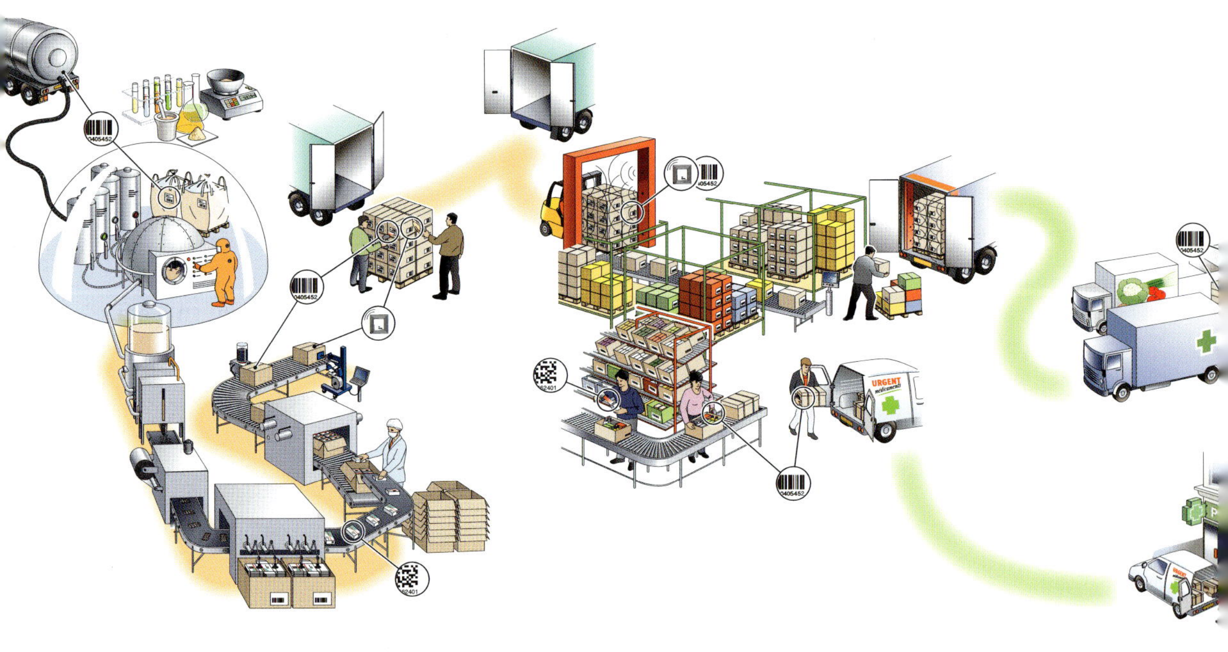

tischer Wareninformationen, wie die Identität und den Aufenthaltsort der Produkte sowie den Zeitpunkt und den zugeordneten Geschäftsschritt an definierten Punkten der Lieferkette, etwa an RFID-Lese- oder -Schreibstationen. Damit wird die lückenlose Rückverfolgbarkeit von Warenbewegungen möglich.

## Dokumentation aller Schritte

In der Cloud-Datenbank sind dann alle Informationen für alle berechtigten Partner verfügbar. Jedes logistische Ereignis wird dokumentiert: An jeder Station der Lieferkette überträgt ein Client seine Daten an die Cloud-Lösung. Dabei werden die Tags an Lese-Gateways gescannt und mit den zentralen Informationen abgeglichen. Das geschieht etwa, wenn ein Gabelstapler die auf Paletten verpackten Pharmakisten über eine entsprechende Vorrichtung im Lager transportiert oder wenn ein Logistikdienstleister seine Fracht vom Lkw in einen Güterzug umlädt.

Ein Leitstand visualisiert alle logistischen Ereignisse auf einer Weltkarte. Wurden prozessbezogene Regeln verletzt, versendet ein Zustandsanalysemodul Alarmnachrichten über eine mobile App, per SMS, E-Mail oder klassisch per Fax und Telefon. Diebstahl, Beschädigung und Manipulation lassen sich so frühzeitig erkennen und signalisieren. Die Regeln für jeden Alarm können Anwender je nach Bedrohungsszenario definieren.

Für die Pharmalogistik ist der nächste Schritt auf dem Weg zu sicheren Warenketten vorbereitet: Werden Wirkstoffe künftig zusätzlich mit entsprechenden Temperatursensoren transportiert, kann die Lösung spätestens beim nächsten Scanvorgang entlang der Lieferkette oder auch bei der Permanentüberwachung mithilfe sogenannter „GSM-Sensoren“ erkennen, ob der festgelegte Temperaturschwellenwert im Laderaum über- oder unterschritten wurde.

**Das Beispiel Healthcare zeigt, wie sich Produkte von der Produktion über die Logistik bis zum Empfänger rückverfolgen lassen.**

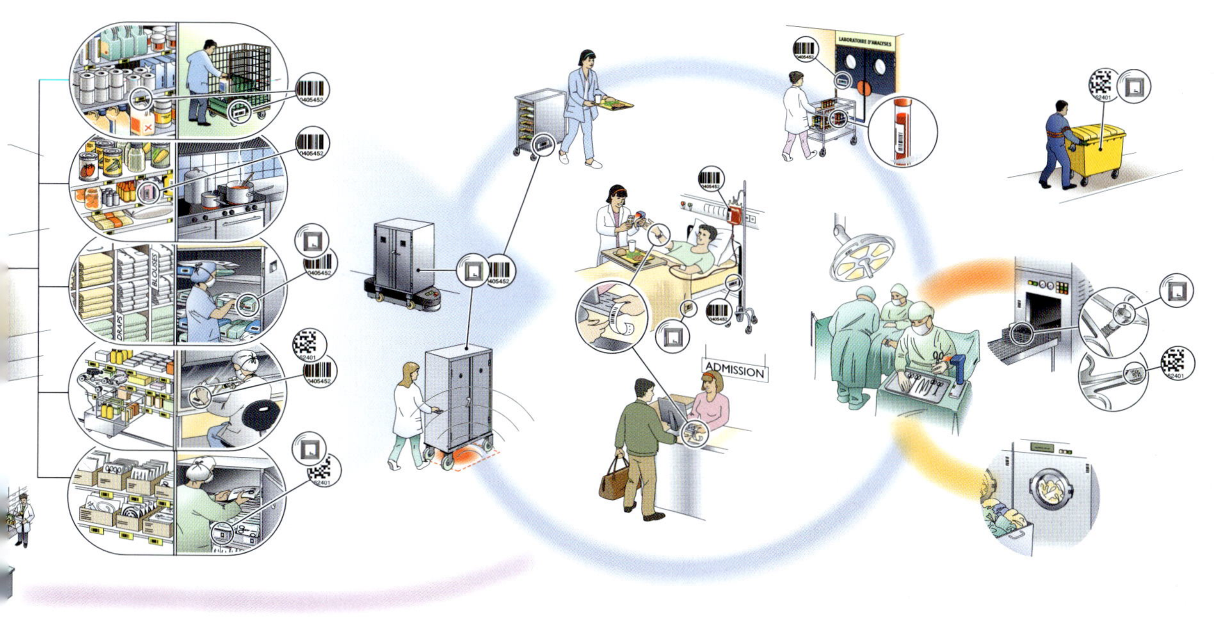

# Ident-Technologien: RFID und mehr

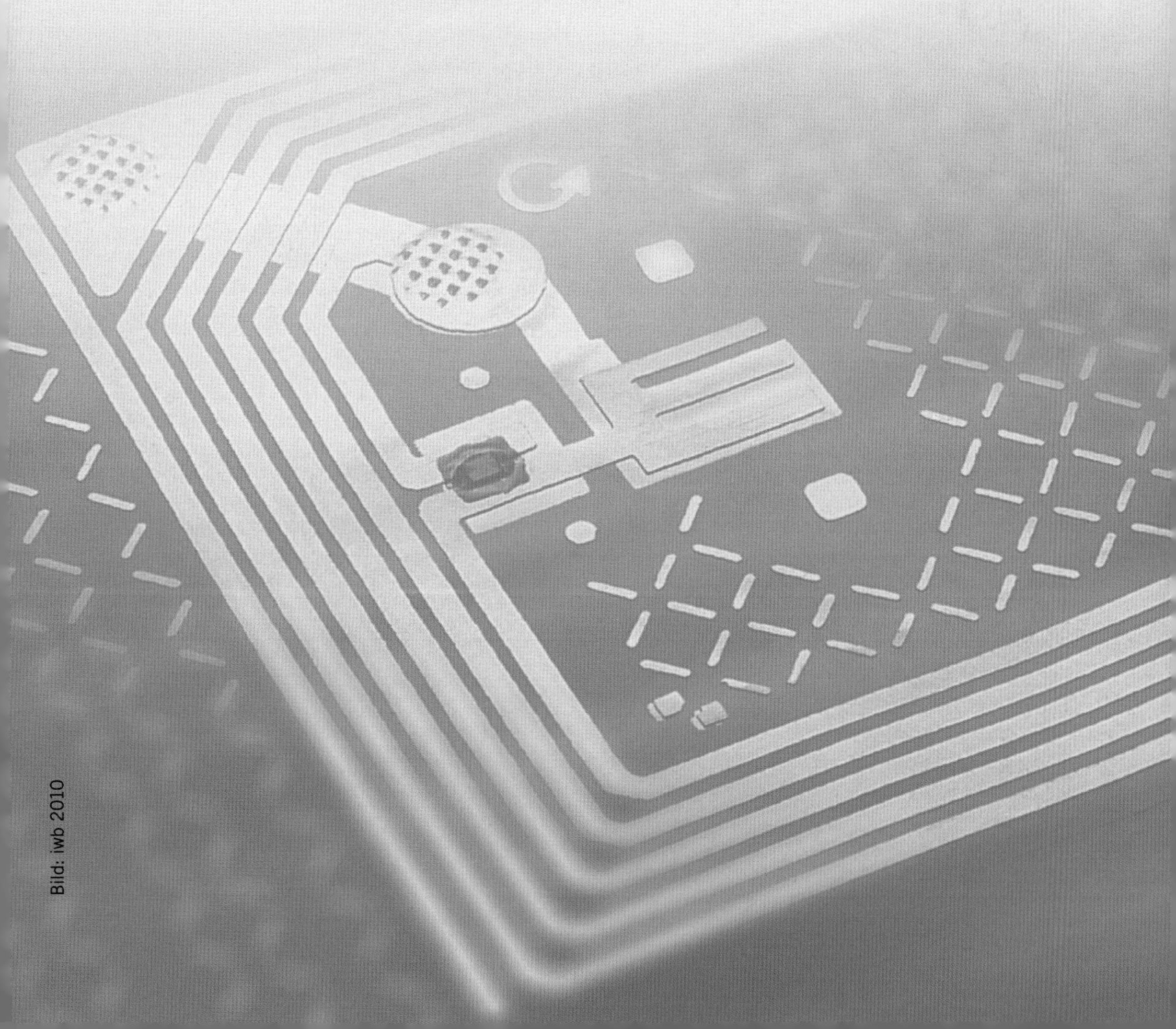

Bild: iwb 2010

# AutoID-Systeme und das Konzept Industrie 4.0

**Inzwischen ist der RFID-Hype vorbei und hat einer realistischen Einschätzung der Möglichkeiten Platz gemacht. Steht uns mit „Industrie 4.0“ ein weiterer Hype bevor?**

*Autor:*
***Wolf-Rüdiger Hansen,***
*Geschäftsführer AIM-D e.V., Industrieverband für Automatische Identifikation (AutoID), Datenerfassung und Mobile Datenkommunikation für Deutschland, Österreich und Schweiz, Lampertheim*

Die automatische Identifikation (AutoID) begann vor mehr als 40 Jahren mit der Markteinführung des Barcodes (Strichcode), einem optischen Verfahren zur automatischen Erkennung von Produktnummern mithilfe von Laserscannern. Vor über zehn Jahren wurde in dem EPCglobal-Projekt des weltweiten Handels das Ziel formuliert, den Barcode durch RFID (Radiofrequenz-Identifikation) abzulösen. Begleitend sollte das „Internet der Dinge“ realisiert werden. Damit kam der RFID-Hype. Das Modewort „Industrie 4.0“ stellt in dieser Entwicklung eine Ausprägung des Internets der Dinge dar. Es ist vor über einem Jahr aufgekommen und in Dokumenten von Acatech, der deutschen Akademie für Technikwissenschaften in Berlin, ausführlich dokumentiert.

## Debatte wird emotionalisiert

Die Bundesregierung nutzt Industrie 4.0 als Schlüsselwort für umfassende Förderprogramme, ähnlich wie zuvor den Terminus Internet der Dinge. Es dient auch als Schlagwort für eine große Marktchance zur Exportsteigerung der deutschen Industrie. Steht uns da ein weiterer Hype bevor? Unter Hype versteht man die extreme Überhöhung einer Wortbedeutung. Damit werden gleichzeitig hybride Erwartungen und schroffe Anti-Positionen induziert, was die sachliche Auseinandersetzung mit dem Thema emotionalisiert und erschwert. Was steckt dahinter und was hat das mit AutoID zu tun?

Der Strichcode an den Artikeln im Supermarkt bewirkt augenfällig, dass der Kassiervorgang schneller und zuverlässiger abläuft, als wenn die Preise per Hand eingegeben würden. Gleiches gilt für alle Barcode-Verfahren in anderen Branchen. Der Barcode wurde weiterentwickelt zum schachbrettartigen 2D-Code, der

Bild: AIM-D

mehr Daten enthalten kann. Eine mit der Einführung des 2D-Codes verbundene Innovation findet gegenwärtig im Pharmasektor statt. Der Verband Securpharm, der von den Verbänden der Pharmabranche getragen wird, führt gerade den 2D-Code mit der PPN (Pharma-Produktnummer – einschließlich Seriennummer) auf Medikamentenschachteln ein.

Die Apotheken müssen lediglich einen 2D-Code-Leser an der Theke aufstellen und können dann die Medikamentennummer vor Abgabe an den Kunden maschinell lesen. Die Nummer wird sofort an eine zentrale Datenbank übertragen und daraufhin überprüft, ob sie ein gültiges Medikament bezeichnet und ob sie schon einmal bei einem Verkauf erkannt wurde. Im letzteren Fall würde es sich wahrscheinlich um ein gefälschtes Produkt handeln. Dieses Verfahren unterstützt also die Verfolgung und Echtheitsprüfung von Produkten in der Lieferkette.

RFID-Etiketten – man spricht auch von RFID-Tags oder Transpondern – benötigen im Unterschied zum Barcode keine Sichtverbindung zwischen Leser und Etikett. Elektromagnetische Wellen durchdringen Kartons und Textilien. Weiterhin ermöglicht nur RFID den Pulk-Lesevorgang: Eine Reihe von RFID-Tags auf Kartons, die zum Beispiel auf einer Palette gestapelt sind, kann auf einmal gelesen werden. Deswegen gibt es an zahlreichen Ladetoren von Lagern und Verteilzentren RFID-Antennentore.

Allerdings haben elektromagnetische Wellen den Nachteil, dass sie durch Metalle und Flüssigkeiten abgeschirmt werden. Daher kann man bis heute nicht jede Palettenladung zuverlässig im Pulk lesen. Shampoo-Flaschen, Nudeln (die sehr viel Flüssigkeit enthalten), Kaffee in Stanniolverpackung, CDs und andere Produkte schirmen elektromagnetische Wellen ab. Deswegen ist es auch nicht möglich, den Warenkorb in einem Einkaufswagen an der Kasse mit RFID zuverlässig zu lesen, selbst wenn der Wagen aus Kunststoff ist.

RFID-Etiketten bestehen aus einem Silikonchip, der einen Prozessor und einen Datenspeicher enthält, und einer Antenne, die die Verbindung zum elektromagnetischen Feld des RFID-Readers herstellt. Sie können passiv oder

**RFID-Tag am Motor zur Verfolgung in der Lieferkette.**

aktiv (mit eigener Stromversorgung) betrieben und mit Sensoren für Umgebungsbedingungen wie Temperatur, Schock und Feuchtigkeit gekoppelt werden. So können Kühlketten überwacht oder Erschütterungen empfindlicher Ladungen nachgewiesen werden. So etwas geht natürlich nicht mit dem Barcode.

## Einseitige Perspektive der MIT-Forscher

Das Massachusetts Institute of Technology (MIT) in Boston, USA, hat zu Beginn der 2000er-Jahre das Forschungsprojekt EPCglobal gestartet, das im Jahr 2003 von der Interessenorganisation des weltweiten Handelssektors GS1 übernommen wurde, um die Marktumsetzung voranzutreiben. Im Rahmen dieses Projektes wurde von Wissenschaftlern aufgezeigt, wie die Effizienz und Flexibilität der Lieferketten im Handel drastisch verbessert werden können.

Dafür wurde die Annahme gemacht, dass alle Produkte, die im Supermarkt verkauft werden, mit RFID-Tags und einer einheitlichen, serialisierten Ordnungsnummer versehen würden, dem EPC (Electronic Product Code). RFID-Reader könnten dann den Fluss der Lieferungen weltweit verfolgen und an die führenden Softwaresysteme melden. Diese könnten den Warenfluss bedarfsorientiert regeln. Auf diese Weise sollten die Logistikprozesse möglichst realitätskonform in den Softwaresystemen abgebildet werden. Der Softwarekonzern SAP schuf dafür den Begriff RWA (Real World Awareness): die zuverlässige Abbildung der realen Prozessketten in den virtuellen Softwaresystemen.

Die Begeisterung über diese Aussichten auf eine drastische Effizienzsteigerung der Lieferketten in zahlreichen Branchen führte zum RFID-Hype, nämlich zu einer extremen Überschätzung der RFID-Möglichkeiten. Leider ist es nicht zu der totalen Ausstattung der Artikel mit RFID gekommen. Ursache sind die bereits dargestellten Einschränkungen der RFID-Lesefähigkeit. Im Supermarkt wird immer noch der Barcode eingesetzt.

Erfolge gibt es allerdings in speziellen Bereichen, so im Modesektor. Firmen wie Gerry Weber statten heute alle ihre Kleidungsstücke mit RFID-Etiketten aus, denn Textilien sind RFID-freundliche Materialien und stellen für elektromagnetische Wellen beim Lesen mit RFID-Readern kein Hindernis dar.

Inzwischen ist der RFID-Hype vorbei und hat einer realistischen Einschätzung der RFID-Möglichkeiten Platz gemacht. Die RFID-Technologie breitet sich in zahlreichen Bereichen aus – auch in Smart Cards und in Mobiltelefonen in der Variante NFC (Near Field Communication). Regelmäßigen Erhebungen des Industrieverbandes AIM zufolge breitet sich RFID kontinuierlich aus. Die Lieferanten berichten seit vielen Jahren über ein jährliches Wachstum der RFID-Umsätze im deutlich zweistelligen Bereich.

## Vom Internet der Dinge zu Industrie 4.0

Die MIT-Forscher schufen auch das Konzept des Internets der Dinge (Internet of Things, IoT), an dessen Realisierung in verschiedenen Branchen gearbeitet wird. Wichtige Erkenntnisse dazu hat das Forschungsprojekt RAN (RFID-based Automotive Network) ergeben, das vom Bundeswirtschaftsministerium gefördert und von der deutschen Automobilindustrie von 2009 bis 2012 durchgeführt wurde. An der Umsetzung seiner Ergebnisse wird unter dem Dach des VDA (Verband der Automobilindustrie) in Berlin weitergearbeitet.

Dieses Projekt hat Verfahren entwickelt, wie die Kommunikation in den Produktions- und Lieferketten des Automotive-Sektors mit RFID verbessert werden kann. Auch hier kommt zum Ausdruck, dass RFID nicht für jede Form der automatischen Identifikation die richtige Lösung ist. So sind zum Beispiel die Bauteile von Motoren meist mit 2D-Codes gekennzeichnet, die direkt auf die metallische Oberfläche gelasert, geätzt oder gestanzt werden. Diese Codes sind auch bei heftiger und langjähriger Nutzung der Teile immer noch lesbar und unterstützen so die automatische Identifikation über den Lebenszyklus der Teile hinweg. RFID würde hier an den harten Einsatzbedingungen scheitern.

Das Internet der Dinge findet bei RAN eine beispielhafte konkrete Form durch den Einsatz zweier Softwaremodule: dem Information

Broker und EPCIS (EPC Information Services, ursprünglich von GS1). Mithilfe von EPCIS wurde eine Schnittstelle definiert, über die die an einer Lieferkette beteiligten Unternehmen kommunizieren können. Ergänzend dazu soll der Information Broker eine Datenbank mit den Kerndaten der Lieferungen enthalten, die zum Empfänger unterwegs sind. So soll eine neue Transparenz in den Lieferketten erzeugt werden. Unregelmäßigkeiten sollen erkannt und Materialzuführung sowie Produktionsprogramme zeitnah harmonisiert werden.

## Synthese: AutoID – IoT – Industrie 4.0

Genau diese Ziele finden sich auch wieder im Konzept Industrie 4.0. Seine betriebswirtschaftlichen Ziele sind: (1) weitere Reduktion der Lagermengen, (2) schnellere Lieferungen, (3) höhere Kundenzufriedenheit und (4) Losgröße eins, also vollständig dem Kundenwunsch entsprechend konfigurierte Produkte. Um bei der Zielerreichung voranzukommen, sieht Industrie 4.0. vor, verstärkt Echtzeitverfahren in der Maschine-zu-Maschine-Kommunikation (M2M) und Cyber Physical Systems (CPS, eingebettete Systeme) einzusetzen. Auch wenn Industrie 4.0 primär auf die Verbesserung der Produktionssteuerung ausgerichtet ist, so können seine Ziele nur erreicht werden, wenn die Materialzuführung bis hin zur unternehmensübergreifenden Logistik entsprechend effizient organisiert wird.

Die Konzepte für das Internet der Dinge und für Industrie 4.0 gleichen sich. Sie versuchen, die Brücke zwischen der realen Welt der bewegten Objekte, also der Produktions- und Lieferketten, und den planenden und steuernden Softwaresystemen zu schlagen. Die Softwaresysteme werden mit Begriffen wie ERP (Enterprise Resource Planning), SCM (Supply Chain Management) und MES (Manufacturing Execution Systems) bezeichnet. Sie können nur so gut arbeiten, wie sie Daten über die reale Welt erhalten. Für diese Datenversorgung sind die AutoID-Verfahren verantwortlich. Also sind AutoID-Systeme ein grundlegendes Element der Implementierungen des Internets der Dinge und von Industrie 4.0.

# Barcode und RFID als Team

**Waren müssen fehlerfrei und eindeutig identifizierbar sein. Manche Unternehmen schwören dabei auf den Barcode, andere auf RFID. Richtig aufeinander abgestimmt ist auch eine Kombination beider Technologien möglich.**

*Autor:*
***Roman Winter***,
*Projektmanager GS1 Standards – Identification/Data Carrier,*
*GS1 Germany GmbH, Köln*

Überall dort, wo Warenströme fließen, kommt es darauf an, Daten präzise zu erfassen und dabei so viel Zeit wie möglich zu sparen. Wer schnell, vor allem aber effizient arbeitet, hat am Markt deutliche Vorteile gegenüber der Konkurrenz. Für die Unternehmen geht es daher darum, welches Mittel sie bei der Lagerwirtschaft zur Identifikation und Rückverfolgbarkeit von Waren einsetzen sollen – den bewährten Barcode oder doch die moderne RFID (Radiofrequenz-Identifikation)-Technologie?

Beide Methoden bieten die Möglichkeit, dieselben Produktinformationen elektronisch abzurufen. Entscheidend ist dabei auch, wie sich Prozesse wirtschaftlicher gestalten und Fehlerraten minimieren lassen. Eine Frage stellen sich Logistiker und Lageristen jedoch viel zu selten: Wie lassen sich Barcode und RFID sinnvoll gemeinsam einsetzen?

## Vollautomatisch gelesene Daten

Die Praxis zeigt, dass beide Technologien unbestrittene Stärken haben. Häufig verwenden Unternehmen Barcode-Systeme, um ihre Lagerbestände und Warenbewegungen zu verwalten. Diese vergleichsweise kostengünstige Variante ist weltweit verbreitet und bei Anwendern akzeptiert, da sie Arbeitsprozesse wesentlich erleichtert. Gehen Waren ein und aus, können sie durch ein aufgeklebtes oder aufgedrucktes Barcode-Etikett mit einem handelsüblichen Laserscanner manuell verbucht werden. Eine entsprechende Software hilft dabei, den aktuellen Bestand unkompliziert zu verwalten.

Zur Verbesserung des innerbetrieblichen Informationsflusses tragen Barcode-Systeme auch beim Kommissionieren und Versenden bei. So können Bestellungen automatisch und unkompliziert zusammengeführt werden. Das

Bild: GS1

senkt die Fehlerrate und vermeidet Kosten, die durch Nachsendungen oder Reklamationen entstehen würden.

Auf die vielfältigen Möglichkeiten, die der Barcode bereithält, setzt beispielsweise auch Rowo-Food. Dabei bedient sich das Unternehmen, das für die Lebensmittelindustrie Rohstoffe aufbereitet, eines standardisierten Barcodes. Mit ihm ist es möglich, Waren zu kennzeichnen und sie dazu mit wichtigen logistischen Zusatzinformationen wie Chargennummer, Mindesthaltbarkeitsdatum und Gewichtsangabe zu versehen. Dazu hat Rowo-Food im Rahmen eines Prozeus-Projekts den GS1-128-Strichcode in seine Geschäftsabläufe integriert. Alle Waren werden bei Rowo-Food mit diesem Barcode etikettiert, sie sind daher eindeutig identifizierbar. Sobald einer Artikelcharge ein Kundenauftrag zugeordnet wird, werden die notwendigen Informationen zur termingerechten Bereitstellung unmittelbar auf das Display eines Barcode-Scanners übertragen. Ein Staplerfahrer kann die benötigten Waren dann entsprechend kommissionieren und für den Versand bereitstellen.

## Waren ohne Sichtkontakt erfassen

Die RFID-Technik hingegen nutzen Unternehmen vor allem dann, wenn Waren automatisch, über größere Entfernungen, schnell und im Pulk erfasst werden sollen. Dabei verfügen die Waren

**Barcode und RFID schließen sich nicht aus, sondern können sich sinnvoll ergänzen.**

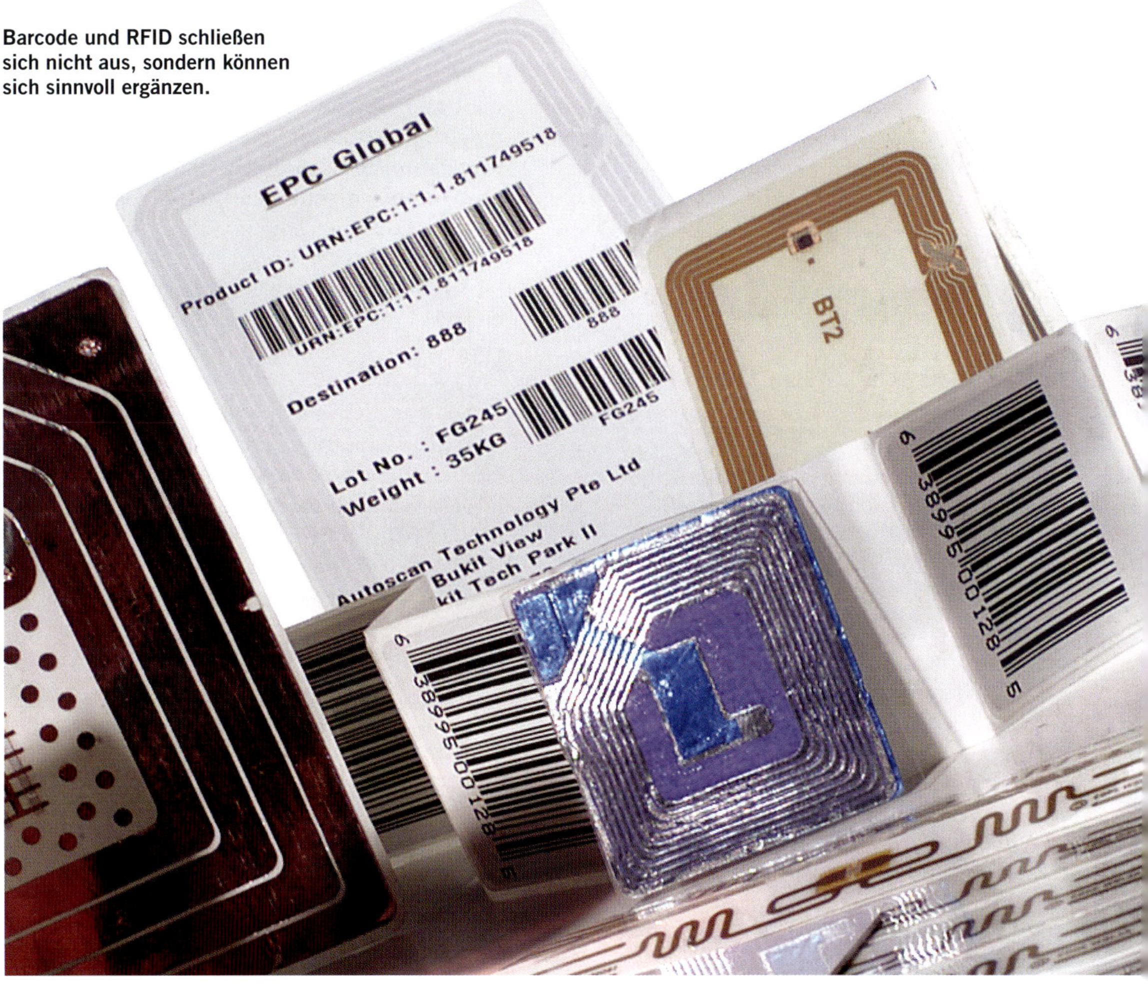

über einen Transponder, auf dem ein Mikrochip einen elektronischen Produktcode (EPC) enthält. Er beinhaltet eine weltweit überschneidungsfreie Zeichenfolge, mit deren Hilfe jedes Objekt eindeutig identifiziert werden kann.

Der EPC ist datenträgerunabhängig und kann somit sowohl im RFID-Transponder als auch im Barcode gespeichert werden. Er wird bei RFID berührungslos durch elektromagnetische Wellen übertragen. Das heißt, der Chip wird – anders als bei Barcodes – auch ohne Sichtkontakt und mit größerem Abstand zum Lesegerät ausgelesen. Durch Hindernisse hindurch und dazu in großer Zahl lassen sich so ununterbrochen und in Echtzeit Warenströme und aktuelle Bestände übermitteln.

Rollen beispielsweise Paletten ins Lager, werden sie mithilfe eines RFID-Lesegerätes unmittelbar am Eingangstor oder an den Regalen automatisch erfasst. Ein Mitarbeiter muss nicht einen Karton anfassen oder gar von Hand zählen. Das hat sich etwa die Scheren Logistik GmbH zu Nutzen gemacht. Als Reaktion auf den kontinuierlichen Ausbau der Lagerkapazität hat das Düsseldorfer Unternehmen im Rahmen eines Prozeus-Projekts auf die RFID-Technologie umgestellt. An die Stelle manuell erfasster Warenbewegungen sind vollautomatisch gelesene Daten gerückt. 880 mit RFID gekennzeichnete Paletten werden auf diese Weise täglich im Durchschnitt bei Scheren bewegt. Diese Umstellung spart mehr als vier Stunden pro Tag.

## Bereit für den parallelen Einsatz

Im Praxisalltag haben sich sowohl RFID als auch der Barcode bewährt. In gewissen Situationen kann es aber notwendig sein, dass beide Technologien parallel verwendet werden: etwa dann, wenn Waren über unterschiedliche Eingänge den Weg ins Lager finden und sich zudem in ihrem Wert deutlich unterscheiden.

Um Daten sicher in Prozessen weiterzugeben, ist zudem ein paralleler Einsatz von Barcode und RFID sinnvoll. Sollte beispielsweise das eine Medium nicht mehr lesbar sein, kann auf das andere zurückgegriffen werden. Denkbar ist das etwa dann, wenn ein Barcode von der Verpackung abgerissen oder durch Feuchtigkeit verwischt wurde und deshalb nicht mehr lesbar ist. Durch Kunststoff geschützt oder in der Verpackung verbaut, stellt dagegen der RFID-Transponder die Informationen weiterhin bereit. Umgekehrt gilt: Wenn technische Defekte die RFID-Datenübermittlung blockieren, kann der Barcode die nötigen Informationen liefern.

## Leitfaden hilft bei der Umsetzung

Doch wie können Daten für den parallelen Einsatz ideal gespeichert und übermittelt werden? Das stellt Unternehmen häufig noch vor große technische Herausforderungen. Anwendern hilft daher ein weltweit gültiger Leitfaden. Er wurde im internationalen GS1-Netzwerk gemeinsam mit Unternehmen entwickelt.

Der Leitfaden widmet sich etwa dem Thema, wie Anwender für ihre Datenträger bestmögliche Kompatibilität erreichen. Wichtig ist beispielsweise, dass RFID und Barcode identische Informationen enthalten. Trifft das nicht zu, werden zusammengehörende Wareneingänge nicht als solche erkannt. Häufig müssen Unternehmen heute noch Daten doppelt erfassen, weil die Informationen auf den Datenträgern unterschiedlich abgebildet werden. Dieser Aufwand kann vermieden werden.

Die Frage nach Barcode oder RFID sollte sich in Unternehmen so scharf daher gar nicht stellen. Diese Technologien stehen nicht in einem Konkurrenzkampf, vielmehr haben beide ihre Stärken. Unternehmen, die bei der Warenwirtschaft sowohl Barcode als auch RFID nutzen wollen, können beide Technologien ohne logistische Hemmnisse miteinander verbinden.

# Smart, smarter, Smartphone?

Die Vorteile mobiler Datenerfassung liegen in der schnellen und flexiblen Bestandsplanung im Vergleich zum früher üblichen Erfassungsvorgang allein beim Wareneingang oder Verkauf. Ob sich die Nutzung von Smartphones zum Scannen lohnt, hängt vom Einsatzbereich ab.

*Autor:*
***Paulos Ghebreweldi,***
*Senior Project Manager, Datalogic ADC Ltd. Niederlassung Deutschland, Darmstadt*

Barcodes sind aus der heutigen Warenwirtschaft nicht mehr wegzudenken. Unternehmen können mit ihnen Warenein- und -ausgänge kontrollieren, interne Lagerentnahmen überwachen sowie Warenbestände ermitteln. Elementar dafür sind sowohl 1D- als auch 2D-Codes. 1D-Codes kommen bereits seit den 1970er-Jahren zum Einsatz und haben sich im Konsumbereich vielfach bewährt. Es handelt sich um lineare Barcodes, die Universal Product Codes (UPC, auch Strichcode genannt). Am 7. Oktober 1952 wurde ein Patent für „Klassifizierungsapparate und Methoden" zur Identifizierung von Artikeln über ein Medium zur Identifizierung von Mustern, an John Woodland und Bernard Silver ausgegeben: die Geburtsstunde des Barcodes. Erstmals wurde im Juni 1974 in der Filiale eines US-Supermarkts ein mit Strichcode markiertes Produkt von einem Kassenscanner von Datalogic erfasst und verkauft.

2D-Codes, wie Quick Response (QR-Codes, von DensoWave Incorporated), wurden ab Mitte der 90er-Jahre zur Markierung von Baugruppen und Komponenten für die Logistik in der japanischen Automobilproduktion entwickelt. Derzeit kommen sie vorrangig im Marketing oder zur Kundenbindung zum Einsatz. Die kodierten Daten werden im 2D-Code in einer quadratischen Matrix aus schwarzen und weißen Punkten dargestellt.

## Welcher Scanner für welchen Zweck?

Scanner, Imager, PDA und Smartphone: Jedes Gerät hat spezifische Stärken, die es für verschiedene Einsatzbereiche prädestiniert. Zum Scannen von 1D-Codes eignen sich Laserscanner und Imager gleichermaßen, da beide den Code per Kamera einlesen.

Bilder: Datalogic

**Während des Scanprozesses beleuchten Barcode-Scanner den Code und entschlüsseln das Signal, während sie gleichzeitig diese Information in ASCII-Text umwandeln und an jede Art von Computer weitergeben, der mit dem Scanner kommuniziert.**

Während des Scanprozesses beleuchten Barcode-Scanner den Code und entschlüsseln das Signal, während sie gleichzeitig diese Information in ASCII-Text umwandeln und an einen Computer weitergeben, der mit dem Scanner kommuniziert. Das Licht wird von den weißen Zwischenräumen im Code reflektiert, schwarze Linien geben kein Licht zurück. Dadurch entsteht eine Spannungskurve mit Spitzen (Reflektion) sowie Tiefpunkten (keine Reflektion). Die Scanner besitzen einen sehr langen Leseabstand. Dadurch lassen sich Codes innerhalb einer gewissen Bandbreite über bestimmte Entfernungen hinweg scannen, ohne den Imager beziehungsweise Laserscanner zu fokussieren. Die Scanner sind auch unter schlechten Lichtverhältnissen oder bei beschädigten Barcodes in der Lage zu scannen.

Die den Smartphones und PDAs zugrunde liegende Technologie ist eine andere: Die integrierte Kamera ist für hochauflösende Bilder konzipiert. Je nach fixierender oder autofokussierender Technik gibt es eine Reihe von Einschränkungen beim Erreichen des notwendigen Tiefenbereichs. Sie eignen sich deshalb besonders zum Scannen von 2D-Codes. Sehr große Codes, etwa an Werbetafeln, lassen sich mit dem Smartphone sogar besser lesen als mit einem Scanner. In puncto Schnelligkeit rangieren Smartphones mit deutlichem Abstand hinter den Barcode-Scannern und Imagern. Grund ist auch hier die Kamera im Smartphone und PDA: Sie erfordert ein genaues Ausrichten, was den Scanprozess erheblich verlangsamt.

Die Technik zum Scannen von 2D-Codes wird kontinuierlich verbessert, der Trend geht klar zum 2D-Imager. Damit ist es möglich, schnell sowohl nah als auch fern zu lesen. 2D-Scanner werden die 1D-Modelle in Zukunft ablösen.

Generell sind Smartphones den „reinen" Barcode-Scannern hinsichtlich Robustheit und Performance unterlegen. Aufgrund ihres Funktionsumfangs – wie etwa Kameras und Mobilfunk – sind PDA-Scanner im Gegensatz dazu den normalen 1D- oder 2D-Scannern in einigen Funktionen aber schon heute voraus. Sie eignen sich beispielsweise gut für den Einsatz in Assisted Sales: In diesem Fall dienen sie den Marktleitern gleichzeitig als Kommunikations- und Informationstool. Große Displays erleichtern das Ablesen von Daten wie Orderlisten und Informationen: eine weitere Eigenschaft, mit der PDAs gegenüber Smartphones punkten.

## Mobile Datenerfassungsgeräte

Verschiedene Aufgaben und Bereiche erfordern entsprechende Vielseitigkeit: Form und Gewicht der Scanner spielen eine wichtige Rolle im Hinblick auf den dauerhaften Einsatz der Geräte – zum Beispiel in Unternehmen, in denen mehrere Tausend Codes pro Tag gescannt werden müssen. Im Field Service, in der Teileverfolgung oder bei Instandhaltungsanwendungen mit niedrigem Scanvolumen sind PDAs als

**Die Barcode-Imaging-Technologie wird eingesetzt, wenn viele Barcodes in schneller Abfolge erfasst werden müssen.**

robuste Variante der Smartphones gut geeignet. Barcode-Scanner sind prädestiniert für den Einsatz mit hohem Volumen, hoher Geschwindigkeit, unter schlechten Lichtverhältnissen sowie kleinen Barcodes.

Smartphones bieten an anderer Stelle deutliche Vorteile: Für einen Servicetechniker, der hauptsächlich außerhalb seiner Firma unterwegs ist, ist das Smartphone zum Scannen der Codes sinnvoll, da es den zusätzlichen Transport eines Scanners unnötig macht. Der Nachteil des Smartphones liegt allerdings in seiner geringen Robustheit. Aufprall, Wasser oder Schmutz gehören im mitunter rauen Industrieumfeld zum alltäglichen Geschäft – für Smartphones eine echte Herausforderung.

## Daten übertragen – aber sicher!

Gescannte Daten sind oftmals auch sensible Daten, die nicht in die Hände Dritter fallen sollen. Das Thema Sicherheit ist deshalb von immenser Bedeutung – auch in der Warenwirtschaft. Die Datenübertragung geschieht heute in der Regel über WLAN oder UMTS. Definierte Sicherheitsstandards garantieren die verschlüsselte Übertragung vom Scanner zum Host. Bei Geräten, die keinen direkten Zugriff auf einen Host haben, weil sie im Außendienst benutzt werden, werden die gescannten Daten entsprechend verschlüsselt im Gerät abgelegt.

Auch mit Smartphones ist es möglich, die Sicherheitsstandards zu erfüllen – wenngleich auch etwas schwieriger. Auf dem Smartphone installierte Apps übertragen auch automatisch Daten, sobald sie angeschaltet sind. Deshalb ist es wichtig, eine gesicherte Anwendung zu nutzen.

Generell kommt es bei Smartphones immer auf die firmeninterne Richtlinie an, sprich: Welche Optionen bekommt das Smartphone zugewiesen? Bei einer Eigenkonfiguration durch die einzelnen Mitarbeiter ist nicht sicher, welche Apps geladen werden, die den Sicherheitsstandard unter Umständen gefährden können.

## Smarter Helfer für Anwendungen

Smartphones können generell zum Scannen von 1D- oder 2D-Codes eingesetzt werden. Es gilt jedoch zu beachten, dass die Geräte derzeit weniger robust und deutlich schwächer in der Performance sind – vor allem im Hinblick auf die geforderte Geschwindigkeit des Scanvorgangs. Große Displays, integrierte Kameras, verfügbare Apps und die Übertragungsmöglichkeit per Mobilfunk sind weitere attraktive wie ausbaufähige Eigenschaften von Smartphones, die für das Scannen in der Warenwirtschaft von Interesse sind. PDAs und Scanner werden weiterhin gebraucht und im Einsatz sein. Die Nutzung von Smartphones in diesem Bereich wird aber zunehmen.

Die Bereiche Smartphone und Scanner werden sich weiter annähern, was sich positiv auf die Ergonomie der Geräte auswirken wird. Smartphones zur Datenerfassung sind eine ausbaufähige Idee. Es wird jedoch nicht passieren, dass Smartphones die Barcode-Scanner völlig verdrängen.

# Warehouse Management Systeme (WMS)

Bild: Godesys

# Gezielte Abgrenzung

**Trotz einiger Risiken blicken die Anbieter von Warehouse Management Systemen mit Optimismus in die Zukunft und versuchen sich auf dem wachsenden Markt gezielt voneinander abzugrenzen. Das Fraunhofer IML verfolgt diese Entwicklung schon seit über 14 Jahren.**

*Autor:*
***Tim Geißen**, Projektleiter,*
*Team Warehouse Logistics, Abteilung Intralogistik und -IT Planung, Fraunhofer-Institut für Materialfluss und Logistik IML, Dortmund*

Der „WMS Marktreport 2013" des Fraunhofer IML ist die vierte Aktualisierung der in mehrjährigen Abständen publizierten Untersuchungsreihe zu Entwicklungen und Trends des WMS-Marktes. Die Datenerhebung zwischen Februar 2012 und Mai 2013 erfolgte wie auch schon bei den vorangegangenen Exemplaren auf Basis von Experteninterviews und als Teil der jährlichen Validierung der an der WMS Datenbank teilnehmenden Systemen durch das Team Warehouse Logistics. Dieses Mal waren insgesamt 90 Anbieter mit 107 Systemen beteiligt.

Das Fraunhofer IML unterscheidet im WMS-Markt drei wesentliche Anbietertypen:

- Bei den „puren" WMS-Anbietern stellt die Software für das Lager die Kernkompetenz dar. Ergänzend wird gegebenenfalls weitere lagerrelevante Software wie ein Staplerleitsystem oder Pick-by-Voice-Lösungen angeboten.
- Bei einem Suite-Anbieter ist das WMS Teil einer größeren Software-Suite (zum Beispiel einem ERP- oder SCM-System) und verfügt prinzipiell über eine höhere Integration in unternehmens- beziehungsweise standortübergreifende Module und Funktionen der Business- oder Logistik-Suite.
- Der Lagertechnikanbieter entstammt in der Regel dem Anlagenbau. Bei ihm besitzt das WMS meist eine hohe Integration in die Steuerung des Materialflusses.

## Suite-Anbieter dominieren

Seit der letzten Marktanalyse hat sich das Gefüge der WMS-Anbietertypen merklich verschoben. Nachdem die Marktanteile bei der letzten Erhebung noch einigermaßen gleichverteilt waren, dominiert 2013 der Suite-Anbieter das Anbieterfeld mit 48 Prozent Marktanteil vor dem Lagertechnikanbieter mit 29 Prozent.

Bild und Grafik: Fraunhofer IML

**WMS-Experten unter sich: Jedes Jahr im Oktober reisen sie aus aller Welt zum Teilnehmertreffen der WMS Datenbank in Dortmund an.**

Der „pure“ WMS-Anbieter ist verglichen mit den letzten Jahren vom ersten auf den letzten Rang zurückgefallen und erreicht nur noch einen Marktanteil von 23 Prozent. Diese Struktur trägt damit dem Trend zur vertikalen und horizontalen Integration weiterer Funktionen respektive Lösungen in das Produktportfolio und dem damit einhergehenden, gewandelten Selbstverständnis der Anbieter Rechnung.

Die WMS-Anbieter erkennen eine Reihe von Chancen auf dem WMS-Markt. Die meisten Potenziale beinhalten für sie die Themen Qualitätsdruck in der gesamten Supply Chain sowie Wahrnehmung der Logistik als Kernkompetenz im Unternehmen, was den Druck zur effizienten Steuerung und funktionalen Prozessunterstützung durch ein WMS verstärkt. Weiterhin ist der Transparenzbedarf innerhalb der Lieferkette – insbesondere auch standortübergreifend – nach wie vor groß und ermöglicht dem WMS-Anbieter die Integration weiterer Lösungskomponenten und angrenzender Systeme wie dem Transportmanagement.

## Chancen und Risiken

Technische Innovationen stützen dabei den Markt, beispielsweise das mobile Internet oder Cloud Computing in der Logistik, was neue beziehungsweise erweiterte Funktionalitäten und Lösungsangebote unabhängig vom konkreten Lager- oder Serverstandort ermöglicht. Speziell in Deutschland wird zudem der gesamtwirtschaftliche Aufschwung als Chance gesehen, da die Logistik als Dienstleister und Querschnittsfunktion für Produktion und Handel hiervon im Allgemeinen unmittelbar profitiert.

Diesen Chancen stehen jedoch auch Risiken gegenüber. So wird in passender Weise das Gegenstück zur letztgenannten Chance als Hauptrisiko identifiziert: eine gesamtwirtschaftliche Schwächeperiode, die insbesondere durch die Eindrücke der Euro-Krise geprägt ist.

Als weitere Risiken identifiziert wurden die Kürzung der IT-Budgets in den Unternehmen, der Trend zu Gesamtlösungen (zum Beispiel ERP inklusive WMS) aus Sicht der auf WMS spezialisierten Anbieter sowie der Kostendruck in der gesamten Supply Chain. WMS-Anbieter werden hierbei in zunehmender Weise die erzielten Effizienzsteigerungen oder qualitative Prozessverbesserungen durch den Einsatz ihres WMS unter Beweis stellen müssen.

Trotz dieser Risiken blickt die WMS-Branche optimistisch in die Zukunft. Das spiegelt sich nicht zuletzt auch in den Erwartungen in Sachen Entwicklung von Umsatz- und Mitarbeiterzahlen wider: 86 Prozent der WMS-Anbieter rechnen für die kommenden vier Jahre mit leicht oder gar stark steigenden Umsätzen (rund ein Drittel erwartet ein Umsatzwachstum von mehr als zehn Prozent), lediglich vier Prozent erwarten Umsatzrückgänge.

Passend dazu erwarten 84 Prozent der Anbieter steigende Mitarbeiterzahlen, weitere 15 Prozent sehen die Mitarbeiterzahl in den kommenden vier Jahren zumindest als stabil an.

## Strategien der WMS-Anbieter

Die Verteilung der WMS-Anbietertypen gibt bereits einen ersten Hinweis auf die heterogene Zusammensetzung des untersuchten WMS-Marktes. Weitere Bestätigung findet dies bei der Betrachtung grundsätzlicher Strategien, welche die Anbieter auf unterschiedlichen Themenfeldern verfolgen. Einblick bietet hier die Studie „IT in der Logistik 2013/2014“ des Fraunhofer IML. Sie betrachtet die Strategien der WMS-Anbieter hinsichtlich:

- **Branchen**

Jeweils ein Viertel der Anbieter konzentriert sich in puncto des WMS-Funktionsumfangs auf wenige Branchen bei hoher Spezialisierung beziehungsweise auf mehrere Branchen bei leichter Spezialisierung. Die andere Hälfte entwickelt nahezu vollständig branchenunabhängig mit einer allgemein sehr breiten Funktionalität.

- **Internationalisierung**

Die Hälfte der WMS-Anbieter vermarktet die eigenen Produkte gezielt in mehreren ausgesuch-

## Der Markt der WMS-Anbieter

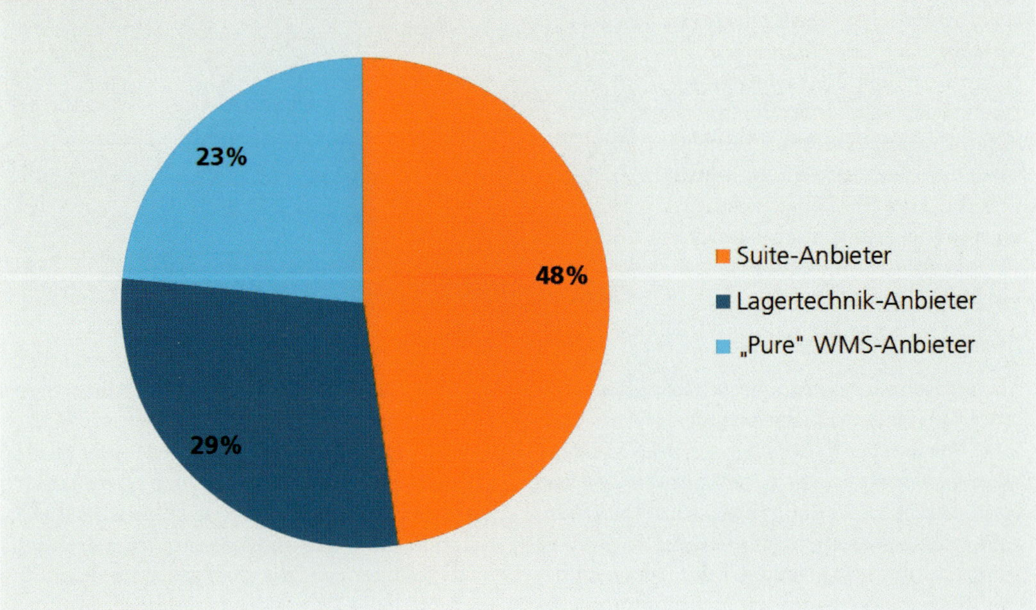

## Die Technologie-Community „Warehouse Logistics"

Die Online-Logistikplattform „Warehouse Logistics" (www.warehouse-logistics.com) des Fraunhofer-Instituts für Materialfluss und Logistik IML aus Dortmund bietet mit der „WMS Online Auswahl" den nach eigenen Angaben weltweit umfangreichsten funktionalen Überblick und Vergleich von Warehouse Management Systemen: Über 100 WMS sind aktuell in der Datenbank gelistet. Die Plattform fungiert dabei als kontinuierliche Langzeitstudie des Marktes für WMS beziehungsweise Logistik-IT, in welcher die Bedarfe von Anwendern und Anbietern erfasst und beiderseitig verfügbar gemacht werden.
Sie fußt dabei auf drei Säulen:

- Marktforschung als Grundlage für Forschungs- und Entwicklungsaktivitäten
- Technologie-Community für gemeinschaftliche Aktivitäten am Markt
- Weiterbildung und Schulung

Zur Förderung der Plattform und zur Stärkung des Miteinanders lädt das Team Warehouse Logistics jährlich im Oktober zum Teilnehmertreffen nach Dortmund ein, bei dem die Entwicklungen des vergangenen Jahres beleuchtet werden und in Diskussionsrunden ein gemeinsamer Austausch über die neuesten Trends und gesteckte Ziele stattfindet. Alle Teilnehmer zusammennehmend steht die Technologie-Community Warehouse Logistics für einen WMS-Umsatz von rund 951 Mio. Euro und 7.900 Mitarbeiter im Bereich WMS, wie der WMS Marktreport 2013 des Fraunhofer IML wiedergibt.

ten Ländern, ein Viertel vermarktet bewusst weltweit und weiteres Viertel vermarktet vorrangig national. Interessanterweise erfolgt eine bewusste internationale Vermarktung nicht aus einer Sättigung des Heimatmarktes heraus, sondern als gezielte strategische Investition in zusätzliches Wachstum.

### Produktstandards

61 Prozent der WMS-Anbieter bieten nach eigener Auskunft Standardsoftware (rund 20 Prozent kundenspezifische Anpassung, 80 Prozent Standard) an, 37 Prozent bieten ein „individuelles Standard-WMS" (50 Prozent kundenspezifische Anpassung, 50 Prozent Standard) an, das sich zwar weitreichend parametrieren lässt, aber offen ist für projektspezifische Weiterentwicklungen für den Kunden. Nur wenige Anbieter fokussieren eine überwiegend individuelle (Neu-) Entwicklung von Systemen für den Kunden.

### Produktweiterentwicklung

Die Mehrheit der WMS-Anbieter (63 Prozent) überführt projektspezifische Ausprägungen des WMS regelmäßig in den Softwarestandard, der damit auch zukünftigen Neukunden prinzipiell zur Verfügung steht. 25 Prozent der Anbieter arbeiten mit einem vergleichsweise hohen Forschungs- und Entwicklungsbudget und entwickeln das WMS auch unabhängig von Projekten weiter – teils mit eigener Entwicklungsmannschaft nur für das Standardprodukt. Zwölf Prozent der Anbieter hingegen arbeiten mit einem vergleichsweise geringen Forschungs- und Entwicklungsbudget und entwickeln das Produkt fast ausschließlich im Rahmen von Projekten weiter.

# An alle Fälle denken

**Ein maßgeschneidertes WMS ist das Herzstück eines Logistiksystems. Bei der Implementierung des Tools sind aber einige Hürden zu meistern. Sonst werden eventuelle Potenziale verschenkt.**

*Autoren:*
***Christian Goltermann,***
*Bereichsleiter Software & IT,*
***Stephanie Linz,***
*Referentin für Marketing & Unternehmenskommunikation,*
*beide Westfalia Logistics Solutions Europe GmbH & Co. KG, Borgholzhausen*

Die wachsende Dynamik der wirtschaftlichen Rahmenbedingungen stellt das heutige Logistikmanagement vor große Herausforderungen. Vor dem Hintergrund eines fortwährenden Zeitdrucks, schwankender Auftragsmengen, einer hohen Produktvielfalt und mit dem Anspruch, kostenbewusst, nachhaltig und zuverlässig zu agieren, legt die Intralogistik den Fokus auf individuelle Lösungen, die dem Anlagennutzer zugute kommen. Ein reibungsloser, optimaler Ablauf der Prozesse hat oberste Priorität, um sich den vielfältigen Anforderungen stellen zu können. Doch wie kann Effizienz innerhalb des Lagers sichergestellt werden?

Wichtiger Erfolgsfaktor und zugleich das Herzstück eines Logistiksystems ist die Lagerverwaltungssoftware. Denn die stetig wachsenden Anforderungen in vielen Branchen und Geschäftsbereichen können nur mithilfe eines Systems bewältigt werden, das im Detail auf die Wünsche und Ansprüche der Unternehmen zugeschnitten ist. Die hier verfügbaren Lösungen haben in den vergangenen Jahren eine erstaunliche Entwicklung vollzogen und sind mittlerweile weit mehr als eine reine Software zur Lagerbestandsverwaltung. Neben Funktionen wie Bestands- und Lagerplatzverwaltung, Fördertechnik oder Behälterdisposition bieten viele Systeme eine Auswahl an Betriebs- und Optimierungsstrategien. Vielfältige Tools, die dabei helfen, alle Prozesse individuell anzupassen und eine nachhaltige Steigerung der Effizienz zur Folge haben.

## Potenziale ausschöpfen

Bei der Implementierung eines Warehouse Management Systems (WMS) müssen viele Stolperfallen umgangen werden. So stellt die Auswahl eines geeigneten Systems eine erste Hürde

Bilder: Westfalia Logistics Solutions Europe

**Abläufe im Blick behalten: Die Lagerverwaltungssoftware zählt zu den zentralen Steuerungstools eines Logistiksystems.**

dar, die jedoch – durch die Beantwortung der folgenden Fragen – leicht genommen werden kann: Welche Leistungen erwarte ich? Welche Anforderungen müssen erfüllt werden? Was muss das Lagerverwaltungssystem abbilden können? Ist das System flexibel genug, um auch zukünftigen Anforderungen gerecht zu werden? Werden wichtige Schnittstellen geschaffen? Ist Investitionssicherheit für den Kunden gewährleistet? Gerade über die Kosten-Nutzen-Relation sollten sich Unternehmen bereits im Vorfeld im Klaren sein und hierzu mit Blick auf das Anforderungsprofil gezielt beraten werden. So gilt es im Vorfeld die Kompatibilität mit zukünftigen Betriebssystemen zu prüfen und die Ergebnisse bei weiteren Planungen zu berücksichtigen.

Bei der Entscheidung für das passende Warehouse Management System ist eine intensive Vorbereitung erforderlich. Eine ideale Vorgehensweise ist es, die durch die Lagerverwaltungssoftware abzubildenden Prozesse in einem Lastenheft festzuhalten. Dadurch ergeben sich die Funktionalitäten sowie die Schnittstellen, die in Verbindung mit anderen beteiligten Systemen zwingend notwendig sind. Auf diese Art und Weise werden die eigenen Abläufe dokumentiert und gegebenenfalls kritisch hinterfragt: Wie können die Prozesse effizienter gestaltet werden? Hier ergeben sich zusätzliche Verbesserungen für das Unternehmen. Folgende Punkte sollten dabei berücksichtigt werden.

### Flexibilität beachten

Ein Aspekt ist die Flexibilität eines Lagerverwaltungssystems. Eine solche Software wird über viele Jahre produktiv eingesetzt. Während dieser Zeit verändern sich beispielsweise Artikelsortimente, das Bestellverhalten der Kunden oder die Produkte. Das Lagerverwaltungssystem muss auf diese veränderten Anforderungen reagieren. Folglich gilt es diverse Grundvoraussetzungen innerhalb des Systems zu schaffen, mit deren Hilfe auf Neuerungen auch kurzfristig reagiert werden kann. Diese Flexibilität wird durch ein modulares Konzept erreicht. So ist der WMS-Anbieter auch innerhalb kurzer Zeit und mit wenig Aufwand in der Lage, die Anpassungen vorzunehmen und die Anlage stetig zu optimieren.

### Schnittstellen wichtig

Welche Schnittstellen kann das Lagerverwaltungssystem bedienen? Werden gebräuchliche Industriestandards unterstützt? Sind zertifi-

**Savanna: Das modulare System bietet hohe Flexibilität bei der Implementierung einer Lagerverwaltungssoftware.**

zierte Schnittstellen verfügbar? Ein WMS hat die Aufgabe, sich in eine bestehende Infrastruktur einzupassen. Hier ist es besonders bedeutsam, dass eine möglichst große Zahl von Schnittstellen innerhalb des Systems verfügbar ist.

### Sichere Investition

Dieser Punkt ist enorm wichtig. Denn ein Return on Investment (ROI) ist nur erreichbar, wenn das WMS mit einer klaren Vision für die Zukunft implementiert wurde. Folgende Fragen sind zu stellen: Unter welchem Betriebssystem arbeitet das WMS? Welche Datenbank wird genutzt? Sind Probleme bei einem Update des Betriebssystems zu erwarten? Wird die Lagerverwaltungssoftware weiterentwickelt? Welche Programmiersprache wird genutzt? Hat der WMS-Anbieter aktiven Einfluss auf die Software oder wird diese extern gewartet?

### Intuitive Bedienoberfläche empfehlenswert

Für ein effektives Arbeiten ist eine intuitive Bedienung besonders empfehlenswert. Menüs und Dialoge sollten eindeutig und logisch aufgebaut sein. Überladene Masken mit vielen Textfeldern verwirren nicht nur den Benutzer, sondern sind zugleich ein hoher Zeit- und damit Kostenfaktor.

### Mögliche Hürden beachten

Höchste Priorität bei der Implementierung eines Lagerverwaltungssystems hat die Bestimmung eines Projektleiters. Eine Aufgabe, die zunächst trivial erscheint, jedoch absolut zentral und unumgänglich ist. Auch wenn ein Unternehmen die Einstellung vertritt, dass diese Aufgabe beispielsweise durch den IT-Leiter oder den Geschäftsführer erledigt werden kann, ist es dennoch ratsam eine Person zu benennen, die sich ausschließlich mit der Software beschäftigt. Denn Mitarbeiter, die neben ihren eigentlichen Aufgaben auch die Einführung des WMS überwachen, können nicht alle Termine und Abläufe koordinieren, den Umgang mit dem System nachvollziehen und ihr Wissen an Kollegen weitergeben. So ist die Implementierung eines

WMS ein Fulltime-Job und sollte zwingend als solcher wahrgenommen und besetzt werden. Damit steht und fällt der Erfolg einer Lagerautomation.

## Pflichtenheft anfertigen

Sind die Anforderungen an das WMS ausreichend detailliert beschrieben? Sind alle Prozesse berücksichtigt? Ist das Pflichtenheft vollständig? Fehlende Beschreibungen führen zu Diskussionen über den vereinbarten Lieferumfang mit dem Risiko für Kosten und Zeit. Eine genaue Prüfung des Inhalts durch den Kunden ist unerlässlich.

## Schnittstellen ansehen

Ein Stolperstein ist die Schnittstelle zwischen dem WMS und dem Enterprise-Resource-Planning-System (ERP-System) des Kunden. Passen die beauftragten Leistungen vom ERP-System und WMS überhaupt zusammen? Wurde an alles gedacht? In der Regel beauftragt der Kunde einerseits den WMS-Anbieter und andererseits seinen ERP-Lieferanten mit der Realisierung der Schnittstelle. Beide Partner spezifizieren die Schnittstelle und oft schenkt der Kunde der Verknüpfung beider Systeme nicht die erforderliche Aufmerksamkeit. Getreu dem Gedanken: „Das wird schon werden! Es sitzen schließlich Fachleute zusammen", kann eine Schnittstelle entstehen, die aus Kundensicht nicht alle Anforderungen erfüllt. Dies bedingt wiederum Mehrkosten.

Für ein erfolgreiches Projekt müssen beide beteiligten Partner aktiv durch den Kunden geführt werden. Hier können deutliche Rückschlüsse auf den Projektbeginn gezogen werden: Sind im Vorfeld Anforderungen, Wünsche und Kompatibilität klar definiert, ergeben sich im Verlaufe nur minimale Klärungspunkte, die leicht ausdiskutiert werden können.

## Bildung logischer Einheiten

In einem typischen Gesamtsystem, bestehend aus SPS-Ebene, WMS und übergeordnetem ERP-System, muss jeder Teilbereich seine Kernaufgaben erfüllen. Es ist nicht sinnvoll, wenn beispielsweise in das WMS eine Bestellabwicklung implementiert wird und das ERP-System diese von Hause aus mitbringt. Hier gilt es zuvor abzuklopfen, welche Gegebenheiten vorliegen.

## Start nicht unterschätzen

Die Inbetriebnahme und anschließende Einführungsphase eines WMS wird häufig unterschätzt. Durch das Lagerverwaltungssystem werden bestehende Abläufe verändert. Das bedeutet spürbare Neuerungen für das Bedienpersonal. Eine intensive Schulung ist notwendig. Dabei muss den Mitarbeitern die Angst genommen werden, das neue System zu bedienen. Für die Schulungsmaßnahmen ist ausreichend Zeit im Projektplan vorzusehen.

Auch für die Einführungsphase sind ausreichende Zeitpuffer einzuplanen. In dieser Hochlaufphase werden möglicherweise Probleme auftreten und das Personal wird Fehlbedienungen machen. Die volle Leistungsfähigkeit ist noch nicht gegeben. Daher sollte der Start eines WMS, wenn möglich, nicht in eine Saisonzeit gelegt werden.

## Verbesserung muss möglich sein

Wenn das System schließlich in den Produktivbetrieb geht, zeigt sich, ob neben der korrekten Funktionsweise auch die Geschwindigkeit ausreichend ist. Schlimmstenfalls wird in diesem Zusammenhang deutlich, dass das WMS mit den gestellten Aufgaben überfordert ist und dass das Softwarekonzept keine Verbesserung ermöglicht. Das ist dann der GAU für ein WMS-Projekt. Auch dieser Stolperstein kann durch intensive Planungen im Vorfeld des Projektes umgangen werden.

## Abstimmung auf Automatisierung

Ist das WMS optimal auf die Lagerautomatisierung wie Fördertechnik und Regalbediengeräte abgestimmt? So lautet hier die Kernfrage. Nur wenn deren technische Möglichkeiten wie etwa Multitransporte von Paletten durch das WMS vollumfänglich unterstützt werden, kann der Kunde seine Anlage optimal nutzen.

# Die Qual der Wahl

**Die Auswahl eines Lagerverwaltungssystems ist ein schwieriges Unterfangen, bei dem zahlreiche Faktoren beachtet werden müssen. Checklisten können bei der Entscheidung helfen, ob eine integrierte oder eine externe Lösung sinnvoll ist.**

*Autor:*
***Dennis Kunz,***
*Chief Marketing Officer,*
*Ehrhardt + Partner GmbH & Co. KG,*
*Boppard-Buchholz*

Es ist die „Eine-Million-Dollar-Frage", sagt Patti Satterfield, Marketingleiterin des internationalen Logistikkonzerns Fortna Inc. Einerseits gibt es Warehouse Management Systeme (WMS), die als Teil eines ERP (Enterprise Resource Planning)-Pakets angeboten werden. Das bekannteste Beispiel ist die Software des Walldorfer SAP-Konzerns, die Module für die Lagerführung bereithält: WM im Standard und EWM für erweiterte Anforderungen. Andererseits hat eine Reihe von Anbietern ein spezielles Knowhow aufgebaut und ein WMS entwickelt.

In einem Auswahlverfahren stellt sich zunächst die Frage, ob ein integriertes oder ein externes WMS den größeren Nutzen bringt. Bei einer niedrigen Komplexität kann es genügen, das Logistikmodul des im Einsatz befindlichen ERP-Systems für die Nutzung einzurichten. Um das zu beurteilen, sind die logistischen Prozesse zu untersuchen und es ist zu ermitteln, welchen Stellenwert die Verfügbarkeit von Artikeln und die Liefertreue haben.

## Keine frühzeitigen Festlegungen

Dabei ist das Zusammenspiel übergeordneter Unternehmensziele mit der Logistik zu bedenken: Kosteneinsparungen durch das Minimieren des Lagerbestands steht die Sicherung der Versorgung und der Lieferung gegenüber. Wenn die Logistik komplexere Anforderungen zu erfüllen hat, bleibt die Wahl zwischen einem Zusatzmodul des ERP-Anbieters oder der Softwarelösung eines Logistikspezialisten. Bei der Auswahl sind nach Ansicht von Experten frühzeitige Festlegungen zu vermeiden, denn es muss das Ziel sein, die optimale Lösung zu finden.

Die Aufgaben der Logistik hängen in hohem Maße von der Branche ab. Eine größere Komplexität tritt meist in distributionsorientierten

Bilder: Ehrhardt + Partner

**Mit einem WMS steuern Unternehmen Prozesse im Lager. Die Auswahl aus verschiedenen Systemen ist keine leichte Aufgabe.**

Unternehmen auf, ansteigend mit dem Warendurchsatz und der Vielfalt an Artikeln. Davon betroffen ist zunächst der Handel, besonders in den Bereichen Textil, Getränke oder Ersatzteile. Doch gilt dies zunehmend auch für Produktionsunternehmen, nicht nur wegen Versorgungsverfahren wie der „Just-in-Time"-Belieferung.

Besonders aufseiten der Distribution kommen Anforderungen hinzu, die sich auf die Logistik auswirken, wie die vermehrte Direktbelieferung des Einzelhandels, etwa von Filialketten, aber auch die Ausbreitung des Onlinegeschäfts. Daraus resultiert eine erhebliche Verkürzung des Lieferzeitraums, die im Lager umzusetzen ist. Es liegt auf der Hand, dass die Erwartungen an die Leistungsfähigkeit eines WMS steigen.

Sind Logistikmodule in ERP-Systeme integriert, so verspricht das Vorteile bei der Einführung und der Benutzerführung. Doch muss auch diese Software in die bestehende Logistik- und IT-Landschaft eingebunden werden. Es bleibt stets ein Projekt zu realisieren. Ebenso müssen alle Systeme den Datenaustausch über Schnittstellen vollziehen. Da diese bei vielen externen WMS geprüft sind, etwa mittels einer Zertifizierung durch den ERP-Anbieter, erscheint der Unterschied marginal.

Darüber hinaus ist es als Vorteil anzusehen, wenn ein Projekt mit dem Hersteller der Lagerverwaltungssoftware durchgeführt wird. Der Kunde hat den direkten Kontakt bei Anpassungen und ihm steht ein spezifisches Know-how im Bereich Logistik zur Verfügung, das sich bis zur Generalunternehmerschaft erstreckt. Diese Erfahrungen schlagen sich im Leistungsumfang der angebotenen Standardsoftware nieder.

Wie der Analyst Jeff Woods vom Marktforschungsunternehmen Gartner gegenüber der Zeitschrift Inbound Logistics feststellte, haben ERP-Anbieter „recht gute Warehouse Management Systeme, aber sie sind nicht die besten im

## So funktioniert ein WMS

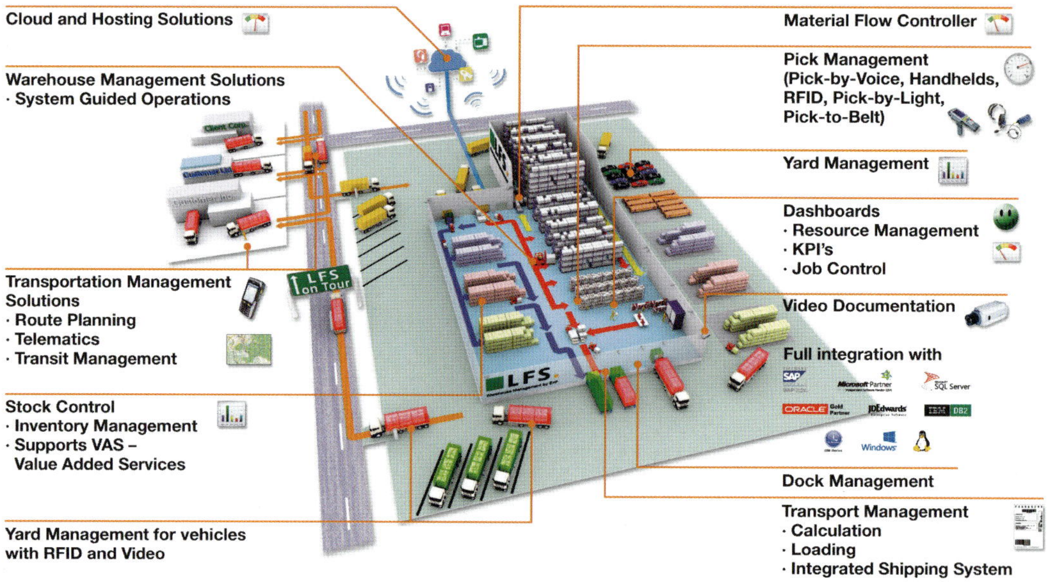


Markt". Nach Woods' Meinung können diese Systeme „meistens die Anforderungen für sehr komplizierte Lagereinrichtungen nicht erfüllen".

Die Einschätzung des Analysten spiegelt sich in zwei Punkten wider. Der eine betrifft die Funktionalität von Softwarelösungen, die über Jahre für komplexe logistische Anforderungen entwickelt wurden. Gegenüber den Produkten innerhalb eines ERP bieten die WMS der Logistikspezialisten generell einen erweiterten Funktionsumfang.

### Vorteil Parametrisierung

Ein Indikator für die Leistungsfähigkeit einer Software ist der Kundenstamm ihres Anbieters. Dies betrifft die Branchenvielfalt, aber auch die Verwendung durch große Logistikdienstleister, die für Kunden der verschiedensten Bereiche arbeiten. Hinzu kommt ein Vorzug vieler Softwaresysteme für die Logistik: Sie erlauben es den Anwendern, Prozesse zu parametrisieren. Das hat zur Folge, dass die Firmen nach Einführung eines externen WMS oft sehr selbstständig arbeiten.

Es gibt Kunden, die eigene Abläufe einrichten, andere nehmen ganze Lager neu in Betrieb und binden weitere Standorte an. Das kann sogar so weit gehen, dass ein Hersteller nicht alle Einsatzzwecke und -orte der eigenen Software kennt.

Die Fähigkeit, die Lagerabläufe in der Applikation selbst einzustellen, führt auch zu einer Zunahme des logistischen Know-hows der Mitarbeiter. Ebenso gibt es Fälle, in denen die neue Logistik die Voraussetzungen schuf, um ein weiteres Geschäftsmodell zu entwickeln – und das mitunter ungeplant. Beispiel: die Eröffnung eines Onlinehandels. Die Flexibilität eines WMS ist höchst bedeutend in einem Wirtschaftssektor, den eine Tendenz zur Rationalisierung und Automatisierung charakterisiert.

Die Logistik ist mehr als eine Branche. Sie ist eine Disziplin mit großer oder entscheidender Bedeutung für Unternehmen vieler Bereiche. Da sie immer prozessorientiert ist, hat sich eine eigene Denkweise herausgebildet. Die Projektteams der Anbieter bestehen oft aus Mitarbeitern, die über fundiertes Praxiswissen verfügen. Das kommt auch der Software zugute, die oft-

JUNGHEINRICH
EINLAGERN LHM
JUNGHEINRICH
Ort Eingabe
VR-04-006-03-
Bereich: 102
LHM
7035
[F5]Überschr [F6]Zul
F2 F5 F6 F1
F1 F2 F3 F4
CLR F5
7 8 9 F6
4 5 6 F7
1 2 3 F8
- 0 , F9

## Checkliste: Empfehlungen zur Auswahl eines WMS

1. Strukturiertes Auswahlverfahren mit Pflichtenheft vorbereiten
2. Bei niedriger Komplexität kann Logistikmodul des ERP-Pakets genügen
3. Höhere Komplexität erfordert Erweiterungsmodul für Logistik oder WMS eines Spezialanbieters
4. Frühe Festlegung vermeiden, um Anforderungsprofil mit Leistungsumfang der Softwareangebote abzugleichen
5. Integrierte Pakete bieten vertraute Bedienung und zuverlässige Schnittstellen
6. Externe Produkte haben größeren Funktionsumfang, eine prozessorientierte Benutzeroberfläche und oft Standardschnittstellen
7. Einführungsprojekt erforderlich: Know-how der Anbieter und Implementierungsaufwand vergleichen
8. Auf Brancheneinsatz beziehungsweise -vielfalt des WMS achten; ein Indikator: Einsatz bei Logistikdienstleistern
9. Externe WMS sind oft parametrisierbar: leichtere Einführung, Unabhängigkeit des Unternehmens, Flexibilität
10. Kosten ermitteln: Softwarelizenz plus Projekt plus laufende Kosten (Schulung, Wartung, Hotline, Updates, künftige Anpassungen und Erweiterungen, zum Beispiel Anbindung neuer Standorte, eventuell weitere Lizenzkosten)

mals die Nutzer anhand der Abfolge der Bedienmasken durch die Abläufe führt. Dies bedeutet eine verringerte Komplexität gegenüber den an „klassischen“ ERPs orientierten Produkten und schafft die Voraussetzung für die selbstständige Konfigurierbarkeit, besonders der Prozesse durch die Reihung der Masken.

Ähnliches gilt für das Thema Integration in logistischer wie technischer Hinsicht. Die Einführung eines WMS ist nie ein Inselprojekt. In jedem Fall sind betriebswirtschaftliche Programme und logistische Subsysteme anzuschließen. Wenn Hunderte von Kunden eine externe Logistiksoftware angebunden an ihr SAP-System einsetzen, so erweist sich das Thema „Integration“ kaum als geeignet für eine grundsätzliche Differenzierung.

Die Erfahrung aus vielen Projekten und die direkten Kontakte zu Kunden nutzt mancher Hersteller, um die Implementierung zu vereinfachen. Es können Vorlagen („Templates“) in die Software eingespielt, das heißt Prozesse auf Unternehmen derselben Branche oder mit ähnlichen Anforderungen übertragen werden. Da ganze Abläufe mit zu implementieren sind, ist in dem Projekt nur der Feinschliff erforderlich. Im Unterschied zu Anbietern, die die Umsetzung Beratungshäusern überlassen, kann der Hersteller einer externen Logistiklösung auch neue Anforderungen seiner Projektkunden zügig in der Software berücksichtigen. Die Spezialanbieter haben den Vorteil ihres Erfahrungsschatzes, dürfen aber in ihrer Innovationskraft nicht nachlassen, um ihre Stellung zu behaupten.

### Lizenzmodell einbeziehen

Neben dem Funktionsumfang sowie der Anpassungs- und Zukunftsfähigkeit der Software sollten Projekterfahrung, Support, Know-how und Schulungskonzept der Anbieter in die Auswahl einfließen. Auf der Kostenseite sind die Ausgaben für Softwarelizenzen, die Projektumsetzung und die laufenden Kosten zu berücksichtigen.

Auch das Lizenzmodell sollte in die Überlegungen einbezogen werden, denn einem lösungsorientierten Ansatz mit einer zentralen Serverlizenz steht oft eine nutzerorientierte Berechnung gegenüber, die sich bei künftigen Erweiterungen niederschlägt. Ein Programm, das von den Unternehmen weitgehend selbst zu verwalten und anzupassen ist, bietet nicht nur auf mittlere und längere Sicht die günstigste Möglichkeit. Es wird in den Händen der Anwender zu einem Werkzeug, mit dessen Hilfe die Logistik und die Lagerhaltung kontinuierlich weiterentwickelt und optimiert werden können.

# Enterprise Resource Planning Systeme (ERP)

Bild: Epicor

# Herausforderungen meistern

Prozessoptimierungen, Kostenreduzierungen, Umsatzsteigerungen: Damit ein ERP-Projekt gelingt, braucht es eine durchdachte Planung.

Die gute Nachricht zuerst: Nur wenige ERP-Projekte in der Logistik scheitern gänzlich. Dass ein Unternehmen fünf-, sechs- oder gar siebenstellige Summen ausgibt, ohne mit einem ERP-System belohnt zu werden, kommt kaum vor. Nicht selten jedoch dauern die Projekte weit länger oder kosten wesentlich mehr als ursprünglich berechnet. Oder sie decken nur einen Teil der ursprünglich fixierten, manchmal utopischen Zielvorstellungen ab. Die folgenden Ausführungen zeigen, worauf Unternehmen bereits zu Beginn ihrer IT-Projekte achten sollten.

## Unternehmensstrategie definieren

Die größte Herausforderung für die erfolgreiche Einführung einer ERP-Software findet sich im Unternehmen selbst, genauer gesagt in einer nicht vorhandenen oder unklar definierten Unternehmensstrategie. Viele Logistikdienstleister gehen davon aus, dass sie mithilfe neuer Technologien zwangsläufig Probleme bewältigen und die Transparenz steigern.

Einige vergessen dabei, dass IT-Lösungen immer nur Werkzeuge sind, die ihre Nutzer bei deren Aufgaben unterstützen. Sie funktionieren nur im durchdachten Zusammenspiel mit der Unternehmensphilosophie. Gelingt dies nicht, kann auch die beste Software keinen Erfolg garantieren. Vor jedem IT-Projekt geht es also zunächst darum, eine eigene fundierte Unternehmensstrategie zu entwickeln. Zu klären ist, welche neuen Geschäftsbereiche geplant sind, wo das Unternehmen wann stehen möchte und welche Richtung die Verantwortlichen einschlagen wollen.

Auf Basis dieser Zieldefinitionen lässt sich nun die IT-Strategie – und in diesem Rahmen natürlich die ERP-Strategie – ausarbeiten. So werden zum Beispiel Arbeitsabläufe festgelegt.

*Autor:*
***Frans Goyarts,***
*CEO, Prodware Deutschland AG, Hamburg*

Bilder: Prodware

Flexible Lösungen gefragt: Transportketten müssen ad hoc koordiniert und im Bedarfsfall angepasst werden.

Wichtige Fragen hierbei lauten: Welche Prozesse sollen abgebildet werden und wie lassen sie sich mit der ERP-Lösung optimieren? Wo will das Unternehmen seine Effizienz steigern und wie ist dies mithilfe von IT möglich? Fehlt die ERP-Strategie, leidet die Qualität des Projekts. Anders gesagt: Nur eine langfristige ERP-Strategie erlaubt es, die Software optimal zu nutzen und ihren künftigen Erfolg sicherzustellen.

## ERP-Strategie anpassen

Eine weitere Herausforderung besteht darin, die IT-Strategie an neue Unternehmensanforderungen anzupassen. Denn im Laufe der Jahre ändern sich Zielsetzungen und Bedingungen, denen der Wirtschaftsbereich Logistik unterliegt. Neue Umschlagplätze kommen hinzu, Transportdurchlaufzeiten ändern sich. Wettbewerber verschwinden und treten in der Rolle eines Geschäftspartners oder Subunternehmers wieder auf. Transportketten müssen ad hoc koordiniert und im Bedarfsfall angepasst werden. Werden in diesem Zusammenhang nicht auch die IT- und damit die ERP-Strategie angepasst, ist die essenzielle und eingespielte Koexistenz von IT- und Unternehmensstrategie nicht länger gewährleistet.

Von größter Wichtigkeit ist es auch, ein ERP-Projekt genau zu analysieren. Das setzt voraus, dass sich Unternehmen ihrer individuellen Geschäfts- und IT-Strategie bewusst sind. Doch häufig ist den Verantwortlichen nicht klar, warum genau sie die ERP-Lösung einsetzen. Kernprozesse und Kerngeschäftsfelder wie etwa Universaldienstleistungen, die die neue Software zwingend abbilden muss, müssen definiert werden. Zudem muss berücksichtigt werden, dass Datenmigration und Altdatenbereinigung Zeit in Anspruch nehmen. Auch der Umgang mit Bewegungsdaten muss festgelegt werden.

Weitere Punkte sind: Was passiert mit Vorgängen, die vor dem Stichtag der Umstellung in Auftrag gegeben wurden, aber danach erst abgeleistet und verrechnet werden? Was geschieht mit noch offenen Rechnungen? Diese

**Nicht zu unterschätzen: Die Analyse der eigenen Prozesse und Ziele nimmt fünf bis 100 Manntage in Anspruch.**

Analysephase nimmt, je nach Größe des Unternehmens, fünf bis 100 Manntage in Anspruch. Auftraggeber und IT-Experten strukturieren die eigenen Prozesse und Ziele und analysieren diese. Hier ist es wichtig, diesen Zeitaufwand nicht zu unterschätzen. Außerdem besteht die Gefahr, die Analyseergebnisse während des Projekts aus den Augen zu verlieren.

## Datenmigration vorbereiten

Ein weiteres Thema, das viele Unternehmen insbesondere bei der Neueinführung von ERP-Software unterschätzen, ist die Datenmigration. Denn sie beschränkt sich nicht allein darauf, Altdaten vom bisherigen IT-System auf die neue Lösung zu übertragen. Zuvor müssen Unternehmen jene Daten gezielt aufbereiten und Karteileichen, inaktive oder alte Datensätze ebenso wie überholte Logistikeinheiten löschen. Zehn Jahre alte Rechnungen müssen in der Regel genauso wenig in das neue System überführt werden wie Bewegungsdaten, die längst nicht mehr relevant sind.

Andere Informationen müssen die Anwender aufbereiten oder neu strukturieren. Geschieht dies nicht, führt die neue Software Altlasten mit. Die zur Datenbereinigung notwendige Expertise hat jedoch nur der spätere Nutzer selbst. Daher muss er selbst aktiv werden und den Zeitaufwand dafür einkalkulieren, wenn er aus dem ERP-Projekt den bestmöglichen Nutzen ziehen möchte.

# Kein Markt für reine Cloud-IT

**Mangels Vertrauen in die Datensicherheit stagnieren Angebot und Nachfrage nach SaaS-ERP-Lösungen. Cloud Computing setzt sich zunehmend bei Spezialanwendungen durch.**

Allgemein bescheinigen Experten dem Geschäft mit der Cloud unisono ein enormes Wachstumspotenzial. Eine aktuelle Analyse vom Verband der deutschen Internetwirtschaft eco geht bis 2016 von einem jährlichen Wachstum im Bereich „Software as a Service" (SaaS) von durchschnittlich 53 Prozent aus und bestätigt damit vormalige Prognosen der Experton Group und des Branchenverbandes Bitkom aus dem März 2013.

Trotz der guten Prognosen der Branchenverbände zeigen zwei aktuelle Anwenderbefragungen von SoftSelect aber einen gegenteiligen Trend auf. Insbesondere im ERP-Bereich nimmt

## Abb. 1: Bereitschaft zum Cloud-Einsatz

**Wie hoch ist die Bereitschaft in Ihrem Unternehmen Cloud-Lösungen (SaaS) im ERP-Bereich einzusetzen?**
(n = 205)

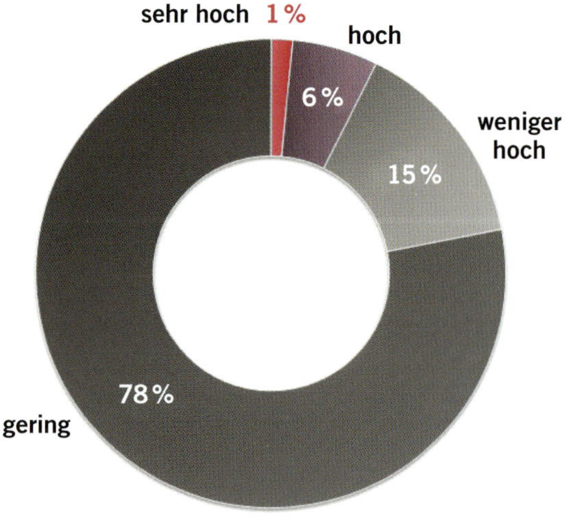


**Für die Mehrzahl der deutschen IT-Leiter sind ERP-Systeme aus der Cloud vorerst kein Thema.**

*Autor:*
***Michael Gottwald****,*
*Geschäftsführer der SoftSelect GmbH, Hamburg*

die Nachfrage nach Cloud-Produkten demnach nur zögerlich Fahrt auf. Von 200 im Sommer 2013 befragten IT-Leitern aus der deutschen Fertigungsindustrie zeigten sich lediglich sieben Prozent aufgeschlossen gegenüber Cloud-Lösungen *(s. Abb. 1)*. Für die große Mehrzahl der Befragten sind ERP-Systeme aus der Cloud vorerst offenbar kein Thema.

Im Wirtschaftsbereich Logistik dagegen werden die Vorteile von Cloud-Lösungen wesentlich positiver eingeschätzt. Hier erwarten etwa 22,2 Prozent der Befragten, dass Cloud-basierte ERP-Lösungen unterschiedlichste Logistiksysteme, die ebenfalls in einer Cloud angesiedelt wären, leichter und effizienter integrieren können.

## Verhaltene Nachfrage

Der aktuelle „Trend Report ERP Software 2013/14" bestätigt damit die Ergebnisse aus vorangegangenen SoftSelect-Anwenderbefragungen (ERP Trend Report 2013, SaaS Trend Report 2011), in denen sich die befragten IT-Entscheider in bestimmten Branchen ebenfalls nur in sehr verhaltenem Maße aufgeschlossen gegenüber Produkten aus der Cloud zeigten.

Hauptargument der IT-Entscheider gegen die Cloud-Nutzung ist die mangelnde Datensicherheit und fehlendes Vertrauen zu Anbietern und Rechenzentrumsbetreibern *(s. Abb. 2)*. Obwohl viele Anbieter von SaaS-Diensten und die hiesigen Rechenzentrumsbetreiber ihre Sicherheitsstandards erhöht und Aufklärungskampagnen gestartet haben, sind die Vorbehalte in den IT-Abteilungen noch sehr groß.

Viele Unternehmen sehen aktuell keinen Grund, Dienste und Daten aus der Hand zu geben und in die Cloud auszulagern. Jüngste Skandale um die Ausspähung von Daten durch amerikanische Geheimdienste verunsichern die Anwender zusätzlich. Unternehmen, die sich vor Wirtschaftsspionage schützen wollen, werden kaum sensible, geschäftskritische Informationen auf externen Serverfarmen im Ausland vorhalten wollen.

Dagegen bewerten Logistikdienstleister Lösungen, mit denen sich komplette, unternehmensübergreifende Supply Chains organisieren und abwickeln lassen, als hoch innovationsträchtig. Voraussetzung dafür ist allerdings, dass sie in gesicherten Rechtsräumen, bei-

Bild: Todo Grafiken: Softselect

## Abb. 2: Gründe gegen die Cloud

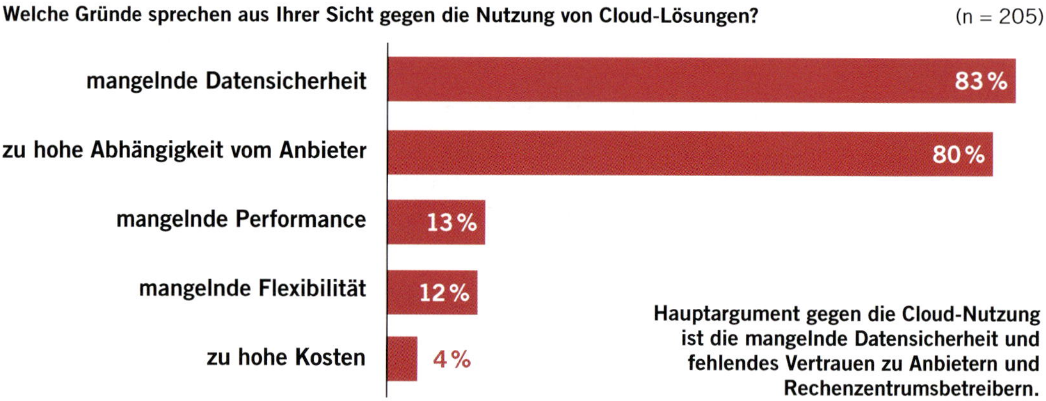


spielsweise in Deutschland oder der Schweiz, betrieben werden.

Die auf dem deutschsprachigen Markt aktiven ERP-Hersteller und Vertriebspartner spüren die zögerliche Akzeptanz deutlich. Zwar haben viele Hersteller aufgrund der prognostizierten Umsatzzuwächse im Cloud-Bereich in den vergangenen Jahren reagiert und bieten Anwendern den Bezug via SaaS an, doch fehlt im Markt momentan die Nachfrage. Auch das Angebot an ERP aus der Cloud stagniert, wie die kürzlich erschienene Marktübersicht „SoftTrend Studie 272 – ERP Software 2013/14“ zeigt. Während die Studie, die alljährlich die wichtigsten ERP-Lö-

## Abb. 3: Bezugsmöglichkeiten von ERP-Systemen

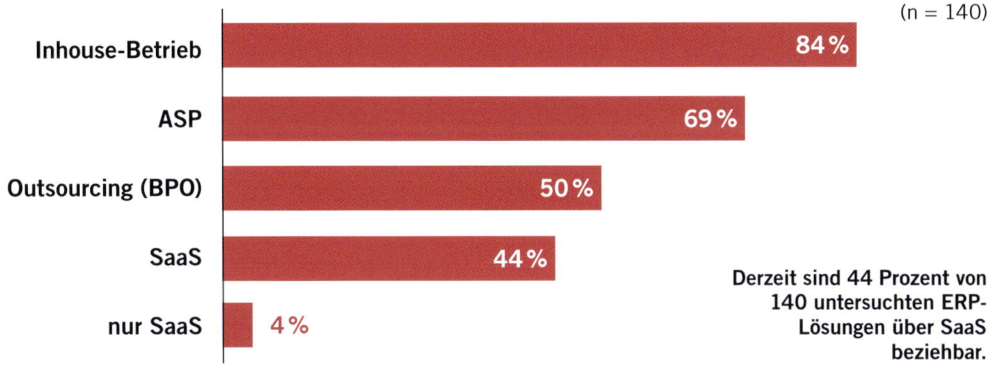


sungen auf dem deutschsprachigen Markt einer detaillierten Analyse unterzieht, in den vergangenen Jahren ein stetig steigendes Angebot an SaaS-Angeboten belegte, ist diese Entwicklung nun vorerst gestoppt. Derzeit sind 44 Prozent der 140 untersuchten ERP-Lösungen über SaaS beziehbar *(s. Abb. 3)*. Zum Vergleich: 2012 waren es noch 48 Prozent, 2011 bereits 43 Prozent.

### Mittelständler wollen es klassisch

Gerade kleinere und mittelständische Softwarehersteller sehen zurzeit wenig Veranlassung, in neue Vertriebsmodelle wie Cloud Computing zu investieren. Ihre Klientel sieht Cloud-ERP überwiegend skeptisch und goutiert das klassische On-Premise-Modell der Software- und Systemhäuser. Darüber hinaus fehlt oftmals auch schlichtweg die Kraft, solch einen Paradigmenwechsel innerhalb über Jahre etablierter Geschäftsmodelle, wie dem mit hohen Margen verbundenen Projektgeschäft, hin zu einem reinen Massengeschäft mit niedrigen Margen zu vollziehen.

Es bleibt also weiterhin spannend, ob sich der Markt für Cloud Computing tatsächlich so rasant entwickeln wird, wie von vielen Analysten prognostiziert. Untersuchungen und Beratungsgespräche von SoftSelect zeigen ein disparates Bild: Während sich eine größere Anzahl von IT-Entscheidern in den Unternehmen durchaus vorstellen kann, einzelne Anwendungen wie beispielsweise Teile des Transportmanagements, der Personalbeschaffung, der (unternehmensübergreifenden) Warenflusssteuerung oder das Kundenbeziehungsmanagement in die Wolke auszulagern, will auch in den kommenden Jahren die überwiegende Mehrheit der Unternehmen die Kernprozesse und Standardanwendungen auf dem heimischen Server installiert wissen. Die vermeintliche Gefahr, sich in Abhängigkeit von Rechenzentrumsbetreibern und Softwarehäusern zu begeben und die Kontrolle über geschäftskritische Daten und Prozesse Dritten zu überantworten, dürften die Unternehmen auch künftig als zu gravierend einschätzen.

Cloud-Anbieter und Rechenzentrumsbetreiber müssen daher weiter in Sicherheitsstandards investieren und noch viel Aufklärungs- und Überzeugungsarbeit leisten, um die Vorbehalte und Widerstände in den Unternehmen gegenüber der Cloud zu überwinden. Darüber hinaus ist die Erwartung einzelner Branchen, gerade in Transport und Logistik, groß, branchenfokussierte Lösungs- und Serviceangebote intelligent zu kombinieren. So lassen sich Mehrwerte für die nachfragenden Unternehmen kreieren, die mit der eigenen Infrastruktur allein kaum zu erzeugen wären. Dennoch wird der Cloud-Markt für reine ERP-Software in Deutschland, Österreich und der Schweiz auch weiterhin der Entwicklung im angloamerikanischen Raum hinterherhinken. Dort haben vergleichbare Erkenntnisprozesse, wie sie sich aktuell in Teilen der Logistikbranche abzeichnen, bereits vor rund fünf Jahren Veränderungen ausgelöst.

# Zielorientiert planen

**Bei der ERP-Einführung sollten Planer proaktiv Handlungsalternativen erarbeiten, statt nur auf auftretende Probleme zu reagieren.**

*Autoren:*
***Dietmar Ebel**,*
*ERP-Projektmanagement, Abteilung Supply Chain Engineering,*
***Katharina Kompalka**,*
*Abteilung Unternehmensplanung;*
*beide Fraunhofer-Institut für Materialfluss und Logistik IML, Dortmund*

Wer ein ERP-Projekt plant, sollte den Projektumfang so genau wie möglich definieren. In der Praxis bestehen jedoch meist nur grobe Vorstellungen von der zukünftigen Systemlandschaft. Hinzu kommt: Entscheidet sich das Management zu früh für ein Einführungsszenario, kann das einen negativen Effekt auf den Projekterfolg haben. Daher empfiehlt es sich, die gewünschten Funktionen regelmäßig zu hinterfragen und schrittweise festzulegen.

Grundsätzlich sollten Planer dabei mehrere Dimensionen berücksichtigen. Dazu zählen zum Beispiel die Faktoren Zeit, System- und Organisationsressourcen sowie die Investitionsplanung. Maßgeblich hängt die Planung darüber hinaus von den strategischen Zielgrößen der Geschäftsführung ab.

## Komplexitätsgrad ermitteln

Im Vorfeld der eigentlichen Planung gilt es, zunächst die unternehmensindividuellen Komplexitätsfaktoren eines ERP-Projektes (*s. Abb. 1*) transparent darzustellen und den Komplexitätsgrad für unterschiedliche Einführungsszenarien zu ermitteln. So ist beispielsweise für ein ERP-Projekt, welches an einem Standort in Deutschland mit einem geringen funktionalen Umfang und einer einfachen Systemarchitektur durchgeführt werden soll, eine andere Vorgehensweise erforderlich als für einen internationalen ERP-Rollout, bei dem ein hoher funktionaler Umfang mit einer komplexen Systeminfrastruktur umgesetzt werden muss.

Eine, wenn nicht die zentrale Fragestellung der Unternehmensführung besteht dann in der Definition des passenden Szenarios. Daraus lässt sich eine strategische Entscheidung bezüglich der Projektinhalte und der notwendi-

Bild: Carmen Steiner/Fotolia Grafiken: Fraunhofer IML

Die Planung eines ERP-Projektes hängt maßgeblich von strategischen Zielgrößen ab.

gen Planungsschritte ableiten und priorisieren. Erfolgt das systematisch und strukturiert, lassen sich auch Handlungsalternativen proaktiv einkalkulieren.

Sie sind wichtig, um eine verlässliche Bewertungsbasis für die Weiterentwicklung der Software-Infrastruktur zu schaffen. Unternehmen müssen dazu genau festlegen, welche Prozesse das neue ERP-System unterstützen soll. Fehlen fundierte Informationen bezüglich der Ausgangssituation und der Anforderungen, empfiehlt sich eine ausführliche Designphase. In ihr analysieren die Experten zunächst die Ist-Abläufe und überführen sie in ein optimiertes Soll-Konzept. Auf dieser Basis lassen sich die funktionalen Anforderungen formulieren.

An die Design- schließt sich dann die Auswahlphase an. Dabei vergleichen und bewerten die Planer die unternehmensspezifischen Anforderungen mit dem funktionalen Angebot

## Abb. 1: Darstellung unterschiedlicher Projektszenarien

| | Ein Standort | Mehrere Standorte | National | International | Ohne Supply Chain Integration | Mit Supply Chain Integration | Geringer Funktionsumfang | Hoher Funktionsumfang | Geringe Systemkomplexität | Hohe Systemkomplexität | Geringe Produktkomplexität | Hohe Produktkomplexität |
|---|---|---|---|---|---|---|---|---|---|---|---|---|
| Szenario 1 | X | | X | | X | | X | | X | | X | |
| Szenario 2 | | X | | X | X | | X | | | X | X | |
| Szenario 3 | | X | | X | | X | | X | | X | | X |

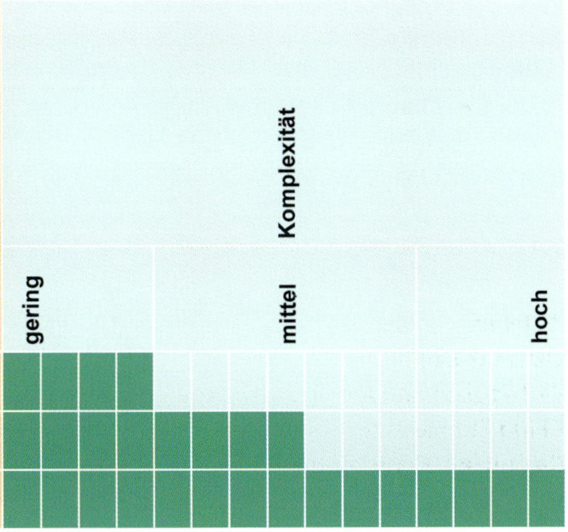


**Aus den Komplexitätsfaktoren eines ERP-Projektes lassen sich unterschiedliche Einführungsszenarien ableiten.**

## Abb. 2: Bewertung der funktionalen Abdeckung eines ERP-Anbieters

| | Vendor values | | | | |
|---|---|---|---|---|---|
| | Vendor 1 | | | | |
| Results in Functions | no info | Standard functionality | Customization required | Programming required | Not realizable |
| Sales absolute | 1 | 91 | 4 | 4 | 2 |
| Order Management absolute | 1 | 113 | 1 | 5 | 0 |
| Material Disposition absolute | 1 | [illegible] | [illegible] | [illegible] | [illegible] |
| Procurement absolute | 2 | [illegible] | [illegible] | [illegible] | [illegible] |
| Production Planning absolute | 14 | [illegible] | [illegible] | [illegible] | [illegible] |
| Tool Shop absolute | 7 | [illegible] | [illegible] | [illegible] | [illegible] |
| Maintenance absolute | 1 | [illegible] | [illegible] | [illegible] | [illegible] |
| Warehouse Management absolute | 2 | [illegible] | [illegible] | [illegible] | [illegible] |
| Quality Management absolute | 9 | [illegible] | [illegible] | [illegible] | [illegible] |
| Financial Accounting absolute | 1 | [illegible] | [illegible] | [illegible] | [illegible] |
| Controlling absolute | 0 | [illegible] | [illegible] | [illegible] | [illegible] |
| Human Ressources absolute | 2 | [illegible] | [illegible] | [illegible] | [illegible] |
| Cross-functional Requirements absolute | 2 | [illegible] | [illegible] | [illegible] | [illegible] |
| Master Data absolute | 35 | 178 | 2 | 6 | 4 |
| System requirements absolute | 43 | 192 | 4 | 8 | 17 |
| **Sum** | **121** | **1750** | **26** | **64** | **62** |

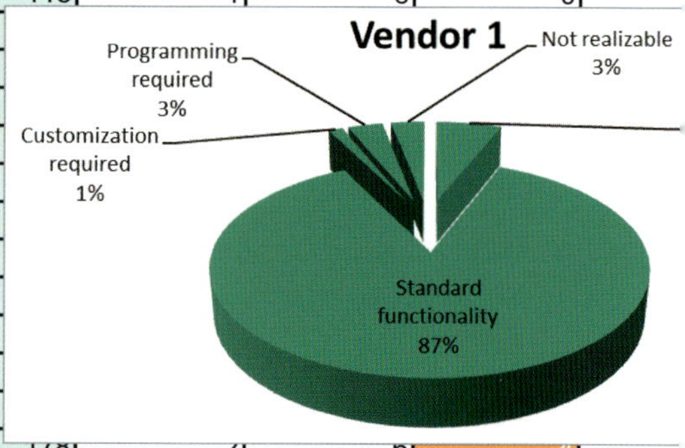


**Das Online-Portal „ERP Logistics" liefert eine Übersicht der ERP-Systeme und des Erfüllungsgrades der funktionalen Anforderungen je Fachbereich.**

der ERP-Hersteller. Eine Ausschreibung und die Erstellung eines Lastenheftes sind dabei klassische Hilfsmittel. Parallel dazu kann bereits die Einführungsplanung beginnen. Darüber hinaus werden an dieser Stelle die Ausgangs- mit den möglichen Einführungsszenarien abgeglichen.

Der Knackpunkt dabei: Im Lastenheft ist zwar beschrieben, was das neue ERP-System funktional abdecken muss. Es ist aber noch lange nicht klar, welche ERP-Systeme den geforderten Leistungsumfang abdecken können. Um die relevanten funktionalen Anforderungen fachbereichsbezogen auf der Grundlage validierter Daten zu selektieren, betreibt das Fraunhofer IML das Online-Portal „ERP Logistics". Das Anforderungsprofil lässt sich dabei auf Knopfdruck den funktionalen Profilen von mehr als 40 ERP-Lösungen gegenüberstellen. Im Ergebnis liefert es eine Übersicht der ERP-Systeme und des Erfüllungsgrades der Standardfunktionen.

Nach dieser Vorauswahl kann die Ausschreibung starten. Sie ist ein wichtiger Meilenstein im ERP-Projekt, der in der Praxis häufig ein regelrechtes „Aufatmen" bewirkt. Gehen die ersten Angebote von Anbietern ein, folgt aber meist eine Phase der Ernüchterung. Denn Struktur und Inhalte der Angebote sind oft so heterogen, dass ein Vergleich sowohl aus funktionaler als auch aus kaufmännischer Sicht schwierig erscheint.

### Vergleichbare Angebote anfordern

Dieses Problem lässt sich vermeiden, indem

- standardisierte Preisblätter zur Erfassung der Lizenz-, Support- und Dienstleistungskosten sowie
- standardisierte Kriterienkataloge mit funktionalen Anforderungen zur Bewertung des Anpassungsaufwands aufseiten der ERP-Anbieter

eingesetzt werden.

# Teilnehmerliste ERP Logistics

ABAS Software AG:
- abas-Business-Software

All for One Steeb:
- SAP All-in-One ECC

Alpha Business Solutions AG:
- proALPHA

applied international informatics AG:
- mySAP ERP (All-in-One) SPEED

Capgemini Nederland B.V.:
- JD Edwards EnterpriseOne

Centric IT Solutions:
- Microsoft Dynamics AX Trade World 2012

Columbus IT:
- Microsoft Dynamics AX Columbus ADM 2012

Comarch AG:
- Comarch ERP Enterprise

Compex Systemhaus GmbH:
- Compex Commerce

CSB-System AG:
- CSB-System

CTAC NV:
- SAP Business All-in-One ProTrade ECC
- SAP Business All-in-One ProYuice ECC

Datatex:
- NOW

Edan Business Solutions B.V.:
- Microsoft Dynamics AX for Food & Process
- Wholesale & Distribution 2012

Epicor Software Deutschland GmbH:
- Epicor

Evologics B.V.:
- Infor Evolution

Exact:
- Exact Globe Next & Exact Synergy

GAC Business Solutions:
- Microsoft Dynamics NAV Process+ 2013
- Microsoft Dynamics NAV Production+ 2013
- Microsoft Dynamics NAV Trade+ 2013

Glovia International:
- glovia G2

IFS:
- IFS Applications

Imtech ICT Application Solutions:
- EniacBS Release

Industrial Application Software GmbH:
- CANIAS

Infor GmbH:
- Infor
- Infor SyteLine

Itelligence AG:
- SAP Business All-in-One it.manufacturing ECC

Lawson:
- Lawson M3 ERP Enterprise

Logic Vision B.V.:
- Microsoft Dynamics NAV Shipyard 2009 R2

Macroscoop BV:
- Epicor ERP

Modus Consult AG:
- Microsoft Dynamics AX Modus
- Microsoft Dynamics NAV Modus

proALPHA Software AG:
- proALPHA

Prodware Nederland:
- Microsoft Dynamics AX Prodware ADM 2012
- Microsoft Dynamics NAV Prodware IEM/SPI 2009

PSIPENTA Software Systems GmbH:
- PSIpenta Industry/Automotive

Pulse Business Solutions B.V.:
- Microsoft Dynamics AX Pulse 2012

Quartess SCS:
- Infor VISUAL

Ridder Datasystems B.V.:
- Ridder iQ Release

SAP AG:
- SAP Business All-in-One ECC
- SAP Business By Design
- SAP Business One

Trimergo B.V.:
- Trimergo T2 Enterprise 2 G

**Über das Online-Portal „ERP Logistics“ lassen sich die gelisteten ERP-Systeme und -Anbieter vergleichen.**

## Abb. 3: Kriterien für die Auswahlentscheidung

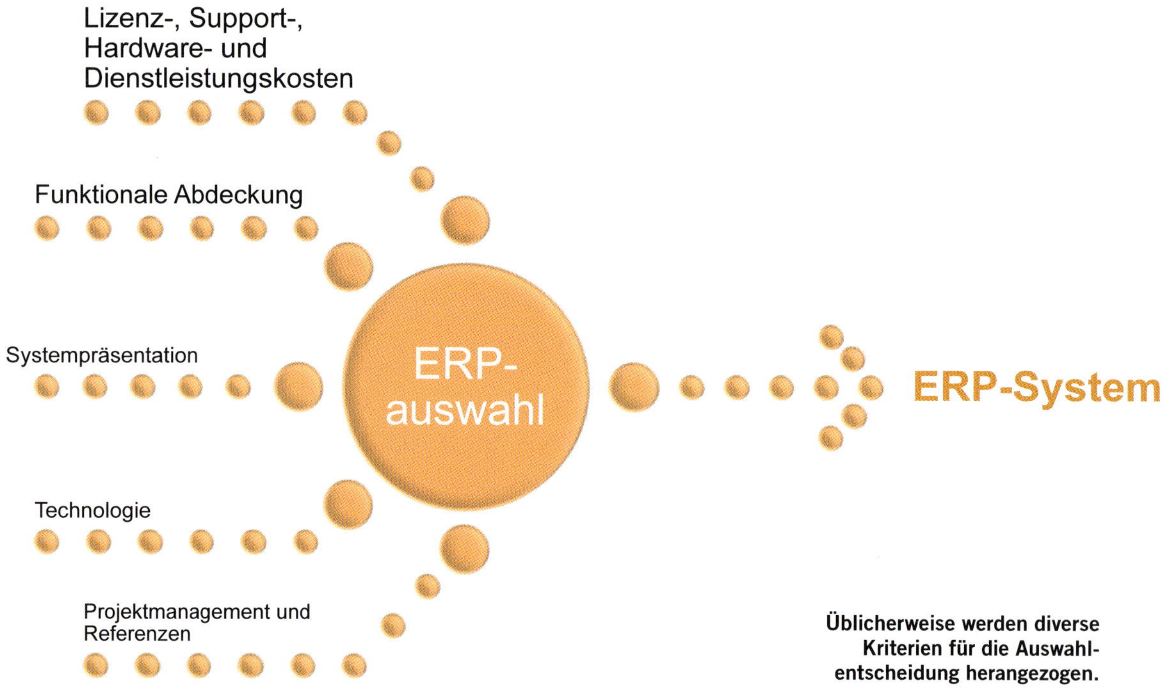


**Üblicherweise werden diverse Kriterien für die Auswahlentscheidung herangezogen.**

Final lässt sich die funktionale Abdeckung für das spezifische Projekt erst bewerten, wenn auch die Anbieter selbst beantwortet haben, inwiefern sich die unternehmensspezifischen Kriterien im jeweiligen System tatsächlich umsetzen lassen *(s. Abb. 2)*. Anschließend kann die Geschäftsführung ein ERP-System auswählen. Dieser Prozess ist an eine Vielzahl von Kriterien gebunden, denn ein qualifizierter und strukturierter Anbietervergleich berücksichtigt mehr als nur Lizenz-, Support-, Hardware- und Dienstleistungskosten.

In der Literatur findet man diverse Ansätze zu geeigneten Kriterien für die ERP-Auswahlentscheidung *(s. Abb. 3)*, die sich jedoch in der Praxis häufig schwer operationalisieren lassen. Das gilt beispielsweise für das Kriterium „Flexibilität und Skalierbarkeit", das zudem von subjektiven Wahrnehmungen geprägt ist.

Fällt schließlich die finale Entscheidung für ein ERP-Szenario, müssen die ursprünglich formulierten Ziele und Rahmenbedingungen gegebenenfalls erneut angepasst werden. Alle Schritte für die Einführung des ERP-Systems sollten unter Berücksichtigung des Szenarios mit dem ERP-Anbieter vertraglich fixiert werden.

# Transport Management Systeme (TMS)

Bild: Fraunhofer IML

# TMS steuern die Zukunft an

Transportmanagementsysteme haben mittlerweile ihren festen Platz in Logistikunternehmen. Welche Funktionen zählen heute zum Standard und was ist eher noch Zukunftsmusik?

Autor:
**Martin Glöckner**,
*Head of Process & Organization, Soloplan GmbH, Kempten*

Seit fast 20 Jahren begleiten Transportmanagementsysteme (TMS) Logistiker und Spediteure bei ihrer Arbeit. Diese Softwarelösungen waren in den Anfangsjahren noch recht einfach gehalten – grüne Buchstaben auf einem dunklen Röhrenmonitor. Dank leistungsfähiger Computer und moderner Entwicklungswerkzeuge wandelte sich das Bild und das TMS hat mit seiner Funktionalität und Bedienerfreundlichkeit bei Unternehmen und Endanwendern einen festen Platz erhalten – mehr noch: Es ist zu einem überlebenswichtigen Arbeitsmittel geworden.

Ohne ein funktionierendes TMS können Disponenten keine Aufträge verplanen, die Kommunikation mit dem Lkw gerät ins Stocken und es können beispielsweise keine Rechnungen geschrieben werden. Aber welche Funktionen gehören zum heutigen Standard und was ist vielleicht noch Zukunftsmusik? Und unter dem Aspekt der Investitionskosten: Bedeutet eine teure Lösung gleich eine gute Lösung?

## Weniger ist oft mehr

Die Benutzeroberfläche eines TMS, die der Anwender bei der täglichen Arbeit sieht, ist für den Erfolg, die Akzeptanz und Zufriedenheit ausschlaggebend. Dabei ist weniger oft mehr. Viele Systeme strotzen vor Funktionen, die den Anwender verwirren und in seiner Arbeit behindern. In einer modernen Software ist die Oberfläche nicht nur „bunt", sondern passt sich an die Bedürfnisse des Unternehmens und der Nutzer an, im Fachjargon Customizing genannt.

Der Administrator übernimmt nur die Felder und Informationen, die für das Unternehmen relevant sind, legt die Reihenfolge der Eingabe oder auch Pflichtfelder fest. Eine klare Beschriftung und Benennung der Felder minimiert zudem das Fehleingaben-Risiko. Und sollte

Bilder: Soloplan

Auf der transport logistic 2013 wurde eine Speditionssoftware vorgestellt, die sich allein mit Handbewegungen und Gesten bedienen ließ.

doch mal ein Feld fehlen, erstellt der Administrator per Drag & Drop ein neues Datenfeld und bestimmt Feldtyp, Bezeichnung sowie Restriktionen. Somit ist mit wenigen Mausklicks eine individuelle Auftragserfassungsmaske oder eine Oberfläche zur Disposition von Fahrzeugen entstanden. Dabei ist egal, ob auf einem, zwei oder noch mehr Bildschirmen gearbeitet wird. Das Customizing erfolgt ohne den Eingriff eines Programmierers, der Zeit und Geld kosten würde.

Derzeit dominieren bei der Bedienung der Software Maus und Tastatur. Mit Barcodes und Scannern wird die Erfassung in einigen Bereichen beschleunigt, wie beispielsweise die Erfassung von Transportgütern im Lager. Ist die elektronische Unterstützung weiter ausgebaut, entlasten Barcodes auf wichtigen Transportdokumenten die Mitarbeiter. Mit einem integrierten Dokumentenmanagementsystem (DMS) und einem Dokumentenscanner werden Rechnungen, Gutschriften oder Lieferscheine gescannt, analysiert und automatisch mit dem entsprechenden Auftrag verknüpft. Somit ist auf Knopfdruck nicht nur der ursprüngliche Transportauftrag, sondern die komplette Akte elektronisch einsehbar.

Einen Schritt weiter in der Automation geht der Datenaustausch ohne Papier. Aufträge und Rechnungen werden nicht mehr gedruckt, sondern elektronisch übermittelt. Schnittstellen mit standardisierten Formaten wie EDI übernehmen den elektronischen Datenaustausch. Sobald mehrere Hundert Datensätze pro Tag zwischen Auftraggeber und Dienstleister ausgetauscht werden, sind Schnittstellen bereits heute ein wichtiges Instrument, um die Effizienz zu erhöhen.

Ein Blick in die Zukunft ergab sich bereits auf der Fachmesse transport logistic 2013. Die aus Spielekonsolen bekannte Kinect-Steuerung wurde eingesetzt, um eine Speditionssoftware zu steuern. Nur mit Handbewegungen und Gesten ließ sich die Software bedienen. Selbst unerfahrene Messebesucher konnten im Handumdrehen Transporte disponieren. Die Grenze

**Die vermeintlich hohen Kosten für eine Programmfunktion amortisieren sich oftmals innerhalb weniger Wochen.**

dieser Bedienung zeigte sich ebenfalls. Naturgemäß gestaltet sich die Eingabe von Buchstaben schwierig, ebenso der Ersatz der Computermaus mit den gewohnten Rechts- und Linksklicks, Kontextmenüs oder die Zielgenauigkeit auf kleine Schaltflächen.

Neben der Bedienung der Software ist die Installation oder vielmehr die Datenspeicherung seit vielen Monaten ein kontroverses Thema. Hierbei geht es um den klassischen TMS-Betrieb auf einer eigenen Rechnerlandschaft im Unternehmen selbst oder die Auslagerung an einen externen Dienstleister. Letzterer bietet mit verschiedenen Geschäftsmodellen den Zugriff über einen Webbrowser und die Speicherung der Daten im Internet an.

Diese Cloud-Modelle und SaaS (Software as a Service) haben den Vorteil, dass ein Unternehmen weniger eigene Hardware benötigt und teilweise den kostenintensiveren Lizenzkauf vermeidet. Dafür zahlt er über monatliche Pauschalen die Hardware und Software beim Dienstleister. Gerade bei mittelständischen Logistikern und Transportunternehmen ist dieser Ansatz derzeit noch nicht entscheidungsrelevant, da hier umfangreiche Hardwarelandschaften und eigene Systemadministratoren zur Verfügung stehen. Außerdem ist das Thema Datensicherheit und Datenschutz in den eigenen Räumen derzeit subjektiv noch einfacher umzusetzen. Die nächsten Jahre werden zeigen, ob und in welchem Umfang sich der Cloud-Ansatz durchsetzen wird.

## Schnelle Amortisation

Die vermeintliche Schattenseite oben aufgezeigter Logistiksoftware sind die Investitionskosten. Die Forschung und die Entwicklung neuer Funktionen kosten Softwareunternehmen viel Zeit und Geld. Auf der Gegenseite wird die Bedienung erleichtert, viele Aufgaben werden durch Assistenten unterstützt oder sogar voll automatisiert. Oftmals amortisiert sich eine Programmfunktion von 2.000 Euro innerhalb weniger Wochen.

Neben der Innovationskraft sind die eigenen Anforderungen an eine Software genau zu spezifizieren. Wer viele Anwender und ein großes Auftragsvolumen hat, unterschiedlichste Vor- und Nachsysteme integrieren muss und detaillierte Planungen mit Telematik und aktuellen Lenkzeitinformationen benötigt, muss sich für ein TMS der Top-10-Anbieter entscheiden. Andernfalls genügt manchmal auch ein isoliertes Softwarepaket für wenige Tausend Euro.

für alle, die was anpacken
für alle, die was bewegen
für alle, die netzwerken
für alle, die‘s bringen
ür alle, die‘s bekommen
Softwarelösugen für alle Dienstleister
und Branchen aus der Logistik
Von der Auftragserfassung über die Disposition und Routenoptimierung
bis hin zu Track & Trace.
EIKONA AG ■ Am Alten Bahnhof 8 ■ D-97332 Volkach
Fon: +49 (9381) 71 77 8-0 ■ info@eikona-logistics.de ■ www.eikona-logistics.de
Wir machen
Logistik.
EIKONA
LOGISTICS SOLUTIONS

# IT-Lösungen im Ship Management

Ein Fundament für das effiziente Management von Schiffen sind Fleet Management Systeme. Sie unterstützen die Verschlankung von Geschäftsprozessen und helfen dabei, die Verfügbarkeit von Informationen zu verbessern.

*Autoren:*
***Prof. Dr. Carlos Jahn,***
*Institutsleiter,*
***Ole John,***
*Gruppe Ship & Information Management, beide Fraunhofer-Center für Maritime Logistik und Dienstleistungen CML, Hamburg*

Ship Management umfasst eine Vielzahl an Aufgaben und ist eingebettet in ein komplexes Netzwerk von verschiedensten Stakeholdern und Dienstleistern, wie Agenten, Charterern oder Eignern. Der funktionelle Zuschnitt von Fleet Management Systemen (FMS) ist vorrangig ausgerichtet auf das Aufgabenspektrum des Ship Managements.

Typische Systemmodule wie

- Planned Maintenance
- Procurement
- Financial Management
- Crewing (Personalmanagement)
- Safety, Quality and Risk

orientieren sich dabei an der Aufteilung von Fachabteilungen innerhalb von Reedereien und Ship Managern und werden durch Zusatzmodule zur Erfüllung von weiteren Anforderungen ergänzt, wie etwa

## Fleet Management Systems (FMS)

Wachsende operative Kosten, geringerer Anstieg der weltweiten Ladungsvolumina oder auch die erhöhte Anzahl an gesetzlichen Änderungen zwingen Reedereien, Ship Manager und Operator zur effizienteren Nutzung ihrer Unternehmensressourcen. Ein Schlüssel zum Erhalt der Wettbewerbsfähigkeit ist dabei eine auf die individuellen Bedürfnisse zugeschnittene IT-Umgebung. Das richtige Fleet Management System hilft dabei den aktuellen Herausforderungen zu begegnen. Der Begriff Fleet Management System (FMS) umfasst Softwarelösungen, die spezifische Geschäftsprozesse im Ship Management unterstützen.

Bild: Hamburg Südamerikanische Dampfschifffahrts-Gesellschaft KG

- Voyage & Operation
- Charter Management
- Document Management

(*s. Abb. 1*).

Der Markt für FMS stellt sich heute für Entscheidungsträger nur wenig transparent dar und ist gekennzeichnet durch eine heterogene Produktlandschaft. Um zukünftigen Nutzern einen komprimierten Überblick über am Markt befindliche Lösungen zu ermöglichen, hat das Fraunhofer CML nach 2011 eine weitere Auflage des Marktberichts mit einer Produktübersicht von mittlerweile 46 Anbietern veröffentlicht.

## Wachsender Markt für FMS

Im Bereich der FMS hat sich in den letzten beiden Dekaden ein Innovationssprung vollzogen. Der ursprüngliche Fokus von Planned Maintenance wurde sukzessive auf andere Funktionalitäten wie Operations-, Crewing- oder auch Dokumentenmanagement ausgeweitet.

Der globale Markt für FMS umfasst nach der letzten Schätzung ein Volumen von 300 bis 400 Mio. Euro pro Jahr für Multifunktionslösungen. Im Vergleich zum Markt für IT-Lösungen in anderen Branchen ist dies noch relativ gering, jedoch erwarten die Hersteller ein Marktwachstum von acht bis 17 Prozent für das Jahr 2013. Dies stellt eine deutliche Steigerung im Vergleich zur Vorgängerstudie 2011 dar, wo ein Marktwachstum von durchschnittlich sieben bis acht Prozent angenommen wurde. Durch die große Zahl an Anbietern in Relation zur Größe des Marktes gibt es derzeit eine verstärkte Marktrivalität, die in Zukunft zu einer Konsolidierung des Marktes auf eine Gruppe von größeren Herstellern führen könnte.

## Herausforderungen im Crewing

Stellvertretend für die anderen Kernaufgaben des Ship Managements wird im Folgenden das Personalmanagement (Crewing) mit den korrespondierenden Software-Applikationen im Bereich FMS näher beleuchtet.

Dem Crewing, verantwortlich für den größten Anteil an den operativen Schiffsbetriebskosten,

Softwarelösungen, die spezifische Geschäftsprozesse im Ship Management unterstützen, bezeichnet man als Fleet Management Systeme.

## Abb. 1: Aufgaben des Ship Managements

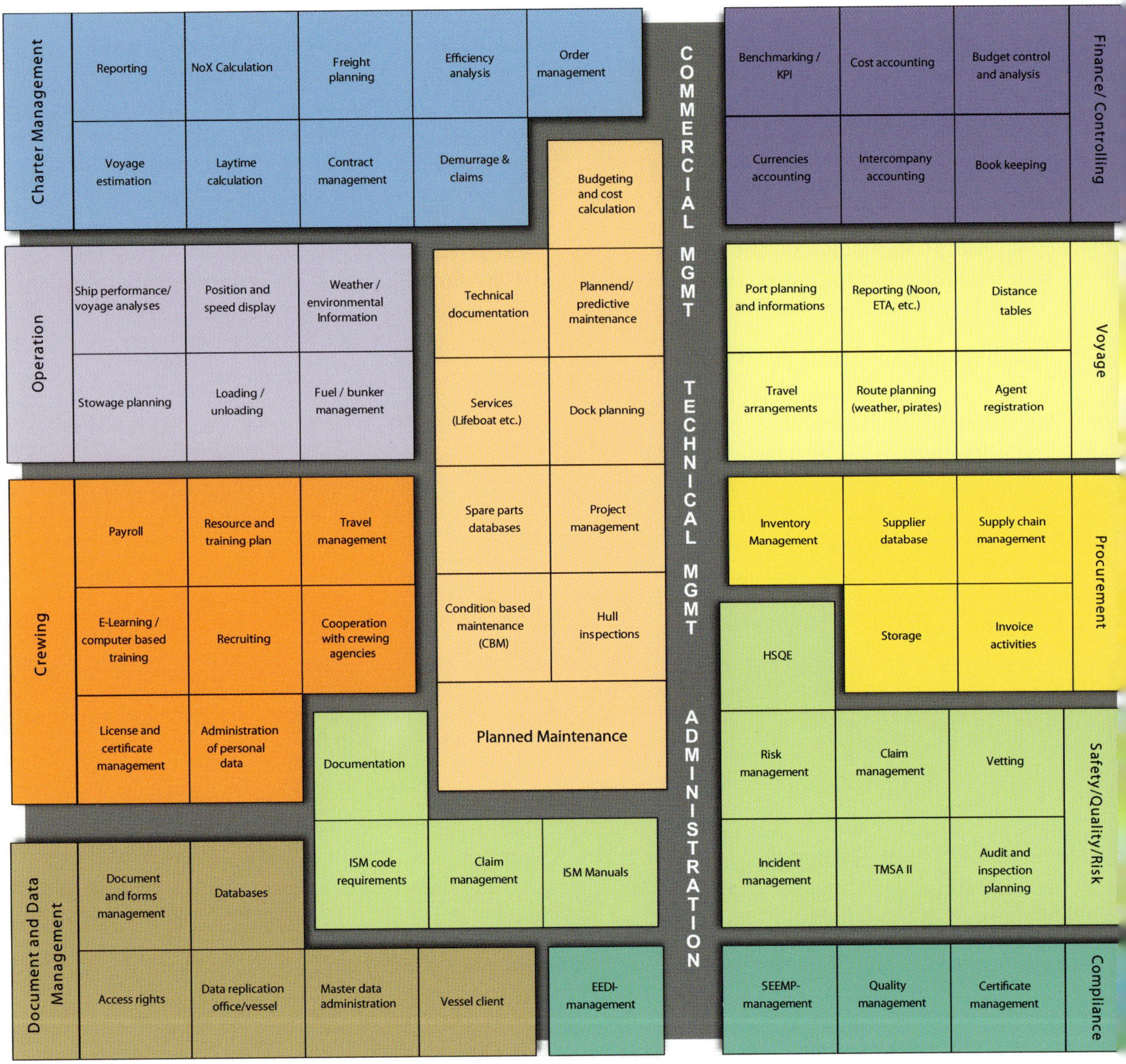


werden heute von Entscheidungsträgern in Schifffahrtsunternehmen die größten Herausforderungen beigemessen. In der vom Fraunhofer CML in Zusammenarbeit mit dem Germanischen Lloyd durchgeführten Erhebung Best Practice Ship Management 2013 wurde Crewing mit 88 Prozent noch vor dem Technical Management (62 Prozent) und Financial Management (50 Prozent) von den befragten Ship Managern als größte Herausforderung für die mittelfristige Zukunft gesehen. Als Gründe dafür werden unter anderem genannt:

- Bestehender Kostendruck
- Neue Regularien
- Compliance-Anforderungen
- Aktuelle Wettbewerbssituation.

Die Hauptaufgaben von Reedereien im Bereich Crewing lassen sich um die beiden Pole

„Personalplanung" und „Personaladministration" strukturieren *(s. Abb. 2)*.

Zum Aufgabenschwerpunkt Administration gehören Aufgaben wie:

- Lizenzen- und Zertifikatemanagement
- Reisemanagement
- Gehaltsabrechnungen
- Verwaltung von Personaldaten.

Während im Bereich Planung folgende Aufgaben im Fokus stehen:

- Einsatzplanung in Verbindung mit Crew-Wechseln
- Aus- und Weiterbildungssteuerung
- Personalbedarfsermittlung bezogen auf den prognostizierten Flottenmix.

Eine Analyse des Angebotsspektrums im Bereich Crewing der in der Marktstudie näher betrachteten Anbieter zeigt, dass der Schwerpunkt der angebotenen Funktionalitäten im Bereich Administration angesiedelt ist. Anbieterübergreifend werden dabei Tools zur Bearbeitung von Personalstammdaten (Crew Data Management), zu Lohn- und Gehaltsabrechnung und -auszahlung (Payroll/Wage Accounting) sowie im Bereich Qualifizierungsmaßnahmen (Training/Competence) angeboten. Letztere sind eng verzahnt mit der Überwachung und dem Nachweis von Zeugnissen von Seeleuten (Certificate Management).

Im Vergleich dazu sind Lösungen im Bereich Personalplanung bei proprietären Applikationen unterrepräsentiert. Den größten Block im Bereich Personalplanung bilden Crew Planning Tools, bei denen vorrangig Planungsunterstüt-

## Abb. 2: Aufgaben des Crewing

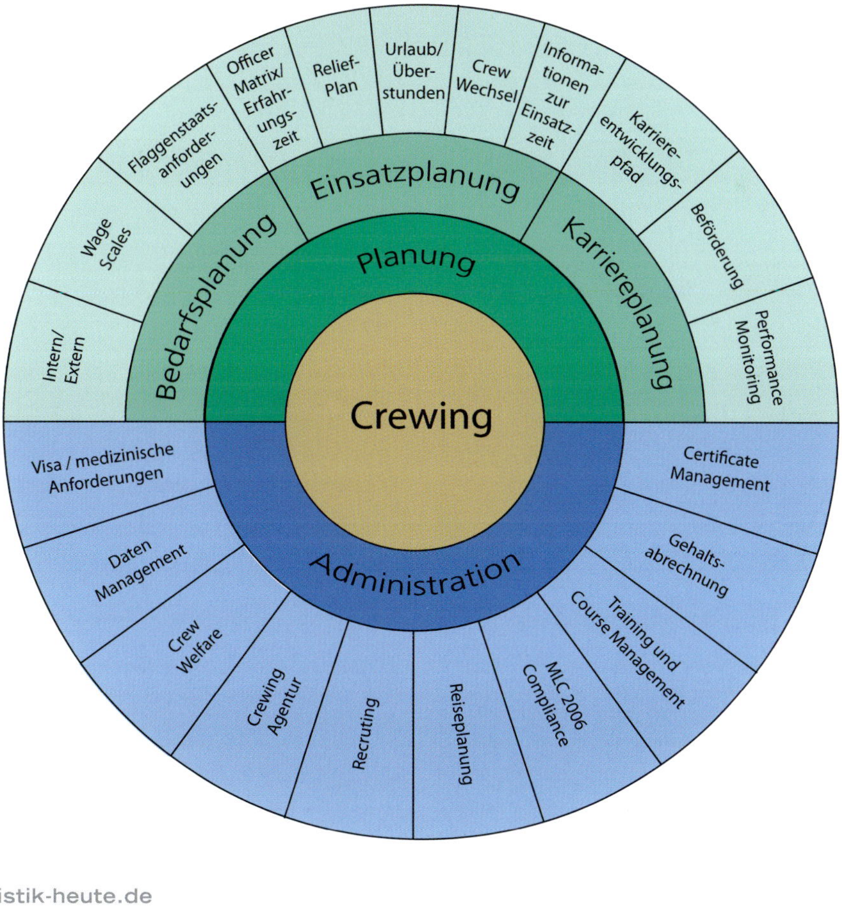


Grafiken: Ole John Fraunhofer CML

## Abb. 3: Produktspektrum der untersuchten FMS-Anbieter im Bereich Crewing

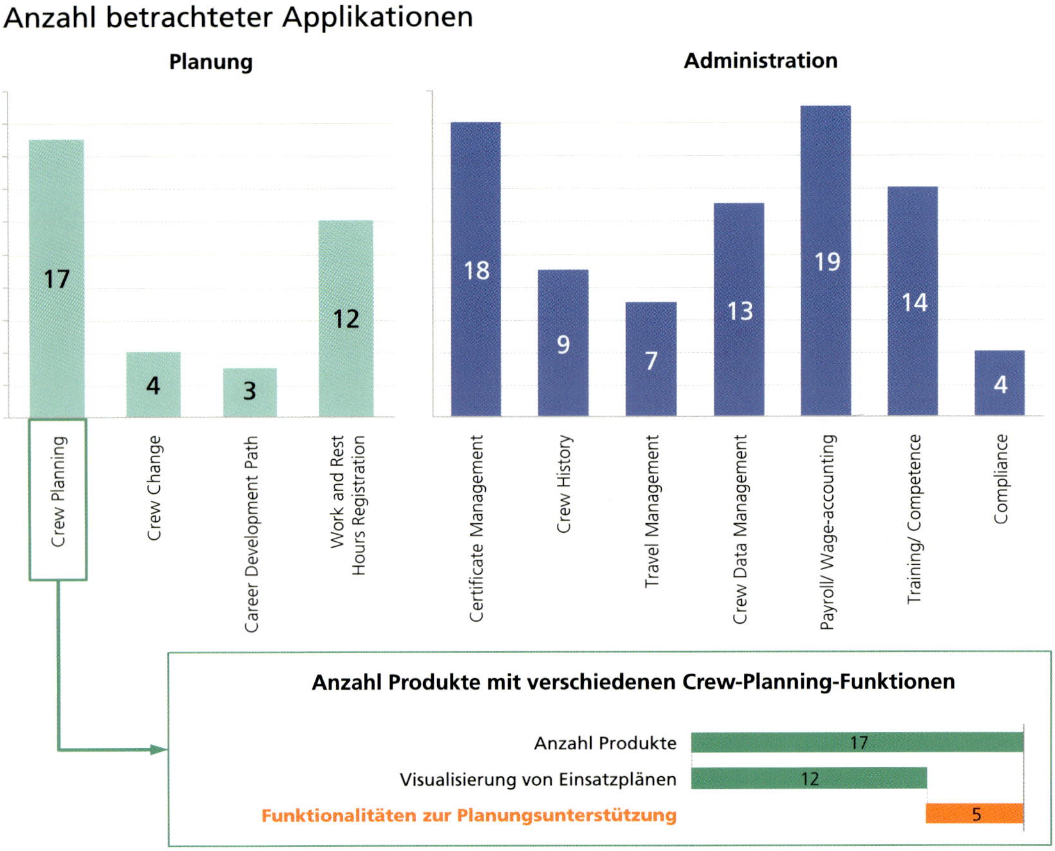


zungen für den operativen Personaleinsatz auf Schiffen in Form von visualisierten Stellenplänen subsumiert werden. Mithilfe dieser Stellenpläne werden, auf der Grundlage von einsatz- beziehungsweise kundenspezifischen Erfordernissen, die Besatzungsmitglieder auf der Ebene der Positionen manuell durch Mitarbeiter der Personalabteilungen disponiert.

Weiterhin werden Lösungen angeboten, die die schiffsindividuelle Nachverfolgung und den Nachweis von Arbeits- und Ruhezeiten der Besatzung an Bord der eigenen Flotte ermöglichen. Letztere werden vorrangig von Compliance-Anforderungen und gesetzlichen Vorgaben getrieben. Ebenso sind Produkte zur Nachverfolgung der bisherigen individuellen Personalentwicklung von bestimmten Positionen (Career Development Path) am Markt erhältlich *(s. Abb. 3)*.

### Verstärkter Unterstützungsbedarf

Einhergehend mit dem Erfordernis, zukünftig schnell und flexibel auf dynamische Marktanforderungen zu reagieren, steigt für die Reedereibranche zwangsläufig der Bedarf an stärkerer methodischer Unterstützung im Bereich der Planung.

In Bezug auf das Crewing ist dies vor allem relevant für folgende drei Aufgabenfelder:

- Personalbedarfsplanung (Crew Requirement Planning): zur Ermittlung des gegenwärtigen und zukünftigen Personal-Sollbestandes, spezifiziert in quantitativer, qualitativer und zeitlicher Hinsicht

- Personaleinsatzplanung (Crew Scheduling): zur Sicherstellung, dass Seefahrer mit den erforderlichen Qualifikationen zum notwendigen Zeitpunkt auf dem jeweiligen Schiff verfügbar und Compliance-konform einsetzbar sind
- Personalentwicklungsplanung (Crew Carrier Planning): als mittel- bis langfristiger Maßnahmenkatalog zur Gewährleistung der Verfügbarkeit einer hinreichenden Anzahl an Seefahrern mit der entsprechenden Qualifikation.

Am Beispiel des Crew Scheduling ermöglichen proprietäre Lösungen vorwiegend eine Planungsunterstützung in Form von Vorschlägen möglicher Kandidaten für spezifische Positionen anhand einiger vordefinierter Attribute. Die eigentliche Planungsleistung für den Personaleinsatz wird jedoch von Personalplanern, überwiegend für eine begrenzte Anzahl an Schiffen und einen überschaubaren Zeitraum, manuell erbracht.

Eine informatorische Fundierung respektive belastbare Entscheidungsunterstützung für eine integrierte, flottenweite Betrachtung aller drei Facetten der Personalplanung ist heute noch nicht gegeben.

## Nutzung bestehender Potenziale

Grundvoraussetzung für ein leistungsfähiges Informationsmanagement bilden die zur Verfügung stehenden Informationssysteme. Der Markt für FMS bietet heute Lösungen für das komplette Aufgabenspektrum im operativen Schiffsbetrieb an, wobei Schifffahrtsunternehmen im Rahmen der strategischen Gestaltung ihrer IT-Landschaft die Wahl haben zwischen vorkonfigurierten Komplettlösungen oder bestimmten Modulen („best of breed").

Das Beispiel Crewing zeigt jedoch, dass bisher keine ausreichende Informationsbasis für eine fundierte Entscheidungsunterstützung auf der Ebene Geschäftsleitung durch Lösungen gewerblicher Anbieter vorliegt. Dies zeigt auch die aktuelle Nachfrage nach spezifischen Entscheidungsunterstützungssystemen, da auf den höheren Ebenen die zu bewältigende Planungskomplexität zunimmt und somit die Anforderungen an eine Planung mit dem Ziel der Entscheidungsvorbereitung steigen.

Im Zusammenspiel mit bestehenden IT-Systemlösungen ermöglicht der Einsatz von Entscheidungsunterstützungssystemen eine wettbewerbsrelevante Erhöhung der „individuellen Planungspotenz".

# Komfortabler managen

Zunehmend werden IT-Systeme extern „in der Cloud“ betrieben. Transportmanagementsoftware läuft meist noch auf firmeneigenen Rechnern, befindet sich aber auf der Schwelle zur breiteren Akzeptanz.

*Autor:*
***Rudolf Klassen,***
*Bereichsleiter IT Services,*
*dbh Logistics IT AG, Bremen*

Nach Angaben des US-amerikanischen Marktforschungsunternehmens Forrester Research, Inc., Cambridge (Massachusetts), hat „Cloud Computing“ im Jahr 2012 in der Wirtschaft den Durchbruch geschafft. Fast die Hälfte der europäischen und nordamerikanischen Unternehmen hatte demnach für 2013 Investitionen in Cloud-Anwendungen geplant. Der Wirtschaftsbereich Logistik unterscheidet sich dabei kaum vom Rest der Wirtschaft: Mit Anwendungen, die über das Internet bereitgestellt und betrieben werden, verzeichnen „Application Service Provider“ (ASP) wie dbh jährliche Umsatzsteigerungen von zehn bis 15 Prozent. Stehen Neuinvestitionen an, entscheiden sich sogar – je nach Anwendung – zwischen 40 und 70 Prozent der Nutzer für ASP-Lösungen. So hat sich insgesamt die Zahl der ASP-Kunden innerhalb der vergangenen drei Jahre verdoppelt.

## Zollabwicklung via Cloud

Die Entwicklung verläuft jedoch nicht bei allen Logistikanwendungen gleich. Während einige Lösungen bereits jetzt sehr gerne via Cloud in Anspruch genommen werden, beispielsweise die Zollabwicklung, werden andere noch weit überwiegend auf den eigenen Rechnern betrieben. Transportmanagementsysteme (TMS) gehören eher der zweiten Gruppe an, befinden sich aber zurzeit auf der Schwelle zur breiteren Akzeptanz als externe Lösung.

Zu den Treibern der Entwicklung zählen dabei die wachsenden Kundenanforderungen. Als private Konsumenten werden sie von Anbietern wie Amazon verwöhnt: Der Versandstatus eines einfachen Taschenbuchs kann jederzeit verfolgt werden und die Lieferung erfolgt auf Wunsch am nächsten Tag – teilweise ohne zusätzliche Versandgebühren. Logistikdienstleis-

Bild/Grafik: dbh

Steigen die Anforderungen, lassen sich jederzeit weitere Rechenzentren an unterschiedlichen Standorten in Deutschland zuschalten.

ter und Verlader bewegen in der Regel deutlich höherwertige Güter und müssen sich mittlerweile immer häufiger von ihren Kunden fragen lassen, warum sie nicht den gleichen Service anbieten wie ein Internet-Versandhändler. Auch die Behörden machen Druck: Die Anforderungen an die elektronische Zollabwicklung beispielsweise sind in den vergangenen Jahren massiv gestiegen.

Wer in neue Anwendungen investiert, verknüpft sie am besten gleich mit den übrigen IT-Lösungen. Doch während der Funktionsumfang dieser Systeme stetig zunimmt, werden auch der Betrieb und die Wartung aufwendiger. Gleichzeitig steigt die Abhängigkeit von der IT: Stehen die Rechner still, können die meisten Unternehmen heute nur noch sehr eingeschränkt arbeiten. Dabei besteht das Dilemma häufig darin, dass einerseits der Effizienzgewinn durch moderne TMS erforderlich ist, um am Markt mithalten zu können.

Andererseits wird ein guter Teil dieser Zeit- und Kosteneinsparungen dadurch aufgewogen, dass die nötige IT-Kompetenz erst einmal ins Haus geholt werden muss. War es früher noch mit gelegentlichen Anwenderschulungen für bestimmte Softwarelösungen getan, sind mittlerweile umfassende Kenntnisse in der Administration von Servern und der Konfiguration von Schnittstellen zwischen unterschiedlichen Programmen erforderlich. Zudem ist das Thema IT-Sicherheit inzwischen recht komplex geworden. Ein kleines Transportunternehmen kann dies kaum noch leisten.

Die Folge: Je umfangreicher das gesamte IT-Geflecht wird, desto verlockender ist die Verlagerung in die Cloud – dann kann sich der IT-Dienstleister darum kümmern, während der Nutzer wieder freie Hand für sein Kerngeschäft hat. Der Vorteil: Externe IT-Dienstleister halten einen ganzen Stab an Experten bereit, die Daten sichern und vor unerlaubtem Zugriff schützen. Steigen die Anforderungen, lassen sich einfach weitere Rechenzentren an unterschiedlichen Standorten in Deutschland zuschalten.

## Software aus der Cloud

Bei IT-Systemen geht der Trend seit einigen Jahren zur Nutzung von sogenannten Cloud-Lösungen *(siehe „Software in der LOGISTIK 2011“)*. Dabei handelt es sich um Software, die nicht auf den eigenen Computern läuft, sondern in einem externen Rechenzentrum. Die Anwender greifen über eine sichere Internetverbindung auf die Programme zu. Anstelle von „Cloud“ (Wolke) werden auch häufig die verwandten Begriffe ASP („Application Service Providing“) oder SaaS („Software as a Service“) benutzt.

Drei Gründe sprechen für dieses Vorgehen. Erstens muss das Unternehmen keine zusätzliche Hardware betreiben – ein handelsüblicher Rechner mit Internetverbindung genügt. Dadurch werden nicht nur die Beschaffungskosten eingespart, sondern vor allem die aufwendigen Wartungsarbeiten ausgelagert.

Zweitens wird auch die Software extern betrieben. Updates sind sofort verfügbar, werden automatisch installiert und müssen nicht gekauft werden. Die Nutzung der Programme wird in Form einer monatlichen Pauschale bezahlt, sodass auch keine teuren Lizenzen erforderlich sind.

Der dritte Vorteil ist die Sicherheit. Dieser Punkt widerspricht ein wenig dem Instinkt – oft wird noch geglaubt, die Daten seien im eigenen System besser geschützt als in einem externen Rechenzentrum. Das Gegenteil ist aber meist der Fall, wenn ein seriöser Anbieter ausgewählt wird.

Dabei sind zunehmend auch mobile Anwendungen auf dem Vormarsch, die den Arbeitsalltag zusätzlich erleichtern. Statt den Trucker mit einem Stapel Formulare auf den Weg zu schicken, die vor Ort ausgefüllt und anschließend eingereicht werden müssen, bietet sich die Auftragsabwicklung mit einem mobilen Endgerät an, etwa einem Smartphone oder einem Tablet-PC.

### Vorteile im Schadensfall

Diese Geräte können dann direkt an das TMS angebunden werden und damit nicht nur die Bearbeitung beschleunigen, sondern auch die Transparenz erhöhen. Die Vorteile sind vielfältig, zum Beispiel bei der Schadensabwicklung: In diesen Fällen kann der Fahrer ein Foto machen und samt Bericht ins System stellen. Sowohl das Transportunternehmen als auch der Verlader können dann in kürzester Zeit reagieren.

Am offensichtlichsten profitieren Klein- und Mittelständler (KMU) von Cloud-Lösungen. Doch auch für große Unternehmen und Konzerne gelten grundsätzlich die gleichen Vorteile. Allerdings ist dort meist die Hemmschwelle größer, einen Teil der IT auszulagern. Laut Paul Graham, Pionier des Cloud-Modells und heute Venture-Kapitalist, können hausinterne IT-Administratoren allerdings recht „launisch und unempfänglich sein, weil sie keinem direkten Wettbewerb ausgesetzt sind“. Während Vertriebsmitarbeiter und Softwareentwickler sich mit Kunden und Konkurrenzsoftware auseinandersetzen müssen, „hat der Systemadministrator – wie ein alter Junggeselle – kaum äußere Einflüsse, die ihn im Zaum halten“, erklärt der Experte augenzwinkernd.

# Supply Chain Management Systeme (SCM)

Bild: Lusi_Sxc.hu

# Digitale Logistik richtig ausschöpfen

**Supply Chain Manager können zahlreiche Herausforderungen mit geeigneter Software lösen. Statt punktuell mit Insellösungen zu arbeiten, sollten logistische Prozesse jedoch möglichst ganzheitlich betrachtet werden.**

*Autor:*
***Daniel Braß,***
*Account Manager Supply Chain Execution, Infor GmbH, Friedrichsthal*

Im Jahr 2012 erschien die Zukunftsstudie „Delivering Tomorrow: Logistik 2050", mit der die Deutsche Post 42 Forscher beauftragt hatte. Wenig verwunderlich zeichnet sich mehr als ein Jahr später noch nicht ab, welche der beschriebenen Szenarien das aktuelle zügellose Wachstum in der Logistikbranche ablösen wird: Sind es die effizienten Mega-Cities, in denen Produkte gemietet statt gekauft und alle Versorgungsdienstleistungen von Logistikern erbracht werden? Oder übernimmt der Individualismus und bringt lokale und regionale Logistiker zurück in den Fokus, die Verbrauchern helfen, mit 3D-Druckern Produkte selbst zu gestalten? Oder schafft es die Welt, den Klimawandel mit schneller, angepasster Logistik einzudämmen und damit weiteren Naturkatastrophen aus dem Weg zu gehen?

Eines ist klar: Logistiker stehen nicht erst in 36 Jahren vor großen Herausforderungen. Es braucht mehr als unternehmerischen Weitblick und Fingerspitzengefühl, um das Spannungsverhältnis aus Kostendruck, Flexibilität, Liefertreue und Nachhaltigkeit auszubalancieren. Diese Mammutaufgabe setzt im Kleinen an – bei der Optimierung der täglichen Aufgaben.

## Anforderungen schneller erfüllen

Dass optimiert werden muss, darüber sind sich alle einig. Die Bundesvereinigung Logistik belegt mit ihrem Logistik-Indikator aus dem dritten Quartal 2013, dass die Bedeutung von logistikspezifischen Innovationen als Wachstumstreiber zumindest unter Logistikern unumstritten ist. Vier von fünf Befragten stimmen dieser Einschätzung zu.

Beim Wie legt Prof. Dr. Michael Schenk, Leiter des Magdeburger Fraunhofer-Instituts für Fabrikbetrieb und -automatisierung IFF, vor:

Bild: freight shst

Anlässlich des Deutschen Logistik-Kongresses in Berlin forderte er, die Potenziale der digitalen Logistik richtig auszuschöpfen. Mit anderen Worten: Statt punktuell mit intelligenten Technologien und IT-Systemen zu arbeiten, sollten logistische Prozesse ganzheitlich betrachtet, das heißt möglichst vollständig überwacht, digitalisiert und verwaltet werden. In der Praxis herrschten Insellösungen noch vor.

Unter allen Optimierungszielen sticht besserer Kundenservice hervor: Wachsende Kundenanforderungen sind laut der BVL-Trendstudie 2013 einer der wichtigsten Trends. Sie möglichst schnell zu erfüllen, steht bei mehr als 20 Prozent der befragten Logistikdienstleister ganz oben auf der Prioritätenliste. Eine Grundvoraussetzung für schnellen Service ist die Fähigkeit, die richtigen Informationen rasch an die richtigen Stellen zu verteilen und die Systeme ohne Herstellerhilfe praktisch in Echtzeit den aktuellen Kundenanforderungen anzupassen.

Hier kommen Systeme für die Supply Chain Execution ins Spiel, die die Lagerverwaltung, die Einteilung von Arbeitskräften, Fremdlagerkostenabrechnung (3PL-Billing) und Transportmanagement automatisieren. Um die geforderte Durchgängigkeit zu liefern, ist eine Integrationsebene erforderlich. Je nach Softwareanbieter kann man hier mit Middleware arbeiten oder mit einer lose gekoppelten Architektur, die auf Webservices zurückgreift. Dabei werden standardbasiert gemeinsame Business-Objekte per XML ausgetauscht.

## Transparenz erhöhen

Insbesondere die lose Kopplung bietet den Vorteil, Änderungen flexibel zu unterstützen. Beispiel Handel: Unternehmen in dieser Branche erkennen wettbewerbsrelevante Veränderungen mithilfe von Analyselösungen wie Business-Intelligence-Applikationen rasch. Statt dem Prozess folgen zu müssen, den die per Middleware fest miteinander verdrahteten Supply-Chain-Execution-Lösungen vorgeben, erlaubt die internetähnliche Architektur beim Logistikdienstleister eine Anpassung der Sys-

**Container über Container: Um weltweite Prozessketten zu steuern, müssen sich Supply Chain Manager auf leistungsfähige Software verlassen können.**

teme an den Prozess. Alle relevanten Daten – von Kunden- und Bestandsinformationen über Transaktionen bis hin zu Tracking-Daten – werden dabei idealerweise in einem zentralen Repository verwaltet. Das hat den Vorteil, dass alle Bereiche mit der gleichen, einheitlichen Sicht auf Bestände und Prozesse arbeiten. Ändert ein Kunde seine Anforderungen, kann der Logistiker sich schneller mit allen Beteiligten abstimmen.

Die Transparenz erhöht sich weiter durch aktives Wissensmanagement: Wer genau weiß, welcher Mitarbeiter über welche Kompetenzen verfügt, kann Ressourcen im kurzfristigen Bedarfsfall richtig zuordnen. Neben klassischen Workforce-Management-Systemen kristallisieren sich hier unternehmensinterne Social-Business-Netzwerke als Alternative heraus: Zunehmend arbeiten Softwareanbieter mit Kommunikationsdesignern zusammen und entwerfen Arbeitsoberflächen, die den Prinzipien von sozialen Netzwerken wie Facebook oder Twitter ähneln. Mitarbeiter können Kollegen, Objekten oder Events folgen und erhalten Status-Updates.

Änderungen, die die eigene Arbeit beeinflussen – etwa ein zu niedriger Bestand für einen bestimmten Lagerartikel – werden per Alarmmeldung angezeigt. Grundlage dafür sind integrierte Berichte und Ad-hoc-Reporting-Funktionen, die auf dem bereits erwähnten Repository aufbauen. Ist der zuständige Kollege bei dem Logistikdienstleister, der die Kommunikation zum Kunden an dieser Stelle übernehmen sollte, nicht bekannt, kann sich der Mitarbeiter an die gesamte Gruppe der Key Accounter wenden. Die Mitglieder der Gruppe erhalten ihrerseits eine Alarmmeldung und können die Anfrage in den richtigen Kanal leiten.

## Lagerverwaltung optimieren

Transparenz ist neben der Automatisierung auch in der Lagerverwaltung der Schlüssel zu Optimierungen: Die Aberdeen Group zeigt in ihrem Bericht „Fünf Schritte zur optimierten Lagerverwaltung" auf, dass ein einfacher Zugriff auf Performance-Daten und ihre Auswertbarkeit entscheidend sind. Darüber lassen sich Alternativen für Prozessverbesserungen ausloten, die dann zu direkteren Workflows bei Bestellungen führen und zu geringeren Transaktionskosten.

Nirgendwo sonst hat sich zudem der Trend zu mobilen Lösungen als so hilfreich erwiesen wie im Lager: Mobiles Scannen und Kommissionieren gehören inzwischen schon zum Standard. In Kombination mit mobilen Geräten wie zum Beispiel Tablet-PCs können Mitarbeiter weitere Aufgaben direkt im Lagerbereich erledigen, statt an den Schreibtisch in ihrem Büro zurückkehren zu müssen. Durch einen mobilen und damit überall möglichen Zugriff auf die aktuelle Lagersituation, wie zum Beispiel Bestände oder Anzahl der offenen Aufträge, steigert sich die Geschwindigkeit, auf Ereignisse zu reagieren oder Kunden gegenüber sofort auskunftsfähig zu sein. Das Ergebnis ist ein weiterer Zeitgewinn mit positivem Einfluss auf die Kostenstruktur und Kundenzufriedenheit.

## Investitionen geplant

Der am Anfang genannten BVL-Trendstudie zufolge stehen in den kommenden Jahren gezielte Investitionen in neue Technologien an – insbesondere in Analysewerkzeuge für Big Data. Damit schließt sich der Kreis von der Supply Chain Execution- zur Planungsphase: Je mehr Daten aus der Logistikkette ausgewertet werden können, umso treffsicherer lässt sich die Nachfrage planen und beispielsweise durch Advanced Scheduling unterstützen.

# Neue Potenziale heben

Aufgrund der Globalisierung nehmen die Herausforderungen für Disponenten stetig zu. Zielorientierte Tools wie die Software „Advanced Planning and Scheduling" eröffnen Optimierungspotenziale für die Lieferkette, die noch vor wenigen Jahren kaum vorstellbar waren.

*Autor:*
***Andreas Capellmann,***
*Geschäftsführer SCT GmbH,*
*Herzogenrath bei Aachen*

Die fortschreitende Fragmentierung der Märkte, die wachsende Variantenvielfalt sowie die hohen Flexibilitätsanforderungen der Kunden führen zu zunehmend hybrider und damit auch schwankender Nachfrage. Gleichzeitig fordern die Kunden seit jeher konstant kurze Lieferzeiten zu günstigsten Konditionen.

Während man in den 1970er-Jahren diese Bedürfnisse noch mit manueller Planung auf vergleichsweise „kurzem Dienstweg" erfüllen konnte, führten die zunehmende Globalisierung und Supply-Chain-Optimierungen (SCO) zu immer schärferen Wettbewerbssituationen und immer komplexeren Anforderungen. Und auch heute können Firmen mit den rasanten Entwicklungen nur Schritt halten, wenn sie ihre Lieferketten mit zunehmend leistungsstarken Softwaretools optimieren und Logistik nicht nur als betriebswirtschaftliches Instrument, sondern auch als strategisch bedeutenden Wettbewerbsvorteil ansehen.

## Komplexe Materie

Wie komplex die Disposition ist, kann man schon allein an der Anzahl der erforderlichen Stammdaten erkennen: Je nach Zuschnitt eines Artikels sind bis zu 130 logistische Parameter zu optimieren. Stellt man sich diese Parameter als mathematische Gleichung vor, wird einem schnell klar, dass man diese nicht im Kopf rechnen kann.

Eine optimale Disposition braucht also auch entsprechend differenzierende Werkzeuge. Die heutzutage verfügbaren Tools sind so ausgereift, dass sie bei Unternehmen, die bisher ohne sie gearbeitet haben, ohne Weiteres Liquidität im sechsstelligen Bereich aus den Lagern freisetzen können. Doch um dorthin zu kommen, mussten zuerst die wissenschaftlich erarbeiteten

Grafik: SCT

## Simulationsbasierte Planungsautomatisierung auf dem Vormarsch

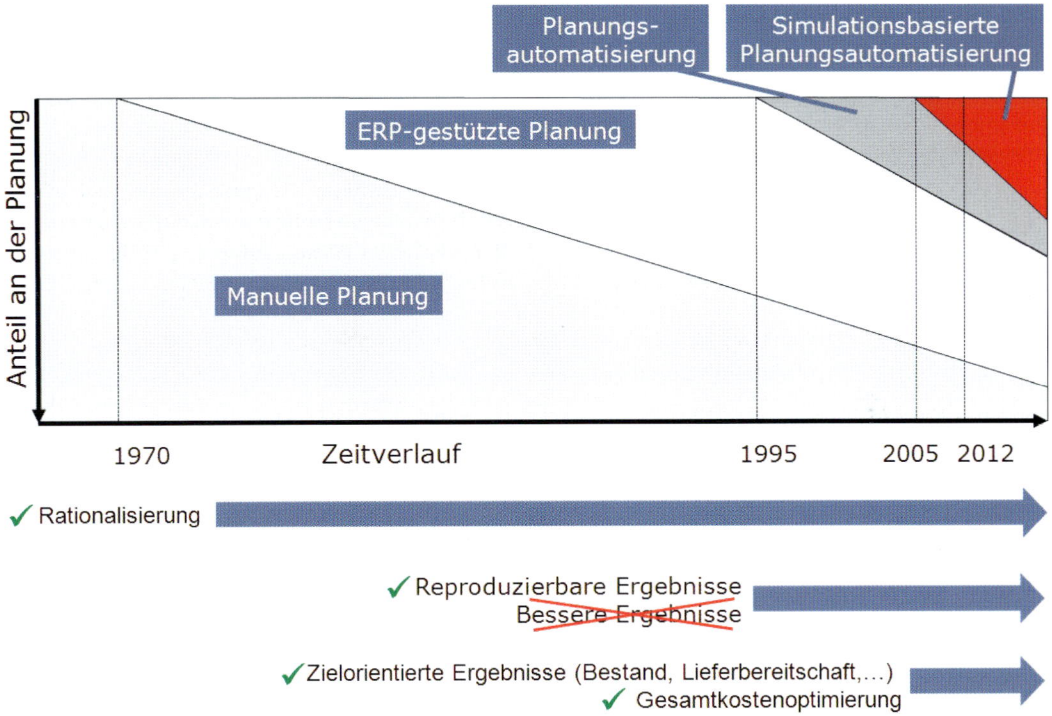


Erkenntnisse der Supply-Chain-Optimierung in praxistaugliche Software gegossen werden. Ein Knackpunkt war dabei, dass die Hardware erst einmal so leistungsfähig werden musste, dass sie die hoch komplexen Algorithmen in vernünftiger Zeit durchrechnen konnte. Aber auch bei der Software gab es wichtige, evolutionäre Schritte.

### ERP-Software als Dispositionstool

Historisch betrachtet spielt die rechnerunterstützte Supply-Chain-Planung ab den 1980er-Jahren eine zunehmend bedeutende Rolle. Als wichtigstes Tool zur Rationalisierung der Planungsprozesse setzen sich hier bekanntlich die Enterprise-Resource-Planning-Systeme (ERP) durch, die für unternehmensweite Prozesssteuerungsaufgaben zu einem Milliardenmarkt herangewachsen sind und bis heute eine dominante Rolle in der Unternehmens-IT spielen. ERP-Systeme sind stets sehr komplex. Da sie in erster Linie aber „top-down" viele unterschiedliche generische Aufgaben erfüllen, haben sie sich primär nicht auf die Ausgestaltung der vielfältigen Details der Dispositionsoptimierung spezialisiert. Die Aufgaben in der Disposition bei Firmen mit oft Tausenden Artikeln wurden aber zunehmend komplexer und es entstand der Bedarf, die Planung zu automatisieren.

Diese Aufgaben wurden in Speziallösungen für die Disposition ausgelagert und es etablierte sich neben den Erweiterungsbausteinen der ERP-Anbieter auch ein von ERP-Systemen unabhängiger Markt für die Planungs- und Dispositionsautomatisierung. Dieser Markt entstand Mitte der 1990er-Jahre. Mit solchen Lösungen wurde es möglich, einheitliche Schemata anzuwenden und Bestellungen automatisch auszulösen und so die Disponenten von stupider, sich wiederholender Arbeit zu entlasten.

Mit der Planungsautomatisierung konnte zudem sichergestellt werden, dass man immer wieder die gleichen Ergebnisse erzielte. Die Planung war also reproduzierbar, wurde so auch unabhängiger vom Bauchgefühl einzelner Disponenten. Nicht möglich war aber, die Planungsergebnisse durch systemimmanente Funktionen zu verbessern.

Eine kontinuierliche Optimierung der Disposition konnte mit Software in dieser Zeit also nur durch aufwendige, manuelle Justierungen umgesetzt werden. Erste Tools, die quasi selbstlernend aus den in den Systemen verfügbaren Daten die Disposition optimieren konnten, eigneten sich auch nicht für den Einsatz im laufenden Betrieb. Die Rechnertechnologie war schlicht und ergreifend noch nicht so performant, dass sie komplexe Forecasts mit vielen Tausenden Parametern immer wieder neu bei jedem Arbeitsschritt ermitteln konnte.

## Bedarf an komplexer Software

Optimierungsberechnungen mussten anfangs über ganze Wochen hinweg von Hochleistungsservern errechnet werden. Später konnten regelmäßige Läufe über Wochenenden hinweg etabliert werden. Und erst in den vergangenen fünf bis zehn Jahren ist es zunehmend möglich geworden, die Simulationen direkt im laufenden System auf den Unternehmensservern umzusetzen. Das wiederum eröffnet die Möglichkeit, die Disposition nicht nur für Einzelentscheidungen zu optimieren, sondern zunehmend auch an übergeordneten Zielen zu orientieren, um so die Gesamtkosten zu optimieren. Spätestens hier erkennt man den Bedarf an komplexer Software und passender Rechenleistung.

Heute steht eine Rechenperformance zur Verfügung, die es ermöglicht, in „Echtzeit" bereits sehr komplexe Berechnungen durchzuführen. Das eröffnet enorme Verbesserungspotenziale für die tägliche Disposition. Moderne sogenannte ERP-Add-ons sind in der Lage, in Echtzeit alternative Dispositionsvorschläge für die gesamte Wertschöpfungskette zu ermitteln. Die Dispositionsempfehlungen basieren dabei auf stets aktuellen Planungsparametern, was einen enormen Fortschritt bedeutet, da man so zu deutlich besseren Ergebnissen kommt.

Firmen mit variantenreichem Portfolio können durch den Einsatz solcher Tools regelmäßig Hunderttausende Euro an gelagertem Material und damit totem Kapital einsparen. Man nennt solche zielorientierten Präzisionswerkzeuge für die Supply Chain auch „Advanced Planning and Scheduling (APS)"-Software. Durch den Fokus nicht nur auf die Einzelentscheidung, sondern auch auf die Gesamtkostenoptimierung, wird die Wettbewerbsfähigkeit eines Unternehmens erheblich gesteigert.

## SCO noch am Beginn

APS-Tools für eine simulationsbasierte Planungsautomatisierung können heute vollumfänglich zur Verfügung gestellt werden. Es stellt sich die Frage: Warum also noch nach dem Bauchgefühl disponieren? Hohe Bestände kosten bares Geld und binden wichtige Liquidität – Unternehmen müssen deshalb erkennen, dass die Optimierung ihrer Planungs- und Dispositionsentscheidungen mit qualifizierten Softwaretools eine notwendige Voraussetzung für die Optimierung ihrer Wertschöpfungskette darstellt. Im von „Industrie 4.0" getriebenen und zunehmend auch durch den Onlinehandel bestimmten Wettbewerb wird die Supply-Chain-Optimierung mehr und mehr marktentscheidend.

# Supply Chain Design 4.0

**Um Netzwerke intelligent zu optimieren, müssen Faktoren wie Kosten, Zeit, Qualität und Nachhaltigkeit genau beachtet werden. Die Logistik darf nicht als Puffer für vorher aufgetretene Fehler herhalten.**

*Autoren:*
***Bernd Jaschinski-Schürmann,***
*Head of Supply Chain Consulting,*
***Marcus Gerasch** und **Michael Keimeier,***
*beide Management-/ Prozessberater,*
*alle Arvato Systems GmbH, Gütersloh*

Im Gespräch mit Supply Chain Managern gibt es die wiederkehrende Aussage: „Für unser Unternehmen gewinnt die Logistik ständig an Bedeutung und hat somit einen hohen Stellenwert." In der täglichen Praxis sieht es oft anders aus. Logistikverantwortliche monieren, dass es durch fehlendes Bewusstsein und mangelnde Prozessintegration zu Verschwendungen kommt und die Logistik als Puffer für die vorher entstandenen Fehler herhalten muss. Fazit: Anspruch und Wirklichkeit, Strategie und Praxis klaffen im Supply Chain Management weit auseinander.

Eine kompromisslose Optimierung des Dreiecks nach Kosten, Zeit und Qualität ist bereits heute kaum möglich. Glaubt man den Trendforschern, werden durch die bekannten Megatrends die Anforderungen an die Logistik weiter steigen. Zudem etablieren immer mehr Unternehmen eine Nachhaltigkeitsstrategie und intensivieren ihre Anstrengungen in Sachen umweltverträglicher Produkte und ressourcenschonender Prozesse.

Nach einer Umfrage des Bundesverbands Materialwirtschaft und Einkauf (BME) aus dem Jahr 2009 unter 171 Unternehmen verschiedener Branchen planen mehr als zwei Drittel der Unternehmen konkrete Aktivitäten zur Reduzierung von Kohlendioxidemissionen. Neben dem bereits genannten Zieldreieck entsteht mit der Nachhaltigkeit eine zusätzliche Zieldimension. Die Suche und Kompromissfindung innerhalb dieses neuen „magischen Vierecks" wird damit wesentlich komplexer.

Die Stärken von Software für Advanced Planning and Scheduling, Produktionsplanung und -steuerung, Enterprise and Resource Planning liegen bis dato darin, operative Geschäftsprozesse integrativ zu unterstützen. Funktions-

Grafiken: Arvato Systems

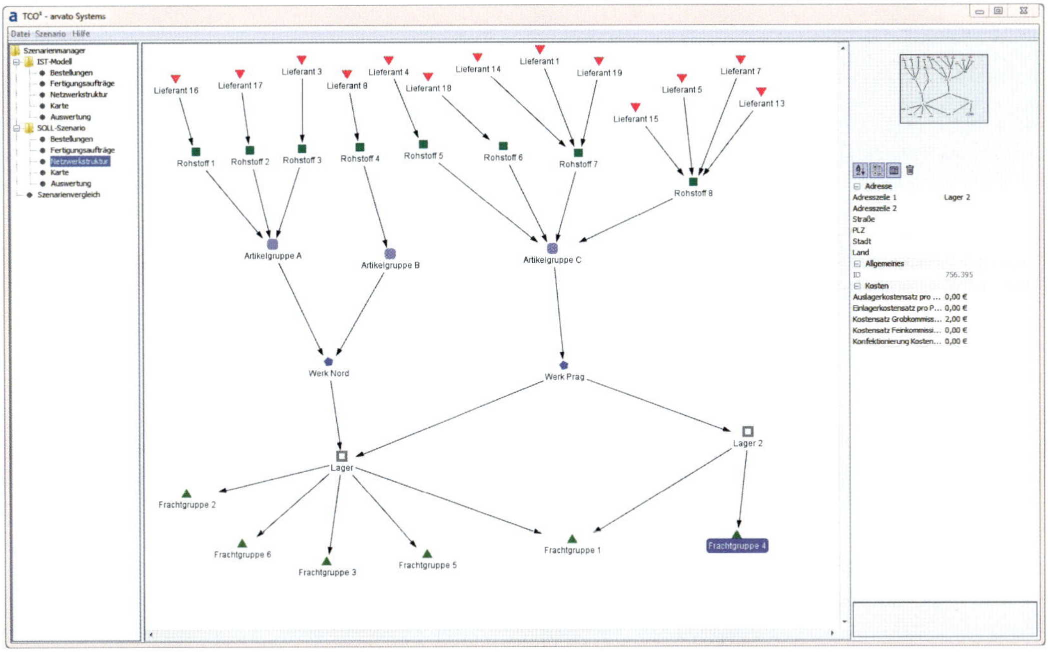


**Die Benutzeroberfläche des Supply Chain Optimizer: Angelehnt an eine typische Ordnerstruktur findet sich die Szenarienverwaltung auf der linken Seite der Softwarelösung. Auf der rechten Seite können die Elemente der Supply Chain per Drag & Drop angeordnet, verknüpft und bearbeitet werden.**

übergreifende Planungen und komplexe Szenarienuntersuchungen mit dem Fokus auf die taktisch-strategische Ebene durchzuführen, widerspricht ihrem originären Zweck.

Auf dieser Ebene ergibt sich sowohl für verladende Unternehmen als auch für Logistikdienstleister eine Vielzahl unterschiedlicher Fragestellungen, die bisher kaum von den erwähnten Lösungen umgesetzt werden können. Beispielhaft genannt seien an dieser Stelle folgende:

- Wie viele Umschlagpunkte müssen bestandsgeführt betrieben werden, um definierte Service-Level einzuhalten?
- An welchen Standorten sollten welche Produkte hergestellt werden?
- Zu welchem Anteil und auf welchen Relationen lassen sich unter Nachhaltigkeitsaspekten alternative Verkehrsträger oder Transportstrategien einsetzen?
- Welche Auswirkungen hat die Umstellung eines oder mehrerer Kunden auf ein Beschaffungslogistikkonzept?

Wichtig ist, dass die Planungssoftware neben allgemeingültigen Fragestellungen auch unternehmensspezifische Besonderheiten berücksichtigt. In der Nahrungs- und Genussmittelindustrie gibt es viele Rahmenbedingungen, die bei der Planung von Produktion, Transport, Lagerung und Distribution zu berücksichtigen sind. Beispiele sind Mindesthaltbarkeitsdatum, durchgängige Kühlprozesse bei Lagerung und Transport und eine hohe Umschlaghäufigkeit. Darüber hinaus erwarten die Handelsunternehmen eine hohe Flexibilität von ihren Lieferanten wie etwa die Umsetzung von Beschaffungslogistikkonzepten und eine strikte Einhaltung immer kleinerer Anlieferzeitfenster.

Logistikdienstleister mit einem eigenen Fuhrpark müssen möglichst schnell und genau auf Kundenausschreibungen antworten. Die geringeren Margen in der Branche erlauben keine Kalkulationsfehler. Die Komplexität besteht darin, zu bewerten, wie sich die Mengen eines potenziellen Neukunden in das IST-System einfügen lassen, wie sich die Kraftstoffkosten entwickeln und welche Kohlendioxidemissionen entstehen. Zusätzlich muss eine Vielzahl unübersichtlicher Frachttarifstrukturen abgebildet werden.

## Intelligente Softwarelösung

Eine moderne und intelligente Planungssoftware für strategische Netzwerkoptimierung soll den Logistikplaner entlasten und ihn bei der Arbeit unterstützen, ohne ihn dabei zu bevormunden. Ein Beispiel unter vielen ist die Java-basierte Softwarelösung „Supply Chain Optimizer (SCO)“ vom Systemintegrator Arvato Systems. Diese begleitet den Anwender in einem losen Planungsprozess, der sich aus vier Schritten zusammensetzt.

Im ersten Schritt werden die spezifischen Stamm- und Bewegungsdaten des Unternehmens aus den relevanten Vorsystemen (zum Beispiel dem ERP-System) per Schnittstelle übernommen. Im Umfeld der Transportplanung ist so beispielsweise das Transportation Management System von SAP, SAP TM, angeschlossen worden. Diese Datenbasis bildet die Grundlage für die Erstellung des IST-Modells im zweiten Schritt.

Im zweiten Schritt modelliert der Planer, abhängig von der Datenbasis, mithilfe von Drag & Drop-Funktionalität die Elemente der Lieferkette. Dazu zählen Lieferanten, Rohstoffe, Produkte, Werke, Lager, Umschlagzentren, die auf der grafischen Oberfläche dynamisch angeordnet werden. Über die Verknüpfung der Supply-Chain-Elemente definiert er den Warenfluss in der Wertschöpfungskette. Alle für die Bewertung relevanten Informationen werden anschließend an den Elementen gepflegt. Hierzu zählen exemplarisch:

- Kostensätze oder -matrizen (zum Beispiel für Beschaffung, Transport, Umschlag, Handling oder Value Added Services)
- Kapazitäten (wie etwa Lagerfläche, Transportkapazitäten und -auslastungen oder auch Produktionskapazitäten)

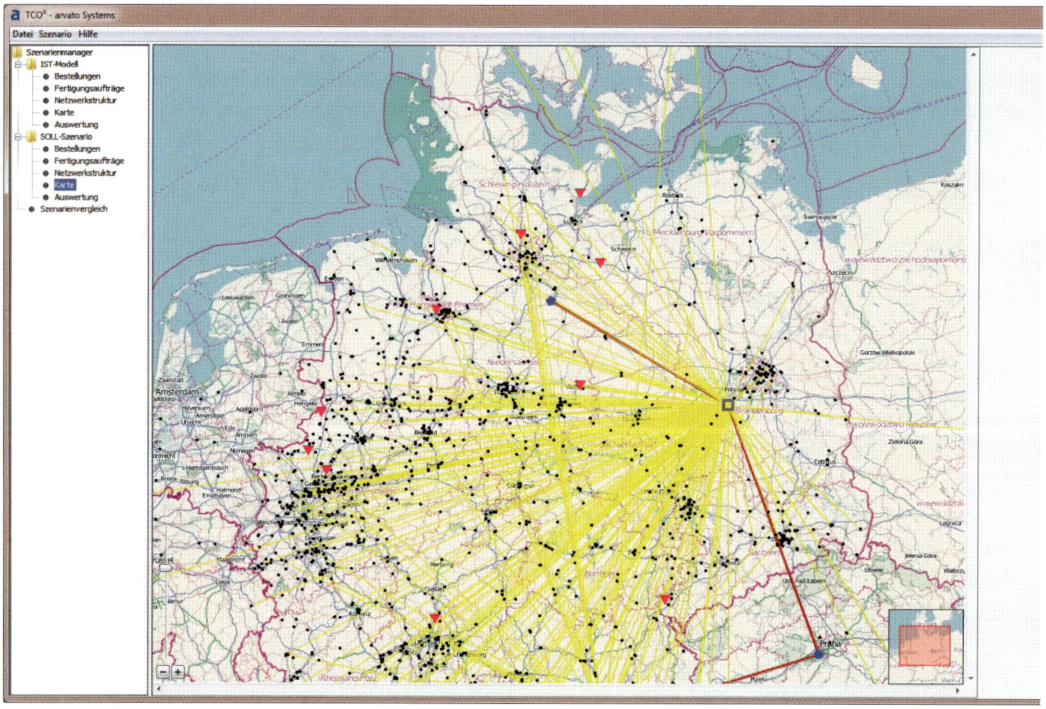


**Dank Schnittstellen zu gängigen Geoinformationssystemen (GIS) kann die Supply Chain auch auf einer Landkarte visualisiert und bearbeitet werden.**

**Vorgefertigte Dashboards zeigen bereits Best-Practice-KPIs und lassen sich an die kundenspezifischen Bedürfnisse mühelos anpassen.**

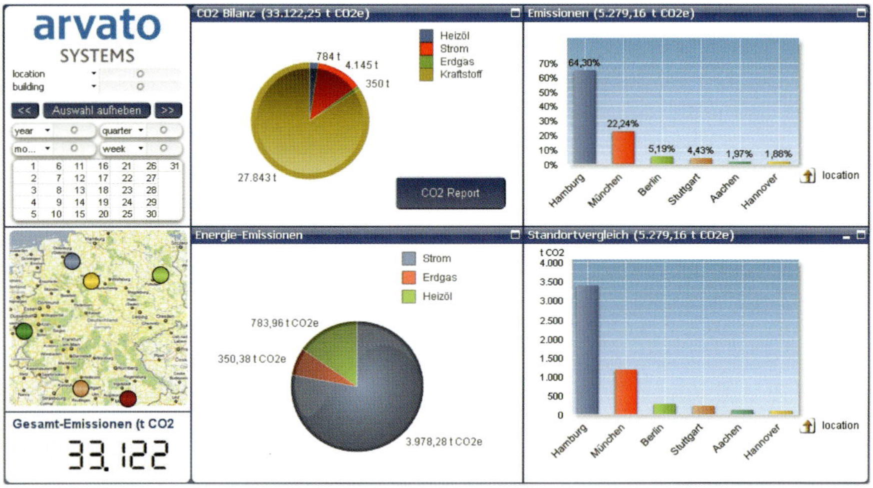


- Service-Level-Vereinbarungen
- Verkehrsträger (Straße, Schiene, Wasser und Luft)
- Transportrouten und -relationen
- Kohlendioxidemissionswerte und Energieverbräuche

## Automatische Bewertung

Sobald alle Daten im Modell vorliegen, startet ein erster automatischer Bewertungslauf. Der Planer lässt sich die errechneten Kosten und Mengenströme anschließend darstellen und vergleicht sie mit den tatsächlichen Werten, die ihm als Erfahrungswerte oder aus der Kostenrechnung bekannt sind. Er kann durch ein sogenanntes Drill-Down in den Ergebnissen beispielsweise Abweichungen ermitteln und die beeinflussenden Parameter korrigieren. Durch diese Validierung ist sichergestellt, dass die im dritten Planungsschritt aus dem IST-Modell abgeleiteten SOLL-Szenarien ebenfalls valide sind.

Ausgehend von dem angelegten IST-Modell werden zukünftige Szenarien modelliert. Mithilfe der Benutzeroberfläche können sämtliche Elemente der Supply Chain neu miteinander verknüpft werden. Um etwa die Auswirkungen der Aufträge eines neuen Kunden oder die Errichtung eines neuen Lagerstandortes auf seine gesamte Lieferkette zu untersuchen, muss lediglich ein neues Element auf der Oberfläche angelegt und dieses anhand der Parameter konfiguriert werden.

Im letzten Schritt des Planungsprozesses wird das IST-Modell mit den erstellten SOLL-Szenarien anhand einer erweiterbaren Auswahl an Kennzahlen verglichen. Per Drill-Down können alle errechneten Kosten, Mengen, die erreichten Service-Level sowie Emissionen und Energieverbräuche sowohl auf aggregierter als auch auf Ebene einzelner Supply-Chain-Elemente gegenübergestellt werden. Ist der Planer mit den erzielten Ergebnissen nicht zufrieden, so steigt er in einen Planungsprozess ein und springt zu einem der vorherigen Schritte zurück. So kann er ein weiteres SOLL-Szenario erstellen, das anschließend in den Vergleich miteinfließt.

## Transparente Ergebnisse

Am Ende des Planungsprozesses liegt eine vollständige und umfassende Bewertung der zukünftigen Supply Chain vor. Sämtliche Ergebnisse können in gängigen Dateiformaten exportiert und so als Entscheidungsvorlage aufbereitet werden. Der Einstieg ist mit der intuitiven Benutzeroberfläche schnell gemacht, sodass der Logistikplaner unmittelbar von der immensen Detailtiefe der durchgeführten Untersuchungen profitiert. Die Potenziale seiner Wertschöpfungskette kann er unmittelbar umsetzen, um so dem Wettbewerb den entscheidenden Schritt voraus zu sein.

# Unternehmens-profile A – Z

■ RFID ■ WMS ■ ERP ■ TMS ■ SCM ■ Zoll
= Geschäftsfelder, in denen die Anbieter aktiv sind

abat

**abat Gruppe**
Admiralstr. 54
28215 Bremen
Tel. +49 (0)421 43046-0
Fax +49 (0)421 43046-77
info@abat.de
www.abat.de

**Gründungsjahr:**
1998 Gründung als act GmbH, 2001 Umfirmierung zur abat AG

**Umsatz:** über 32 Mio. Euro

**Mitarbeiter:** über 300

**Standorte:**
Bremen, Kiel, München und St. Ingbert

**Tochtergesellschaften:**

- abatUS (Tuscaloosa und Atlanta, USA)
- abat+ GmbH (St. Ingbert, Deutschland)
- abatHD GmbH (Heidelberg, Deutschland)
- BELabat (Minsk, Weißrussland)
- MEXabat (Puebla, Mexiko)

**Ansprechpartner:**

**Für SAP WM, TM**
Christian Diestelkamp
Tel. +49 (0)421 43046-0
christian.diestelkamp@abat.de

**Für SAP EWM, SPM**
Dr. Harald Göbel
Tel. +49 (0)421 43046-0
harald.goebel@abat.de

## Wir über uns

- Die abat Gruppe ist ein auf Logistikdienstleister sowie Automotive-Unternehmen spezialisierter internationaler Anbieter von SAP-Beratung, -Entwicklung und dem Produktionsleit- und -steuerungssystem PLUS.
- Logistikdienstleistern sowie Logistikern aller Branchen bietet die abat Gruppe Lösungen zur Optimierung der Supply Chain (SAP SCM). Diese Lösungen umfassen die Intralogistik (SAP WM bzw. EWM, SAP ERP) genauso wie das Transportmanagement (SAP TM) und Service Parts Management (SAP SPM).
- Besonderes Know-how bietet abat bei SAP Extended Warehouse Management (EWM) und SAP Transportmanagement (TM). abat ist RampUp-Partner SAP TM.

## Wir bieten

- Entwicklung von Einführungsstrategien, kundenspezifischen SAP-Prozessen, IT-Architekturen für alle Branchen
- Erarbeitung von Roadmap- und Template-Ansätzen für eine schnelle, reibungslose Implementierung und Einführung
- Application Management
- Budget- und Termintreue durch professionelles Projekt- und Programm-Management nach verschiedenen Methoden inklusive Scrum
- Umfangreiche Erfahrungen aus einer Vielzahl kleiner und großer internationaler Projekte
- Für Ihre SAP Projekte eine langfristige und faire sowie absolut transparente Partnerschaft

## SAP-Lösungen

### SAP EWM

- Abbildung von einfachen und hochkomplexen Lägern
- Modellierung von Zwischenschritten in der Warenein- und Warenauslagerung
- Jederzeit transparente Darstellung von Beständen und Prozessen
- Integrierte Materialflusssteuerung zur Steuerung verschiedener Automatiklager-Typen
- Integration von RFID-Technologien

### SAP TM

- Abdeckung der Transportkette auf internationaler Ebene
- Planung mit Angabe luftfrachtspezifischer Anforderungen
- Abholung von mehreren Absendern, Auslieferung zu mehreren Empfängern
- Übersicht über alle Prozessschritte bei Transportdurchführung
- Separate Abrechnung konsolidierter Sendungen

### SAP SPM

- Unterstützung der Logistikprozesse für Ersatzteile über die verschiedenen Logistikstufen des Aftermarket hinweg

### Automotive Production

- Absicherung und Skalierung der SAP-Produktionsumgebungen auf der Logistik-Ebene (SAP ERP) sowie auf Shopfloor-Ebene (Manufacturing Execution System PLUS)

## Ihr Nutzen

- Planungs- und Investitionssicherheit
- Kostentransparenz
- Kurze Implementierungsdauer
- Hohe Qualität
- Alles aus einer Hand für alle Abläufe entlang der Supply Chain

## Referenzen (Auszug)

Deutsche Post Worldnet, DHL, Hermes, Schnellecke, Audi, BMW, Daimler, Volkswagen

ABERLE
KÖRBER PROCESS SOLUTIONS

**Aberle Software GmbH**
Ruppmannstr. 40
70565 Stuttgart
Tel. +49 (0)711 21571-0
Fax +49 (0)711 21571-10
www.aberle-software.com
info@aberle-software.com

**Referenzen (Auszug)**
ABB, BHS tabletop, Blanco, Bleker, Bosch, Dr. Oetker, E/D/E, Gambro, Hahn+Kolb, Hazet, Heel, Heller, LSG Sky Chefs, Melitta, Merck, MTU, Neoperl, Nidec, Osram, Putzmeister, Rieter, Roche Diagnostics, Sedus-Stoll, Senator, Simona, Wabco, Wirth, Würth, Voss

**Ansprechpartner:**
Dr. Manfred Alt
Sales Manager

Thomas Schmid
Business Development Manager

Tel. +49 (0)711 21571-0
sales@aberle-software.com

## Wir über uns

Die Aberle Software GmbH ist Teil des Technologiekonzerns Körber, Hamburg, und gehört dort zum Geschäftsbereich Intralogistik der Sparte Körber Process Solutions.
Die Schwesterfirmen Aberle GmbH, Leingarten, und die Langhammer GmbH, Eisenberg, komplettieren den Geschäftsbereich Intralogistik.

## Leistungsspektrum

Die Aberle Software GmbH implementiert IT-Lösungen zur Verwaltung, Steuerung und Optimierung von automatischen und manuellen Lagern. Eine besondere Expertise liegt dabei in der sinnvollen Nutzung und Ergänzung der SAP Standardmodule SAP EWM und SAP LES/SAP WM mit eigenen Add-Ons und eigenen Softwarelösungen.

Von der Beratung über die Implementierung bis zum Support des operativen Betriebs betreut Aberle seine Kunden langfristig. Die gelebte Kundenorientierung ist ein wesentlicher Erfolgsfaktor der Aberle Software.

**Lösungen aus einer Hand**
Gemeinsam mit der Aberle GmbH und der Langhammer GmbH werden intralogistische Aufgabenstellungen als Generalunternehmer gelöst. Aberle Kunden profitieren von dem erprobten Zusammenspiel aus Technik, Automatisierung und IT.

**Modernisierung/Retrofit**
Eine besondere Expertise liegt in der Modernisierung von logistischen Systemen. Durch die Nutzung von SAP in der Lagerverwaltung und Lagersteuerung werden Potenziale in Betrieb und der Wartbarkeit erschlossen.

## Produkte

Aberle Software optimiert die SAP-Standardsoftware zu einer auf die Kundenprozesse zugeschnittenen Lösung.
Dazu gehören z.B. an den operativen Prozess angepasste Dialoge, die direkte Anbindung von technischen Systemen zur Steuerung des jeweiligen Materialflusses und die Integration von Kommissioniersystemen (mobile Terminals, Pick-by-Voice, Pick-by-Light, ...)

WACOS

Das Add-On directWACOS ist komplett in SAP LES/SAP WM integriert und steuert auf Basis der SAP Standardbelege automatische Lager. Ein separates System zur Materialflusssteuerung außerhalb von SAP kann durch den Einsatz von directWACOS entfallen.

WAROS

WAROS (Warehousing Resource Optimization System) ist eine Softwarelösung zur Online-Optimierung zur Steigerung von Durchsatz, Transparenz und Lieferservicegrad.

WAROS kann in SAP-Umgebungen und auch in Verbindung mit Non-SAP-Lagerverwaltungssystemen sehr einfach integriert werden.

DIE IT-MANAGER.
active logistics

**active logistics AG**
Gahlenfeldstraße 53
58313 Herdecke
Tel. +49 (0)2330 9191-0
Fax +49 (0)2330 9191-500
loesung@active-logistics.com
www.active-logistics.com

**Vorstand:**
Uwe Möller (Sprecher)
Arnold Kriener
Anja Schröbel
Harald Woltmann

**Gründungsjahr:** 2001
(in der heutigen Form)

**Mitarbeiter:** 230

**Standorte:**
Bad Homburg, Dornbirn (AT), Herdecke (Zentrale), Kassel, Koblenz, Niederaula (Rechenzentrum), Nürnberg, Zlín (CZ)

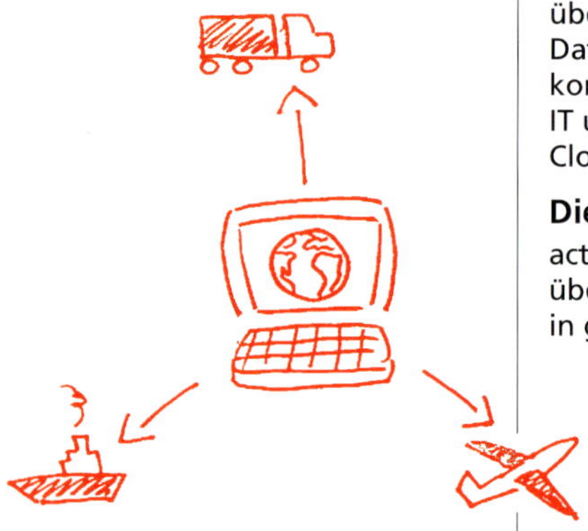

**Ansprechpartner:**
Vertrieb
Tel. +49 (0)2330 9191-0
Fax +49 (0)2330 9191-500
vertrieb@active-logistics.com

# Wir über uns

**Das Unternehmen.**
Seit über 30 Jahren entwickelt active logistics IT-Lösungen für die Logistikbranche. Unsere 230 Spezialisten bringen ihre Erfahrung aus Logistik und IT ein und bieten Software für die Bereiche Land, Lager, Luft, See, diverse Zusatzmodule z.B. für die Bereiche Archivierung, Finanzbuchhaltung, Telematik oder Kennzahlen sowie Hardware-Ausstattungen für alle Anforderungen. Über 13.000 Anwender an über 1.000 Standorten in Europa vertrauen auf die Lösungen und Dienstleistungen von active logistics. Darunter viele der TOP 100 der Logistik.

**Das Rechenzentrum.**
Mit täglich ca. 10 Mio.Transaktionen und jährlich rund 45 Mio. Sammelgutsendungen betreibt active logistics eines der größten und modernsten Rechenzentren für die Logistikbranche in Europa. Unsere IT-Experten sind gleichzeitig Spediteure und kennen die Anforderungen der Logistik. Wir nehmen Ihnen Arbeit ab: Von der Standortanbindung über den elektronischen Datenaustausch bis hin zur kompletten Auslagerung Ihrer IT und Dienstleistungen aus der Cloud.

**Die Referenzen.**
active logistics arbeitet eng mit über 400 Logistikunternehmen in ganz Europa zusammen.

# Leistungsspektrum

**Die Lösungen.**
Unsere Installationen sind so verschieden wie die Anforderungen unserer Kunden.
Für die Bereiche Stückgut mit Multikooperationshandling, Teil- und Komplettladung, Lager-, Kontrakt- und Containerlogistik oder See- und Luftfracht konfigurieren wir die optimale Lösung auf Basis von bewährter Standardsoftware.
Von der professionell ausgestatteten Basis-Lösung für Gründer und kleine Unternehmen bis zum vollumfänglichen System für große.
Von der flexiblen Lösung im Rechenzentrum (SaaS) bis zur Hochleistungslösung in Ihrem Haus.

**Die Anwendungsbereiche.**
active logistics deckt die gesamte Wertschöpfungskette ab:

- Prozessoptimierung und IT-Strategie-Beratung
- Transportmanagement (Land, See, Luft)
- Warehousemanagement
- Business Intelligence
- CRM
- Finanzbuchhaltung
- EDI (Datenkonvertierungen)
- Dokumentenmanagement und Archivierung
- Telematik
- Compliance

Wir unterstützen Sie bei der Analyse und Optimierung Ihrer Prozesse, bei der Planung und Umsetzung Ihrer Projekte, bei der Systemeinführung und im anschließenden Betrieb.

# Wir bieten

Logistiklösungen
von und mit den IT-Managern.

**Erfrischend einfach.**

# AEB

**AEB GmbH**
Julius-Hölder-Str. 39
70597 Stuttgart
Tel. +49 (0)711 72842-399
Fax +49 (0)711 72842-333
www.aeb.de

**Geschäftsführer:**
Jochen Günzel,
Markus Meißner

**Gründungsjahr:** 1979

**Mitarbeiter:** 360

**Standorte:**
Stuttgart (Hauptsitz), Hamburg, Düsseldorf, München, Soest, Leamington Spa (UK), Singapur, Zürich

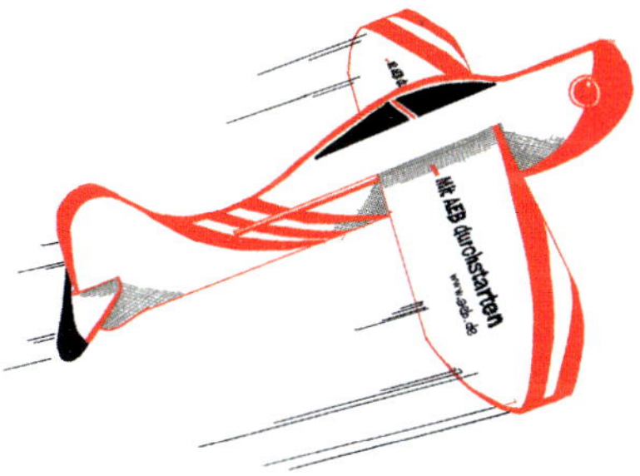


*Erfolgreich neue Märkte erschließen – effizient und sicher mit den Mittelstandspaketen von AEB.*

**Ansprechpartner:**
Susanne Frank
Tel. +49 (0)711 72842-399
E-Mail: info@aeb.de

## Wir über uns

Seit mehr als 30 Jahren ist das Stuttgarter Softwareunternehmen AEB erfolgreich am Markt. AEBs große Stärke ist die durchgängige IT-Unterstützung aller logistischen Prozesse mit einer Logistik-Suite.

AEB ist ein internationales Unternehmen mit über 6.000 Kunden in Europa, Asien und Amerika. AEB hat ihren Hauptsitz in Stuttgart, Geschäftsstellen in Hamburg, Düsseldorf, München und Soest sowie Tochterunternehmen in Zürich, Leamington Spa (UK) und Singapur.

### SCM und Zoll

Software-Lösungen von AEB unterstützen alle logistischen Teilprozesse: den Wareneingang, die Ein- und Auslagerung, das Kommissionieren und Verpacken, die Transport- und Zollabwicklung sowie das Frachtkostenmanagement.
Die Visibility & Collaboration Platform versetzt Firmen in die Lage, aktives Supply Chain Event Management zu betreiben und Transporte bis zum Endkunden zu überwachen und zu steuern.

## Produkte

### Logistiksuite ASSIST4

Mit der Logistik- und Außenwirtschaftssuite von AEB können Unternehmen ihre globalen Liefernetzwerke besser planen, steuern und überwachen.
Mit folgenden Komponenten:

- Visibility & Collaboration Platform
- Order Management
- Warehouse Management
- Transport & Freight Management
- Customs Management
- Compliance & Risk Management

### SaaS-Lösungen

Mittelständischen und kleinen Unternehmen bietet AEB Online-Lösungen für die wirtschaftliche Abwicklung ohne IT-Investitionen: für die elektronische Zollabwicklung, Sanktionslisten-Screening und Exportkontrolle sowie die elektronische Verbrauchsteuerabwicklung (EMCS).

## Neu im Portfolio

### Lösungspakete für den Mittelstand

AEB hat vier Lösungspakete speziell für die Anforderungen mittelständischer Unternehmen entwickelt. Die Pakete sorgen für mehr Effizienz und Sicherheit im Export und Versand und beinhalten neben der Software auch Einrichtungsservices, Betrieb und Finanzierung der Lösung.

- Das „Going-Global-Paket“ sorgt für die sichere Ausfuhrabwicklung, Exportkontrolle und Compliance Screening.
- Mit dem „Gegen-Steuern-Paket“ lassen sich die Vorteile des Zolllagers nutzen. Das steigert den Cashflow.
- Das „KMU-Logistik-Paket“ sorgt für effiziente, schnelle Versandprozesse.
- Das „Track-it-Portal-Paket“ ermöglicht die Sendungsverfolgung und proaktives Alerting.

### Version 4.0 Compliance & Risk Management

Die Version basiert auf modernsten IT-Standards und punktet mit neuem Look & Feel. Das Sanktionslistenangebot wurde erweitert (SECO-Liste) und die Arbeit mit Whitelists vermeidet unnötige Treffer.

arvato SYSTEMS

**arvato Systems GmbH**
An der Autobahn 200
33333 Gütersloh
Tel. +49 (0)5241 8080200
Fax +49 (0)5241 8080220
info@arvato-systems.de
www.arvato-systems.de
www.arvato-systems.de/de/lsp

**Geschäftsführer:**
Birger T. Aasland
Beate Bruelheide
Thomas Kathöfer
Dr. Michael Pesch (Vorsitzender)

**Gründungsjahr:** 1978

**Umsatz:** 308 Mio. Euro (2012)

**Mitarbeiter:** über 2.500

**Standorte:** Augsburg, Baden-Baden, Dortmund, Düsseldorf, Greven, Hamburg, Köln, Leipzig, München, Rostock, Walldorf sowie Österreich, China, Malaysia, Singapore und Thailand

SAP Gold Partner

SAP Business ByDesign

SAP® Certified in Hosting Services

SAP® Certified in Cloud Services

**Ansprechpartner:**
Matthias Martens
Director SAP
Tel. +49 (0)5241 8041940
matthias.martens@bertelsmann.de

## Wir über uns

arvato Systems bietet als Systemintegrator neben der Implementierung von Standard-Software maßgeschneiderte, branchenspezifische und individuell entwickelte Lösungen. Im Verbund der zum Bertelsmann Konzern gehörenden arvato, einem der führenden europäischen BPO-Anbieter, können wir gesamte Wertschöpfungsketten gestalten. Geschäftsprozesse werden in der IT abgebildet und mit den Dienstleistungen der arvato zu einem ganzheitlichen Leistungsangebot aus einer Hand zusammengeführt. Die Stärke des Unternehmens liegt in der intelligenten Kombination aus Systemintegration und Planung, Entwicklung, Betrieb sowie Betreuung von Systemen. Unsere Kunden schätzen die Verbindung von intensivem Branchen-Know-how, herstellerübergreifendem technologischem Wissen, gelebter Partnerschaft und echtem Unternehmergeist. Mit unserem Angebot sind wir der Wegbereiter für Ihre erfolgreichen Geschäfte.

## Leistungsspektrum

„Logistics Excellence – mit integrierten IT-Lösungen Supply Chains souverän meistern" – das ist unser Motto, unter dem wir Themen wie ERP- und CRM-Lösungen, Warehouse- oder Transportmanagement und IT-Supply-Chains-Lösungen erfolgreich integrieren. Weil wir seit Jahren Logistik leben, besitzen wir ein ausgeprägtes Gespür für unternehmensspezifische Notwendigkeiten und dauerhaft aktuelle Lösungen. Um immer in der Nähe unserer Kunden zu sein und das möglichst auf allen Kontinenten, verfügen wir über Standorte in verschiedenen Ländern der Erde.

## Branchen und Lösungen

- Logistik & Transport BEST4LOG-X
- Handel BEST4MAILORDER
- Nahrungs- und Genussmittel BEST4FOOD/BEST4MEAT
- Manufacturing & Industries

## Wir bieten

Management- und Prozessberatung IT und Logistik

- SAP Systemeinführungen: Planung, Implementierung und Realisation
- Business Reengineering SCM, WMS, TMS
- SAP-Add-ons und SAP-Entwicklung
- Managed Services

## Portfolio

- SAP ERP/CORE
- SAP SCM
- Logistics Consulting
- SAP Warehouse Management (EWM, LES)
- SAP Transportation Management (BEST4LOG-X, SAP TM)
- SAP CRM
- RF-/RFID-Engineering
- Pick-by-Voice/Pick-by-Light
- Materialflussrechner MFR
- $CO_2$-Bilanzierung
- Logistics Intelligence
- Lagersteuerung
- Einkaufsoptimierung und eSourcing
- SAP Versand- und Distributionsoptimierung
- Frachtkostenmanagement
- E-Commerce- und ERP-Integration
- Produktionsplanung und -steuerung

BISON

**Bison Schweiz AG**
Allee 1A
6210 Sursee (CH)
Tel. +41 (0)58 226 00 00
Fax +41 (0)58 226 00 50
mail@bison-group.com
www.bison-group.com

**Gründungsjahr:** 1983

**Umsatz:** CHF 100 Mio.

**Standorte Deutschland:**
Kaiserslautern, Hamburg, Kaarst

**Standorte Schweiz:**
Sursee (Hauptsitz), Puidoux

**Ihre Ansprechpartner:**
**Deutschland**
Stephan Rimensberger
Tel. +41 (0)58 226 03 90
stephan.rimensberger@bison-group.com

**Schweiz/Österreich**
Werner Rufli
Tel. +41 (0)58 226 06 33
werner.rufli@bison-group.com

## Über uns

Seit 30 Jahren sind wir auf die Entwicklung und Einführung betriebswirtschaftlicher IT-Lösungen in den Branchen

- Großhandel
- Retail
- Trading
- Agrar
- Stahl

spezialisiert. Mit 600 Mitarbeitenden sind wir groß genug für große Unternehmen und klein genug, um agil zu sein.
Als Hersteller modernster Software, die sich dynamisch den Prozessen anpasst und mit Schweizer Qualität entwickelt wurde, unterstützen wir die Einzigartigkeit unserer Kunden.

Gemeinsam mit unserer Partnerfirma, Bison IT Services AG, spezialisiert in Consulting, Engineering und Operations von IT-Infrastrukturen, bieten wir ein Gesamtangebot an Informatikleistungen.

## Kundennutzen

Mit den industriespezifischen Branchenmodellen stehen Ihnen «Best Practice»-Lösungen zur Verfügung, die an die individuellen Anforderungen adaptiert werden können.

Dank der offenen und modernen Java-Technologie können Änderungen im laufenden Betrieb vorgenommen werden. Dabei bleibt die Lösung 100% releasefähig.

Ihre Ansprechpartner sind ausgewiesene Branchenfachleute. Wir besprechen nicht Bits und Bytes, sondern Ihr Geschäft und wie wir Sie bei Ihren Business-Innovationen optimal unterstützen können.

## Service-Kompetenz

Wir sind Ihr Partner von der Einführung über die Schulung bis hin zum Betrieb. Ob als IT-Generalunternehmer oder als Anbieter einzelner Lösungen.

## Produkte

**Bison Process** ist unsere moderne branchenorientierte Business Software, bei der Ihre Unternehmensprozesse im Zentrum stehen. Branchenlösungen für den Großhandel, Retail und den Partie- und Importhandel (Trading).

**Bison Process Business Intelligence** gibt Ihnen einen raschen Überblick über die Schlüsselinformationen Ihres Unternehmens.

## Referenzen

Auszug aus der Referenzliste:

- KÖNIGSTAHL sp.z.o.o.
- Deutsche Raiffeisen-Warenzentrale (DRWZ)
- Eichenberger Gewinde AG
- fenaco-LANDI Gruppe
- Fressnapf
- Hügli Nährmittel AG
- InoTex Bern AG
- Novaflor AG
- Rutronik Elektronische Bauelemente GmbH
- Uiker-Gruppe
- Wasgau Dienstleistungs- und Logistik GmbH

CIM GmbH
Logistik–Systeme

**CIM GmbH Logistik-Systeme**
Livry-Gargan-Str. 10
82256 Fürstenfeldbruck
Tel. +49 (0)8141 51020
Fax +49 (0)8141 91199
info@cim.de
www.cim.de

*Niederlassung Berlin*
CIM GmbH Logisitk-Systeme
Straße der Pariser Kommune 38
10243 Berlin
Tel. +49 (0)8141 510291

*Niederlassung Münster*
CIM GmbH Logistik-Systeme
Am Tiergarten 73
48167 Münster
Tel. +49 (0)8141 510290

**Geschäftsführung:**
Dipl.-Ing. Fritz Mayr

**Mitarbeiter:** 55

**Referenzen (Auszug):**
Casio, ESG, Donaulager, Haberkorn, Meffert, Opel, Stiebel, WISAG, Gabor, Siemens, Hahne

**Messen und Events**
- **LogiMAT 2014,** Stuttgart
  Halle 5, Stand 338
- **CeMAT 2014**, Hannover
  Halle 13, Stand G15
- **transfairlog 2014**, Hamburg

## Wir über uns

Die CIM GmbH optimiert und verwaltet mit ihrem Warehouse-Management-System (WMS) PROLAG®World kleine und große Lager aller Branchen und Ausprägungen.

## Produkt

**PROLAG®World**, das in JAVA programmierte WMS, ist flexibel, standardisiert, modular, SAP-zertifiziert und wird jährlich vom Fraunhofer-Institut für Materialfluss und Logistik validiert. Optimale Prozesslösungen erreichen Sie über unsere Produktgruppen, die mit Spezialisierungspaketen und weiteren Modulen für alle Branchen erweiterbar sind. Funktionserweiterungen wie Staplerleitsystem, Automatikansteuerung, Lagercontrolling, Versandsystem und Datenkonverter decken Ihre Anforderungen optimal ab.

**PROLAG®World Basic**
... ist das branchenneutrale Basispaket mit allen Funktionen zur effizienten und modernen Lagerverwaltung – Ihr normaler Lagerbetrieb wird abgebildet, und zusätzliche Module oder weitere Branchenpakete können nach Bedarf zugeschaltet werden. Ein einfacher Einstieg und die Erweiterung auf zusätzliche Funktionalitäten sind möglich.

**PROLAG®World Handel**
... ist das erweiterte Basispaket, das auf Ihre Bedürfnisse als Händler ausgelegt ist. Störungsfreie, termingerechte und gebündelte Lieferungen von Herstellern und E-Commerce-Anbietern an Händler und Endkunden werden garantiert. Verwalten Sie mit PROLAG®World Handel Ihre Retouren, Chargen und Filialen.

**PROLAG®World Produktion**
... ist das erweiterte Basispaket, mit dem Sie den Warenfluss für die Produktionsversorgung und Fertigung steuern. Damit wird die Rückverfolgung möglich, Ihre Produktqualität steigt, die Lagerbestände werden reduziert. Die Kanbansteuerung sorgt für lückenlose und zeitgenaue Nachbevorratung in der Produktion.

**PROLAG®World HealthCare**
... ist das erweiterte Basispaket für den gesamten Gesundheitssektor. Die Stationsversorgung und mehrere Standorte werden damit verwaltet. Sie sichern die Medikamentenversorgung im Krankenhaus und verwalten Rezepturen. Als Produkterweiterung bieten wir Ihnen die Pakete Med, Pharma und Operationslogistik mit Modulen wie Mindesthaltbarkeitsdatum, Temperaturerfassung, Sterilgutlager u.v.m.

**PROLAG®World 3PL**
... ist das erweiterte Basispaket für Logistikdienstleister. Es bietet Ihren Kunden Blocklagerung, Stapelbarkeit, Kommissionier- und Entnahmestrategien. Mandantenfähigkeit und Standortverwaltung sind integriert und Lagergeldabrechnung über sämtliche Bereiche möglich. Die Zuschaltung passender Pakete wie z.B. Food, Chemie oder Paper mit Modulen zur Gefahrstoff-/Gefahrgutverwaltung, Mindesthaltbarkeitsdatum, Chargenverwaltung u.v.m. sind parallel möglich.

**Datenbanken:** Oracle, MS SQL
**Betriebssysteme:** Linux, MS Windows, VM Ware, HP-UNIX

**Alles aus einer Hand**
- projektbegleitende Beratung und Optimierung
- Prozessoptimierung
- Integrierte Softwarelogistiklösungen von der Planung bis zur Inbetriebnahme
- Systemschulungen
- Support
- Lieferung und Inbetriebnahme von ausfallsicheren Serverlösungen, Virtualisierung
- Netzwerk, MDE, Accesspoint, Drucker

DAKOSY
Datenkommunikationssystem AG

**DAKOSY Datenkommunikations-system AG**
Mattentwiete 2
20457 Hamburg
Tel. +49 (0)40 370030
Fax +49 (0)40 37003370
info@dakosy.de
www.dakosy.de

**Vorstand:**
Dieter Spark, Ulrich Wrage

**Gründungsjahr:** 1982

**Umsatz:** 26 Mio. Euro (2012)

**Mitarbeiter:** 160

**Standorte:** Hamburg, Freiburg

**Ansprechpartner:**
Evelyn Eggers
(Vertriebsleiterin)
Tel. +49 (0)40 3700310
eggers@dakosy.de

## Wir über uns

Als einer der führenden IT-Dienstleister für die Transportwirtschaft und die logistischen Bereiche von Handel und Industrie bietet die in Hamburg ansässige DAKOSY AG seit 1982 zukunftsweisende Lösungen an, insbesondere für die internationale Speditionsabwicklung (See, Luft) und die Zollabwicklung (ATLAS, ICS, EMCS, Europa).

Darüber hinaus ermöglicht DAKOSY seinen Kunden als Systemhaus und Clearing-Center die Nutzung vielfältiger IT- und Rechenzentrums-Services sowie die Abwicklung der gesamten B2B-Aktivitäten.

Über die hochmodernen Rechenzentren wickeln mehr als 2.200 Unternehmen weltweit ihre Geschäftskommunikation ab. Zu diesem Verbund gehören sowohl international agierende Handelshäuser, Markenartikler und Industrieunternehmen als auch Spediteure, Reedereien, Linienagenten, Verkehrsträger und Behörden (Zoll, Wasserschutzpolizei, Feuerwehr etc.).

Auch betreibt DAKOSY das Port Community System für den Hamburger Hafen. Alle in die Export-, Import- und Transitprozesse involvierten Unternehmen und Behörden können durch die Nutzung der Services und Anwendungen von DAKOSY ihre Transportprozesse schnell und elektronisch unterstützt abwickeln.

## Produkte

**ZODIAK ist für alle Zollverfahren in Deutschland (ATLAS), der Schweiz, Österreich und den Niederlanden zertifiziert** und wird von rund 1.300 Unternehmen aus Logistik, Industrie und Handel für die reibungslose und automatisierte Zollabwicklung genutzt.

### ZODIAK-ICS

Über ZODIAK-ICS können unsere Kunden die ICS-Anmeldungen mit den Zollbehörden von 23 EU-Staaten kommunizieren.

### ZODIAK-EMCS

Mit ZODIAK-EMCS kann das europäische IT-Verfahren, welches für den Transport verbrauchsteuerpflichtiger Waren unter Steueraussetzung erforderlich ist, in Deutschland, Belgien, den Niederlanden, Großbritannien und Irland bedient werden.

### CargoSoft

CargoSoft ist eine integrierte, national und international einsetzbare und plattformunabhängige **Speditionssoftware für die Luft- und Seefrachtabwicklung**. CargoSoft ist bereits bei über 400 Unternehmen auf den Kontinenten Europa, Asien, Afrika, Amerika und Australien im Einsatz.

Neben dem **Port Community System für den Hamburger Hafen**, das von DAKOSY betrieben wird, läuft unter der Projektleitung von DAKOSY zurzeit der Pilot von **„FAIR@Link" dem Cargo Community System für den Frankfurter Flughafen**.

Viele weitere **Services für die Verkehrsträgerabwicklung (Bahn, Lkw und Feeder) sowie für die Gefahrgutabwicklung** runden die Anwendungspalette optimal ab.

## Wir bieten

- Expertenwissen seit über 30 Jahren
- Fachliche und technische Beratung und Unterstützung für Projekte entlang der Supply Chain
- Individualentwicklungen und Standardlösungen
- Offene Schnittstellen zu ERP-Systemen

**dbh Logistics IT AG**
Martinistr. 47 – 49
28195 Bremen
Tel. +49 (0)421 30902-0
Fax +49 (0)421 30902-57
www.dbh.de
info@dbh.de

**Vorstand:**
Reimund Ott, Marco Molitor

**Gründungsjahr:** 1973

**Umsatz:** 15,7 Mio. Euro

**Mitarbeiter:** 150

**Standorte:**
Bremen, Dortmund, Dresden, Hamburg, Wilhelmshaven und Würzburg.

**Ansprechpartner:**
Vertrieb
Tel. +49 (0)421 30902-700
sales@dbh.de
www.dbh.de

## Wir über uns

**Seit mehr als 40 Jahren Experten für Logistik-IT.**

Wir, die dbh Logistics IT AG (dbh), sind einer der führenden Dienstleister für Beratung und Software in der Logistik.

Kernkompetenz ist die Entwicklung von Branchenlösungen für Industrie und Handel, Spedition und Logistik sowie Schifffahrt und Hafen.

Das Portfolio reicht von Beratung und Konzeption über Entwicklung und Umsetzung bis hin zu Hosting und Support. Im hauseigenen Rechenzentrum in Bremen betreibt dbh sowohl einzelne Anwendungen als auch komplexe IT-Infrastrukturen und SAP-Systeme.

## Wir bieten

- Langjähriges Expertenwissen und Branchen-Know-how
- Fachliche und technische Beratung
- Entwicklung von Individuallösungen und Standardsoftware
- Hosting im dbh-eigenen Rechenzentrum
- Fachlich und technisch qualifizierten Support

## Referenzen

Mehr als 2.400 Kunden aus Industrie, Handel und Transportwirtschaft, u.a.

- Bitburger
- Fiege Deutschland
- Hamburg Süd
- Fossil Distribution
- Kathrein-Werke
- MAN Truck & Bus
- Steiff
- Tchibo
- Wincor Nixdorf

## Unsere Lösungen

### Zoll & Außenhandel

- Internationale Zollabwicklung
- EU-Vorabanmeldung
- Lieferantenerklärung, Präferenzkalkulation und Warenursprung
- AEO-Beratung

### Compliance & Risk Management

- Sanktionslistenprüfung
- Exportkontrolle
- Tarifierung

### Spedition & Logistik

- Speditions- und Transportmanagement
- Versandsystem
- Raten- und Tendermanagement

### Schifffahrt & Hafen

- Import, Export und Transshipment
- Kommunikation, Transportmanagement und Disposition für schienengebundenen Güterverkehr
- Containeravisierung für Landtransporte
- Services (u.a. Schiffsinformationssystem, Hafenauftragsabwicklung)

### SAP

- Softwareerweiterungen
- SAP Global Trade Services
- SAP-Beratung

Mehr Informationen:
www.dbh.de

EHRHARDT + PARTNER

**Ehrhardt + Partner GmbH & Co. KG**
Alte Römerstraße 3
56154 Boppard-Buchholz
Tel. +49 (0)6742 8727-0
Fax +49 (0)6742 8727-50
info@ehrhardt-partner.com
www.ehrhardt-partner.com

**Technologie-partnerschaften:**

- SAP
- IBM
- Vocollect
- Motorola
- PTV
- Cisco
- Oracle
- Microsoft

**Ansprechpartner:**

Marco Ehrhardt
Tel. +49 (0)6742 8727-0
info@ehrhardt-partner.com

LFS.
Warehouse Management by E+P

# Wir über uns

### Unternehmensprofil

Ehrhardt + Partner ist einer der international führenden Experten für Warehouse-Logistik mit mehr als 250 Mitarbeitern an sechs Standorten.

Die Ehrhardt + Partner-Gruppe bietet integrierte Gesamtlösungen für die Warehouse-Logistik aus einer Hand. Konzipiert für den professionellen Einsatz in der Praxis, werden alle Produkte permanent auf höchstem Niveau weiterentwickelt. Die Produkte zeichnen sich daher durch eine sehr hohe Qualität aus und bieten den Kunden Zukunfts- und Investitionssicherheit.

Weltweit schätzen mehr als 450 Kunden die fundierte lagertechnische Beratung, das umfangreiche Expertenwissen in der Warehouse-Logistik, ein professionelles Projektmanagement, kurze Projektlaufzeiten, tagesgenaue Inbetriebnahmen sowie einen zuverlässigen Support. Aktuell finden sich mehr als 700 Lagerstandorte aller Branchen auf der Referenzliste der Unternehmensgruppe.

### Auswahl an Referenzen

Antalis, DHL, Erdinger, Fiege, Förstina Mineralquellen, Fressnapf, Galliker, Haribo, Hellmann, Heurich, Hörmann, Homann, Hügli, IBM, Kühne + Nagel, Kraftverkehr Nagel, Lasselsberger, Lohmann + Rauscher, Meyer-Werft, NGK, Nissin, Rossmann, Rhön-Sprudel, Seeberger, Simon Hegele, Trinks, Ulla Popken, Vita Zahnfabrik, Wortmann

# Produkte und Dienstleistungen

Die Logistiklösungen der E+P-Gruppe umfassen das Lagerführungssystem **LFS**, den Materialfluss-Controller **LFS.mfc**, die Transportation-Management-Lösungen **LFS.tms**, den Pick Manager **LFS.pm** zur effizienten, sprachgesteuerten Kommissionierung sowie Datenfunklösungen, Lagerplanung und -consulting, Hosting und Cloud Services, kundenspezifische Individuallösungen und Warehouse-Seminare.

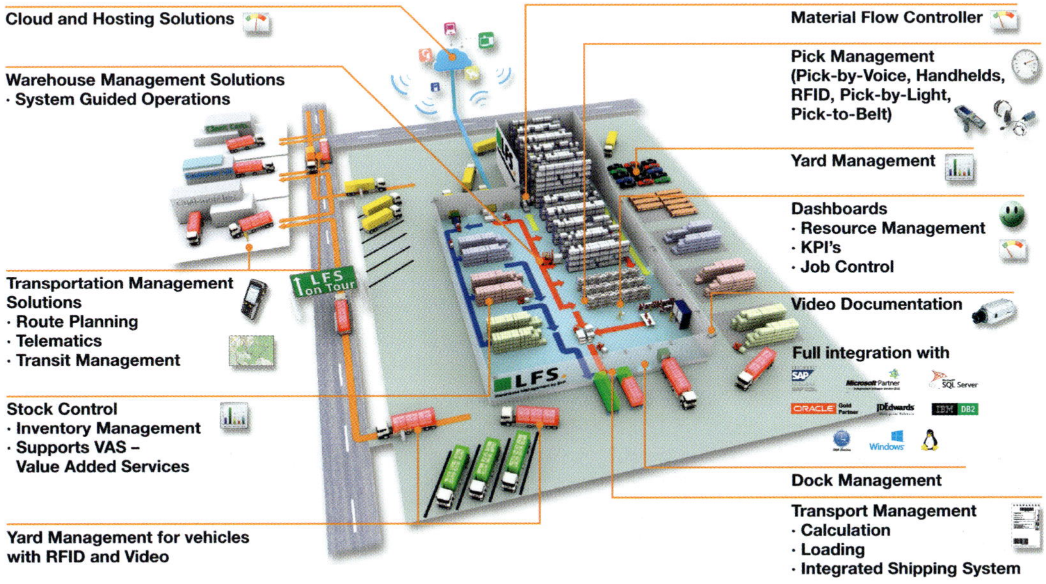

**EIKONA AG**
Am Alten Bahnhof 8
97332 Volkach
vertrieb@eikona-logistics.de
www.eikona-logistics.de

**Vorstand (Vorsitz):**
Manuel Drescher

**Gründungsjahr:** 2001

**Mitarbeiter:** 50 (2013)

**Standorte:** Volkach, Röthlein

**Ansprechpartner:**
Stefan Mende
Vertrieb
Tel. +49 (0)9381 71778-13
vertrieb@eikona-logistics.de

## Wir über uns

EIKONA ist der Anbieter für Logistiklösungen aus der Cloud. Unsere jahrzehntelange Erfahrung aus der internetbasierten Software-Entwicklung und das umfassende Wissen unserer Logistik-Fachleute bilden die solide Basis für die Funktionen der Plattform.

Unsere Software macht komplexe Prozesse einfach beherrschbar. Deshalb ist die Plattform in viele kleinere Module unterteilt, die beliebig kombinierbar sind. Neben der Bedienbarkeit legen wir sehr großen Wert auf die Kosteneffizienz für unsere Kunden.

### Für alle

Entlang der gesamten Wertschöpfungskette reihen sich viele Teilnehmer. Sie arbeiten in einem riesigen, international agierenden Netzwerk zusammen – von der Beschaffung über die Produktion bis hin zur Distribution. Jeder, der an dieser Supply Chain beteiligt ist, konzentriert sich auf seine Kernkompetenz. Dadurch entstehen komplexe Logistiknetzwerke, deren Erfolg von durchgängigen Informationen abhängt. Mit unseren Lösungen ermöglichen wir eine gemeinsame, unternehmensübergreifende Sicht auf die vorhandenen Informationen. Über sofort verfügbare Schnittstellen lässt sich der Datenaustausch einfach, zuverlässig und effizient in die bestehenden Systeme aller Partner integrieren. Durch unsere Webtechnologie sind unsere Lösungen schnell und kostengünstig ohne großes IT-Projekt verfügbar.

## Unsere Logistikplattform

Die modulare Plattform bietet Ihnen zahlreiche Funktionen.

Die Wichtigsten sind:

- Ordermanagement
- Avisierung/Avis-Monitor
- Gemeinschaftliche Planung/Disposition
- Datenaustausch
- Handy Tracking (BYOD)
- SCM-Monitor
- Track & Trace/SCEM
- Zeitfenster-Buchung
- Kundenportal
- Kennzahlen
- Frachtenbörse
- Behältermanagement
- Hub-Lösungen

### Mehr als Software

Unsere Fachleute aus dem EIKONA Systemhaus unterstützen und beraten Sie bei der Umsetzung Ihrer Logistik-Projekte. Das Know-how deckt dabei sämtliche Anforderungen der Branche ab: von der Beratung während der Bauphase und Ausstattung von Logistik-Hallen über die Einrichtung komplexer Scan-Lösungen bis hin zum 24/7 Support über unsere Profi-Hotline.

## Referenzen (Auswahl)

- CargoLine GmbH & Co. KG
- E.L.V.I.S. AG
- IDS Logistik GmbH
- Schäflein AG
- PROFEX COURIERSYSTEM GmbH

G.I.B
SUCCESS IS A PROCESS

**G.I.B Gesellschaft für Information und Bildung mbH**
Birlenbacher Straße 18
57078 Siegen
www.gibmbh.de

**Geschäftsführer:**
Michael Schuster

**Gründung:** 1992

**Ansprechpartner:**
Gerlinde Comisel
gcomisel@gibmbh.de
Tel. +49 (0)271 89038-0
Fax +49 (0)271 89038-99

SAP® Certified
Integration with SAP Applications

SAP Partner™

## Wir über uns

Als innovativer Software-Hersteller bieten wir unseren renommierten, internationalen Kunden seit mehr als 20 Jahren ganzheitliche **Beratung und Entwicklung** aus einer Hand.

So gelingt es uns durch weitreichende Erfahrungen und individuelle Lösungsansätze, rund um das Themengebiet Optimierung logistischer Prozesse in SAP, stets die Bedürfnisse unserer Kunden optimal abzubilden.

Neben der Kompetenz in der Konzeption und Realisierung, können wir zudem durch persönlichen Service und Support überzeugen.

Unser Premium-Produkt, das G.I.B Dispo-Cockpit begeistert Logistiker aus Europa, den USA und Fernost. Für viele Unternehmen und Konzerne ist die SAP-zertifizierte Software zu einem festen Bestandteil ihrer Prozesssteuerung und ihres Controllings geworden.

## Produkte

**G.I.B DISPO-COCKPIT**
ist ein durch SAP zertifiziertes Add-On. Ohne Schnittstellenproblematik und ohne Investition in weitere Hardware, integriert G.I.B Dispo-Cockpit die logistischen Prozesse nahtlos in SAP. Dies ermöglicht eine enorm kurze Implementierungszeit. G.I.B Dispo-Cockpit ergänzt den SAP Standard mit wichtigen dispositiven Funktionen und Methoden zur Bestands- und Prozessoptimierung. Somit steigert der Einsatz von G.I.B Dispo-Cockpit langfristig Ihren Wettbewerbsvorteil.

**G.I.B ABAP PROGRAMMIER-TEMPLATES**
sind bis ins Detail auscodierte Programmier-Schablonen im Umfeld der SAP-Control-Technik, die lediglich eines ABAP/4-Grundwissens bedürfen. Auch die Anwendungsgebiete sind breit gefächert: Sie reichen von ALV-Technologien über Neuentwicklungen, das Umschreiben von Altanwendungen, moderne Reports bis hin zur Möglichkeit der Erstellung komplexer Transaktionen mit Hilfe von Containern, Dialogboxen, Grafiken und HTML-Controls. Als hochmodernes und innovatives Entwicklungstool ermöglichen die Templates Profis und Anfängern eine effiziente Programmgestaltung in SAP im einheitlichen Look-and-Feel auf höchstem Niveau.

## Ihr Nutzen

- Optimierung Ihrer logistischen und dispositiven Prozesse
- Kostensenkung durch Bestandsoptimierung
- Verbesserung Ihrer Lieferbereitschaft und damit bessere Kundenbindung
- Mehr Transparenz für Ihre Prozesssteuerung
- Stressfreies Arbeiten durch anwenderfreundliche Bedienoberfläche
- Ausbau von Wettbewerbsvorteilen
- Fundierte Analysen als Basis strategischer Entscheidungen
- Optimierte Bedarfsplanung durch vielfältige Prognosen

GOB
SOFTWARE & SYSTEME

**GOB Software & Systeme**
Europark Fichtenhain A4
47807 Krefeld
Tel. +49 (0)2151 349-3000
Fax +49 (0)2151 349-1120
info@gob.de
www.unitop-lvs.de

**Geschäftsführer:**
Heinz Bellen
Andreas Wessels

**Gründungsjahr:** 1965

**Mitarbeiter:** >250

**Standort:** Krefeld

**GOB-Kunden:**
Versandhandel
Großhandel
Logistik/Fulfillment

**Ansprechpartner:**
Christian Blenkers
Büro +49 (0)2151 349-1151
Mobil +49 (0)151 14655 123
christian.blenkers@gob.de

## Wir über uns

Die GOB zählt zu den größten und erfolgreichsten Microsoft Dynamics-Partnern weltweit. Als innovativer Software- und Systemintegrator entwickelt die GOB für mittelständisch strukturierte Unternehmen und Organisationen umfassende Branchenlösungen, die auf Microsoft Dynamics NAV basieren.

**Das vollintegrierte Lösungskonzept *unitop* ERP deckt dabei alle branchenspezifischen Anforderungen von Unternehmen aus Groß- und Versandhandel, Logistik sowie Industrie umfassend ab.**

Darüber hinaus bietet die GOB ihren Kunden Speziallösungen für CRM, EDI, Dokumentenmanagement, Business Intelligence, Workflows sowie Webshops und Portallösungen.

### *unitop* LVS – effizient, transparent und zuverlässig

*unitop* LVS erweitert unitop ERP um spezielle Funktionen für eine effiziente Lagerlogistik. Das LVS ist eine branchenübergreifend einsetzbare Lösung, die reibungslos ineinandergreifende Lager- und Unternehmensprozesse und größtmögliche Flexibilität gewährleistet – vom Wareneingang über alle Arbeitsschritte im Lager bis hin zum Versand oder zur Bereitstellung in der Produktion.
Denn ganzheitliche, transparente und anpassungsfähige Prozesse sind die Basis für eine schnelle Warenverfügbarkeit, hohe Qualität und perfekten Service. Benötigtes Datenmaterial liefert ***unitop*** LVS dem Anwender dabei durch eine fortlaufende Kontrolle der Lagerprozesse sowie durch eine permanente Inventur.

Mit ***unitop*** LVS bietet die GOB Handels- und Produktionsunternehmen sowie Logistikdienstleistern eine maßgeschneiderte Lösung zur Optimierung und Kostenreduzierung im Lager und leistet damit einen entscheidenden Beitrag zur Wettbewerbsfähigkeit ihrer Kunden. Die Software kann in bestehende Microsoft Dynamics-NAV Umgebungen integriert werden. Maximale Flexibilität wird ferner durch den hohen Parametrisierungsgrad der Software ermöglicht – ***unitop*** ERP ist modular aufgebaut und ist so kostengünstig projektspezifisch erweiterbar.

### *unitop* LVS bietet unter anderem:

- Auftragssteuerung und Leitstand
- Moderne Kommissioniersysteme (MDE, Pick-by-Voice, Pick-by-Light, Multi-Order-Picking)
- Staplerleitsystem mit Doppelspiel
- ATLAS-Schnittstelle
- KEP-Dienstleister-Schnittstelle
- Materialflussrechner-Schnittstelle
- Ladungsträgerverwaltung
- Logistikcontrolling
- …

Microsoft Partner
Gold Enterprise Resource Planning

GROUP

www.ifd-group.com

**iFD AG**
Schulstraße 38
09125 Chemnitz

**Gründungsjahr:**
1990

**Mitarbeiter:**
72 (iFD Group)

**Standorte**
- Chemnitz
- München
- Sofia
- Singapur
- Moskau (ab 2014)

SYSTEM 2013 VALIDIERT WAREHOUSE LOGISTICS

International Certification TÜV THÜRINGEN CERT ISO 9001:2008 15 100 7324 TIC

**Ansprechpartner**
Daniela Kaiser
Vertrieb
Tel. +49 (0)371 53880-25
daniela.kaiser@ifdag.de

## Wir über uns

Mit mehr als 20 Jahren Erfahrung und umfassendem Branchen-Know-how in der Intralogistik bietet die iFD AG ein breites Spektrum an innovativen Softwarelösungen für die Lagerlogistik. Unsere Kompetenz haben wir in über 190 branchenunabhängigen Softwareprojekten weltweit unter Beweis gestellt.

Realisiert wurden Projekte von der klassischen Lagerverwaltung über Materialflusssteuerungen mit Hochverfügbarkeitsanforderungen bis hin zu Kommissionieranlagen mit Pick-by-Light/Pick-by-Voice.

Wir sind ein kompetenter Partner, wenn es um die Entwicklung passgenauer Softwarelösungen und die Migration von Altsystemen geht.

Gern arbeiten wir auch als Generalunternehmer und binden unsere zuverlässigen Partner aus den Bereichen Fördertechnik/Anlagenbau und SPS-Automatisierung ein.

## Leistungsspektrum

**Wir bieten Ihnen ein Full-Service-Paket aus:**

- Beratung und Planung
- Simulation
- Hardwarekonzeption
- Softwareentwicklung
- Visualisierung
- Inbetriebnahme
- Schulung
- Wartung & Support

## Produkte

- **Lagerverwaltung**
  vom Mini-Lagerverwaltungssystem bis zur komplexen Lagerverwaltung inkl. -steuerung für hochautomatisierte Anlagen bietet die modular aufgebaute Software immer die passende Lösung
- **Materialflusssteuerung**
  prioritätengesteuerte Koordination und Einlastung von Transportaufträgen zur optimalen Auslastung von schnellen und hochgradig komplexen Materialflussanlagen inkl. Visualisierung und Simulation
- **Staplerleitsystem**
  zur wege- und auftragsoptimierten Steuerung der Staplerflotte; übergreifende Einplanung und Zuweisung der Aufträge für eine effiziente Auslastung der Stapler und eine durchgängige Prozesstransparenz
- **Kommissioniersysteme**
  Steigerung der Kommissionierqualität und der Leistung durch belegloses Kommissionieren mit Pick-by-Light und Pick-by-Voice
- **Systemmonitoring**
  proaktive und transparente Überwachung der Anwendungssysteme mit sofortiger Fehlerbehebung

## Neu im Portfolio:

- **Energiemanagement**
  System zur Analyse und Minimierung des Energieverbrauchs in Logistikanlagen

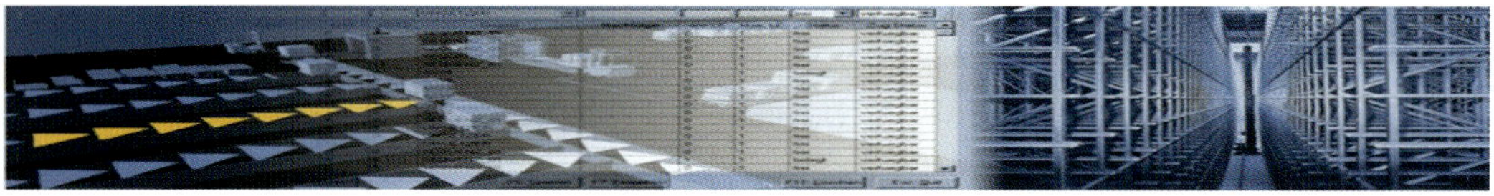

**IGZ Logistics + IT GmbH**
Logistikweg 1
95685 Falkenberg
Tel. +49 (0)9637 9292-0
Fax +49 (0)9637 9292-110
info@igz.com
www.igz.com

**Gründungsjahr:** 1999

**Mitarbeiter:** ca. 240

**Geschäftsführung:**
Dipl.-Ing. W. Gropengießer
Dipl.-Ing. (FH) J. Zrenner

**Ihr Ansprechpartner:**
Holger Häring
+49 (0)9637 9292-0
info@igz.com

## Wir über uns

IGZ, das hoch spezialisierte SAP-Projekthaus für Logistik und Produktion, bietet aus einer Hand alle Leistungen zur Steuerung und Optimierung von Logistik- und Produktionsprozessen auf Basis der SAP-Module SAP EWM/MFS, SAP TM, SAP LES/TRM und SAP ME/MII.

Über 300 mittelständische Unternehmen und Großkonzerne aus ganz Europa zählen zu den Kunden von IGZ. Branchenschwerpunkte bilden Handel, Industrie, Chemie/Pharma, Lebensmittel und Logistikdienstleister.

## Nutzen

- Anbieter-Unabhängigkeit durch Einsatz vorhandener SAP-Standardsoftware
- Sicherstellung Anlagenleistung durch Simulations-/Emulations-Testtools
- Kostenreduzierung mit SAP-Eigenleistungen und SAP Know-how-Transfer
- Reduzierung Schnittstellen, Systeme und Kosten durch einheitliche SAP-Systemlandschaft
- Ein Ansprechpartner für SAP, SPS und Mechanik (Generalunternehmer)

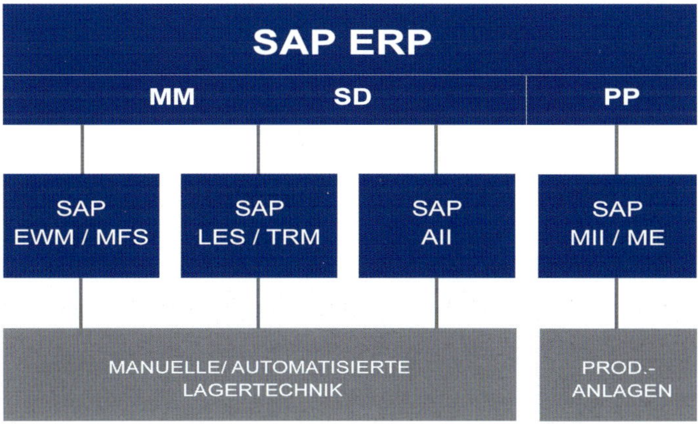


## Key Facts

**SAP-Zertifizierungen der IGZ**
- SAP Supply Chain Management (SCM)
- SAP Supply Chain Execution (SCE)
- SAP Manufacturing Execution
- SAP Logistics Automation
- SAP für Prozessindustrie
- SAP Logistics Service Provider

## Leistungsspektrum

Das IGZ-Leistungsspektrum umfasst von der strategischen SAP-Einsatzberatung in Produktion und Logistik über die anschließende SAP-Realisierungsunterstützung bis zur Anlagentechnik-Integration und GU-Verantwortung für hoch automatisierte Anlagen alle Bereiche eines SAP-Logistikprojektes.
- SAP EWM/MFS – Extended Warehouse Management
- SAP LES/TRM – Logistics Execution System
- SAP MII/ME – Manufacturing Integration & Intelligence und Manufacturing Execution
- SAP TM – Transportation Management
- SAP AII – Auto-ID Infrastructure

IGZ integriert automatisierte Logistik- und Produktionsanlagen herstellerunabhängig und leistungsverantwortlich mit SAP, wie z.B.
- Lager- und Materialflusssysteme wie AKL, HRL, EHB, FTS, Shuttlesysteme, etc.
- Kommissioniersysteme wie Pick-by-Voice, Pick-by-Light
- mobile Datenerfassungssysteme für Produktion und Logistik (MDE, Voice, …)
- Produktionsanlagen und Maschinen (MDE, BDE, …)
- Radio Frequency Identification (RFID)

**Infor**
Hollerithstraße 7
81829 München

Infor vereint die Vorteile eines globalen Unternehmens mit lokaler Präsenz und Expertise:

- Mehr als 70.000 Kunden
- 168 Infor-Niederlassungen in 38 Ländern
- Ressourcen für Implementierung und Support in mehr als 194 Ländern
- Mehr als 12.700 Mitarbeiter weltweit, davon 3.550 im Bereich Entwicklung, 3.620 in der Beratung und 1.600 im Kundensupport

Weitere Informationen unter www.infor.de/loesungen/scm

**Ihr Kontakt:**
Deutschland: 0800 6646344
Österreich: 0800 005502
Schweiz: 0800 001739
Kontakt@infor.com
www.infor.de

## Wir über uns

Infor geht völlig neue Wege, wie Informationen in Unternehmen verteilt und genutzt werden. Das Unternehmen hilft über 70.000 Kunden in 194 Ländern, ihre Geschäftsprozesse zu verbessern, Wachstum voranzutreiben und sich schnell auf neue Geschäftsanforderungen einzustellen.

## Leistungsspektrum

Infor Supply Chain Management (SCM) setzt konsequent auf spezifische Lösungen mit hoher Funktionstiefe, die zu einem individuellen Funktionspaket kombiniert werden können. Die integrierten und dennoch modularen Lösungen decken die Lieferkette sowohl auf strategischer und taktischer als auch auf operativer Ebene ab. Berücksichtigt werden dabei die Anforderungen aus der Perspektive der Industrie, des Handels, der Logistik und der Logistikdienstleister.

## Produkte

**Infor Sales & Operations Planning** verknüpft den betriebswirtschaftlichen und strategischen Geschäftsplan und ermöglicht einen ganzheitlichen Blick auf Bedarf, Produktionskapazitäten, Bestände und Finanzen. Die Planung ist in einen unternehmensweiten Workflow eingebettet, Kennzahlen-Dashboards lassen sich dabei rollenbasiert gestalten.

**Infor Demand Planning** stellt Prognosen über die Nachfrageentwicklung in Grafiken dar und berücksichtigt saisonale Schwankungen, Trends oder Bedarfsanstiege. Der Effekt von Werbeaktivitäten auf nachfolgende Lieferungen wird nachvollziehbar gemacht.

**Infor Advanced Planning & Scheduling** optimiert alle Aspekte der Lieferkette innerhalb eines Betriebs oder über verschiedene Standorte hinweg. Ausgehend von Kundennachfrage und Prognosen berücksichtigt sie Beschränkungen wie Anlagekapazität, Personal oder begrenzte Produkthaltbarkeit. Die optimierte Anlagenbelegung mittels Rüst- und Reihenfolgenbildung sichert eine hohe Produktivität und jederzeitige Flexibilität auch in der Kurzfristplanung.

**Infor Supply Chain Execution** (SCE) bietet in einer Anwendung die transparente Lagerverwaltung und Personalplanung sowie Transportmanagement und Lagergeldabrechnung. Die Nutzung von Infor SCE erfolgt orts-, zeit- und systemunabhängig – einfach über einen Internet-Browser – und ist somit jederzeit und überall einsatzbereit.

**Infor Warehouse Director** ist eine App für das iPad, mit welcher Mitarbeiter eine Echtzeit-Übersicht über alle Aktivitäten innerhalb des Lagers erhalten. Anwender können so z.B. das erwartete Arbeitsvolumen, Bestandsmengen und Lagerorte mit einem Fingerwisch abfragen – direkt im Lager oder von unterwegs.

Über die **Infor Technologie ION** (Intelligent Open Network) lässt sich Infor SCM schnell und einfach mit vorhandenen ERP-Systemen integrieren.

## Referenzen

Gut 1.600 Unternehmen in 40 Ländern weltweit setzen bereits auf die SCM-Lösungen von Infor. Zu den Kunden zählen bekannte Unternehmen aus allen Branchen – wie LEONI Bordnetz Systeme, General Motors, Friesland Campina, DHL, die Warsteiner Brauerei und QVC.

**ISI Automation GmbH & Co. KG**
SBU Industrial IT
Langenbruch 6
32657 Lemgo
Tel. +49 (0)5261 97470-0
Fax +49 (0)5261 97470-100
info@isi-automation.com
www.isi-automation.com

**Geschäftsführung:**
Frank Marek, Frank Labes, Michael Kunz

**Gründungsjahr:** 2008 (Nachfolge der seit 1985 bestehenden MB Konstruktion GmbH)

**Mitarbeiter:** 35

**Standorte:**
Lemgo und Extertal

**Ansprechpartner:**
Frank Marek, Frank Labes, Michael Kunz

## Wir über uns

Die ISI Automation GmbH & Co. KG bietet mit ISIPlus® intelligente Lösungen für Produktion und Intralogistik. Die Umsetzung von anspruchsvollen Aufgabenstellungen der Automation, von Fertigungsabläufen, Materialflüssen, Krananlagen, Hochregallagern und Produktionslinien werden von ISI Automation vollständig durchgeführt.

Die integrierte Lösung ISIPlus® bietet ein komplettes Portfolio für die Umsetzung der Prozesse von der Fertigungsfeinplanung, der Produktion und Intralogistikautomation.

## Leistungsspektrum

Die eigene Automatisierungstechnik rundet das Leistungsspektrum der ISI Automation hinunter bis zur Maschinenebene ab. Planung, Konstruktion und Herstellung von Elektroanlagen sowie SPS-Programmierung von der Angebotsphase über die Realisierung bis hin zur Fertigstellung eines Projekts erhält der Kunde alles aus einer Hand.

Als besonderes Highlight ist die Prozesslösung ISIPlus® ein zentraler Bestandteil des Leistungsspektrums. Das gesamte Spektrum der Intralogistikprozesse wird hiermit in einem Tool abgebildet. Hierzu gehören sämtliche Vorgänge, um mit automatischer Fördertechnik und Gewerken der Verpackungs- und AutoID-Technik Waren automatisch zu konfektionieren und versandfertig bereitzustellen.

Als leistungsstarke Komponente auf Basis von Industrie 4.0-Technologie wird mit ISIPlus® eine nahtlose Kommunikation aller mit dem Prozess beteiligten Komponenten sichergestellt. Mit diesen Fähigkeiten werden alle Prozesse zuverlässig gesteuert und eine Transparenz in Echtzeit bereitgestellt.

## Produkte

ISIPlus® Intelligente Systeme für die Industrie

- Lagerverwaltungssystem
- Materialflusssteuerung
- MES Manufacturing Execution System
  - Fertigungsleitsystem
  - Produktionsfeinplanung
  - Betriebsdatenerfassung
  - Maschinendatenerfassung
  - Shop Floor Control System
- Dashboard für Produktion und Logistik

**Automatisierung und IT aus einer Hand**

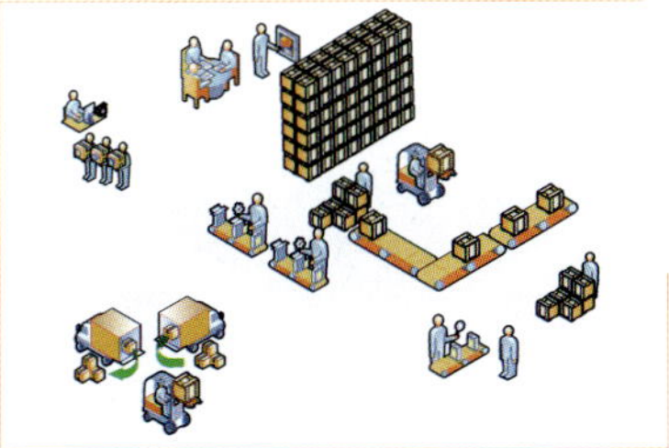

Intelligente Systeme für die Industrie

Advanced Planning and Scheduling
Lagerverwaltung
Materialflussrechner
Betriebsdatenerfassung
Personalzeitmanagement
Fördertechnik - Steuerung
RBG Steuerung
Anlagenmodernisierung

**IWL AG**
Hörvelsinger Weg 62/1
89081 Ulm
Tel. +49 (0)731 14050-0
Fax +49 (0)731 14050-50
www.iwl.de
info@iwl.de

**Vorstand:** Ralph Ehmann

**Gründungsjahr:** 1985

**Mitarbeiter:** 30

**Standort:** Ulm

**Kooperationen international:**
IWL repräsentiert die Unternehmensgruppe SCG The Supply Chain Group AG

**Ansprechpartner**
Michael Muhsal
Prokurist
Tel. +49 (0)731 14050-13
michael.muhsal@iwl.de

## Wir über uns

Seit über 25 Jahren sind wir als Beratungs- und Planungsunternehmen mit dem Schwerpunkt Fabrikplanung und Logistik tätig.

## Leistungsspektrum

Komplettlösungen für Produktion und Logistik mit den Schwerpunkten der Prozessoptimierung in der Supply Chain.

Neben der tatsächlichen Lösung betreuen wir auch die Umsetzung in der Datenverarbeitung sowie die erforderlichen baulichen Maßnahmen.

Durch das breite Spektrum ineinandergreifender Dienstleistungen können Sie sich weltweit von der ersten Studie bis zur Inbetriebnahme des Projektes auf einen leistungsstarken und kompetenten Partner verlassen.

### Kernkompetenzen

- Logistik und Produktion
- Organisation und Systeme
- Healthcare Logistics
- Gebäudeplanung
- Projektmanagement
- Auswahl und Einführung von Lagerverwaltungssystemen

## Wir bieten

- Online-Vergleich von WMS: WOLF www.wmsfinder.com
- Cloud WM-Systeme: Einsatzmöglichkeiten und Nutzen
- SAP-Logistik-Module: Einsatzmöglichkeiten und Nutzen
- Prozessdefinition und -optimierung
- Anforderungsprofile und Lastenhefte für WMS inkl. SAP und Cloud-Lösungen
- Auswahl des optimal passenden WMS
- Projektmanagement für die Implementierung
- Durchführung von Inhouse-Tests
- Test-On-Site: Testvorbereitung und -durchführung
- Schulungen
- Unterstützung der Anlaufphase
- Abnahme der Systeme

## Ihr Nutzen

- Reduzierte Kosten durch optimierte Prozesse
- Nachhaltiger Wettbewerbsvorsprung durch intelligente Lösungen
- Flexibilität für wirtschaftliches Wachstum

## Branchen

- Pharma und Kosmetik
- Automotive (OEM und Zulieferer)
- Informationsträger und Verlagswesen
- Konsumgüter
- Nahrungsmittel
- Textil
- Ersatzteilwesen
- Energieversorger
- Logistikdienstleister
- öffentliche Auftraggeber
- Healthcare

JOTA®
Warehouse IT-Solutions

**JOTA GmbH**
Am Waldeck 11
63571 Gelnhausen
Tel. +49 (0)6051 481110
Fax +49 (0)6051 48114810
info@jota-gmbh.com
www.jota-gmbh.com

## Wir über uns

Basierend auf 20 Jahren Erfahrung im Bereich Intralogistik unterstützt die Firma JOTA GmbH mittelständische Unternehmen bei der Optimierung ihrer internen Logistikprozesse.

Mit individueller Analyse und Beratung erarbeitet JOTA eine für die jeweilige Umgebung passende IT-Unterstützung. Dabei kommt als Basis das CASSIS WMS zum Einsatz, welches praxiserprobte Module für Wareneingang, Bestandsverwaltung, Kommissionierung und Versand beinhaltet. Dank Features wie Chargenverfolgung, MHD-Verwaltung oder dem Berücksichtigen von Lagerklassen zur Gefahrstofflagerung findet CASSIS in nahezu allen Branchen Anwendung.

Optionale Module wie Materialflusssteuerung, Staplerleitsystem, Zeiterfassung, Videoüberwachung und Zeitfenstermanagement erhöhen Produktivität und Transparenz der Prozesse.

Standards der GS1 wie EAN128 und EDI-Kommunikation sowie Schnittstellen zu gängigen ERP-Systemen wie SAP sind implementiert.

Mit dem Support via 24/7 Hotline werden höchste Service Level Ansprüche erfüllt.

## Produkte

### CASSIS®-WMS Warehouse-Management-System

Ermöglicht die Mehrlagerbewirtschaftung und ist mandantenfähig. Geeignet für Gefahrgut und fast alle Branchen einschließlich Pharma und Lebensmittel. RFID wird unterstützt.

### CASSIS®-FLS Fahrzeug-Stapler-Leitsystem

Steuert die Prioritäten im Nachschub sowie im Warenein- und -ausgang. Zeigt die Auslastung und ermöglicht die beleglose Kommunikation per Datenfunk und Terminals.

### CASSIS®-MFS Materialflusssteuerung

Reorganisieren und Optimieren vorhandener Anlagen, ohne deren Austausch und unabhängig vom Anlagenhersteller. Einsetzbar mit beliebigen Planungs- und Verwaltungssystemen.

### CASSIS®-ZES Zeiterfassung

Erweitertes Controlling durch Zuordnung der effektiven Personalkosten zu den Warenbewegungen. Vollständige Personalzeiterfassung als integrierter Teil des WMS.

### CASSIS®-ZMS Zeitfenster-Management

Offene Internet-Plattform zur Planung von LKW-Ankunftszeiten in Abhängigkeit der Ressourcen wie Personal, Tore oder Maschinen. Tagesschwankungen werden ausgeglichen.

### CASSIS®-VDS Video Dokumentation

Dokumentation aller Verladeprozesse mit sinnvoller Indexierung für einen schnellen Zugriff auf die gesuchten Filmsequenzen. Die Komprimierung sorgt für geringen Speicherbedarf.

WMS Warehousemanagementsystem

FLS Fahrzeugleitsystem

MFS Materialflußsystem

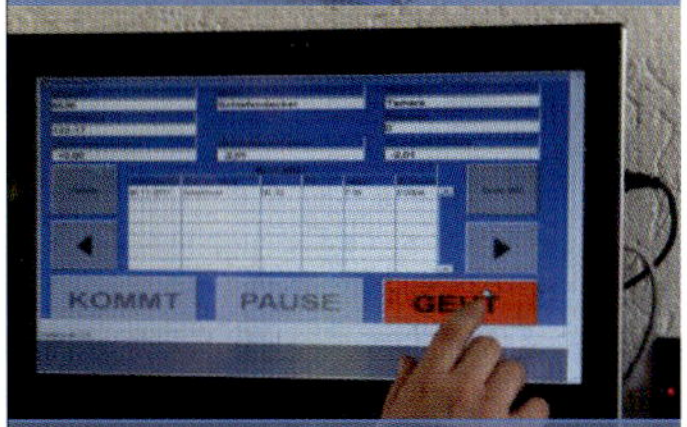

ZES Zeiterfassungssystem

ZMS Zeitfenstermanagement

VDS – Videodokumentation

**JUNGHEINRICH**
Machines. Ideas. Solutions.

**Jungheinrich Vertrieb Deutschland AG & Co. KG**
Am Stadtrand 35
22047 Hamburg
Tel. 0800 222 585858
(deutschlandweit kostenfrei)
info@jungheinrich.de
www.jungheinrich.de

**Gründung:** 1953

**Umsatz:** > 2,2 Mrd. Euro (2012)

**Mitarbeiter:** ca. 11.300

Die Jungheinrich-Aktie wird an allen deutschen Börsen gehandelt.

**Ansprechpartner**
Dr. Alexander Ulbrich
Jungheinrich Logistiksysteme GmbH
Warehouse Management Systeme
Steinbockstraße 38,
85368 Moosburg

## Wir über uns

Die Jungheinrich AG mit Stammsitz in Hamburg ist einer der drei größten Anbieter in den Bereichen Flurförderzeug-, Lager- und Materialflusstechnik weltweit. Als produzierender Dienstleister und Lösungsanbieter der Intralogistik steht das 1953 gegründete Unternehmen seinen Kunden mit einem umfassenden Produktprogramm an Staplern, Logistiksystemen, Dienst- und Beratungsleistungen zur Seite.

Mit 32 eigenen Vertriebs- und Servicegesellschaften in Europa, Asien und Amerika einem dichten Händlernetz in weiteren 64 Ländern, setzt die Jungheinrich AG auf einen weltweiten, leistungsstarken Direktvertrieb und ist somit in rund 100 Ländern vertreten.

## Leistungsspektrum

Jungheinrich hat das Geschäftsfeld Logistiksysteme mit der neuen Spartengründung deutlich ausgebaut. Die Entwicklung kundenindividueller Lösungen steht für das Unternehmen hierbei im Vordergrund.

Angefangen von der manuellen und automatischen Lagerneuplanung bis hin zur Optimierung von bestehenden Lagern werden unter Berücksichtigung von Kosteneinsparungspotenzialen bisher unentdeckte Lösungswege entwickelt.

Jungheinrich bietet alle Schritte von der Materialflussberatung über die Planung und professionelle Projektierung bis hin zur Realisierung und Systemintegration.

Manuelle Lagersysteme mit Jungheinrich WMS und Datenfunk oder vollautomatische Lagersysteme mit Regalbediengeräten sind nur ein paar der möglichen Kombinationen für die individuelle Lagergestaltung. Als Generalunternehmer begleitet Jungheinrich den Kunden während den kompletten Projektstufen – auch über die Inbetriebnahme hinaus – und steht dem Kunden mit einem persönlichen Ansprechpartner für alle logistischen Gewerke zur Seite.

Mit der Fertigstellung des neuen Produktionswerks für Lager- und Systemgeräte in Moosburg bei München verfügt Jungheinrich über sechs Produktionsstätten deutschlandweit. Seit September 2013 laufen die Stapler im weltweit zurzeit modernsten Werk für Lager- und Systemfahrzeuge vom Band.

Um eine noch bessere Versorgung der zentralen Absatzregion Asien mit regionalspezifischen Produkten zu gewährleisten, verfügt Jungheinrich zusätzlich über ein Produktionswerk in Qingpu nahe Shanghai.

## Wir bieten

Ein dichtes Service-Netzwerk von mehr als 3.700 mobilen Service-Technikern und einem „Rund um die Uhr Service" gewährleistet den Kunden weltweit schnelle Reaktionszeiten, kurze Wege und eine optimale Betreuung.
Über das zentrale Ersatzteillager in Kaltenkirchen und zwei Regionallager ist die In-Night-Versorgung mit Ersatzteilen innerhalb Europas gesichert. Der asiatische Markt wird über ein weiteres zentrales Ersatzteillager in Shanghai versorgt.

## Referenzen

www.jungheinrich.de/logistik-software/warehouse-management-system

**K+H Software KG**
Industriestr. 2a
82110 Germering
Tel. +49 (0)89 894410-0
Fax +49 (0)89 894410-89
info@kh-software.de
www.kh-software.de

**Geschäftsführer:** Arne Claßen

**Gründungsjahr:** 1985

**Standort:**
Germering bei München (D)

**Mehr Transparenz im Rechnungswesen für Logistiker**

**Ansprechpartner:**
Sabrina Rammelt
Marketing/PR
Tel. +49 (0)89 894410-11
Fax +49 (0)89 894410-89
marketing@kh-software.de

## Wir über uns

Als unabhängiges Softwarehaus entwickelt die K+H Software KG seit 1985 Premium-Anwendungen für den Mittelstand. Die Lösungen Finanzbuchhaltung, Anlagenbuchhaltung, Kostenrechnung und Controlling sind national sowie international in über 40 Ländern im Einsatz.
Die Kunden der K+H Software KG sind mittelständische Unternehmen, überwiegend aus den Branchen Logistik, Handel, Fertigung, Maschinenbau, Verlagswesen, Textil und Gastronomie.

## Referenzen

## Leistungsspektrum

Die webbasierte und damit plattformneutrale Anwendung fimox wurde modular und integriert mit den Kernfunktionen **Finanzbuchhaltung, Anlagenverwaltung, Kostenrechnung und Controlling** entwickelt.
Internationale Unternehmen profitieren von der länderübergreifenden Erfahrung der K+H Software KG und den Vorteilen eines mehrsprachigen Kontenstammes und Anwendung, den parallelen Bewertungsarten mit Berichtswesen, der Kursverwaltung und den **verschiedenen Länderversionen**.
Einen wichtigen Stellenwert nimmt dabei das Controlling ein: Excel-Ausgaben, flexibles Berichtswesen mit variablen Spalten- und Zeilenberichten, Informations-Drill Down bis zum Einzelbeleg oder dem integrierten, aussagefähigen OLAP Analyse-System für die Entscheidungsträger.

## Produkte

**fimox Finanzbuchhaltung**
Die geschäftsprozessorientierten Abläufe werden workflow- und rollenbasiert unterstützt. Wesentlich für die Anwendung ist die schnelle Bewältigung hoher Transaktionen, die Integrierbarkeit in führende Systeme, der zentrale mehrsprachige Kontenstamm und das flexible und aussagekräftige Berichtswesen.

**fimox Anlagenverwaltung**
Die Anlagenverwaltung gibt einen vollständigen und verlässlichen Überblick über das Inventar mit immateriellen und materiellen Anlagevermögen und dessen tatsächlichen Wertefluss im Unternehmen.

**fimox Kostenrechnung**
Mit der Kostenrechnung, welche in die Finanzbuchhaltung integriert ist und vom Anlagevermögen die kalkulatorischen Informationen erhält, werden u.a. einfach und schnell Gemeinkosten verteilt, DB Rechnungen, BAB und KER erstellt.

**fimox Finance Intelligence**
ist ein MS SQL serverbasiertes Analyse-System. Es wurde für Controller, Entscheidungsträger und die Chefetage konzipiert, und wird von der Datenquelle der Finanzbuchhaltung versorgt.

## Wir bieten

- Paralleles Buchen mit Leistungs-Monat und Buchungsperiode
- Mischkonten-Thematik bei Spediteuren
- Mehrsprachige Schreiben
- Forderungs-Controlling
- Limit-Kontrolle

**KARDEX Deutschland GmbH**
Megamat-Platz 1
86476 Neuburg/Kammel
Tel. +49 (0)8283 999-0
Fax +49 (0)8283 999-144
contact.remstar.de@kardex.com
www.kardex-remstar.com

**Geschäftsführer:**
Martin Heinemann,
Jochen Kern,
Manfred Schleicher

**Gründungsjahr:** 1977

**Standorte:** über 30 weltweit

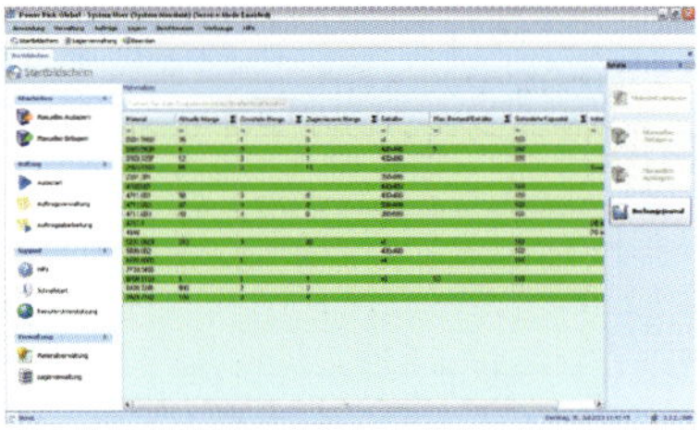

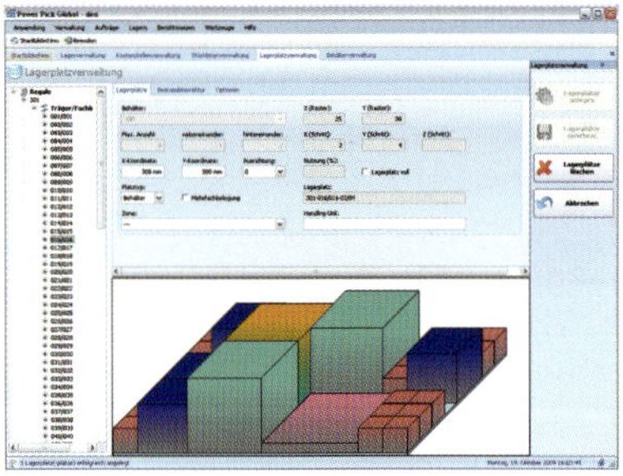

**Ansprechpartner:**
Udo Schulz
Solution & Product Manager
Tel. +49 (0)8283 999-153
udo.schulz@kardex.com

# Wir über uns

Kardex Remstar entwickelt, produziert und unterhält dynamische Lager- und Bereitstellungssysteme. Das Unternehmen ist ein führender Anbieter von Lagerliften, Kommissioniersoftware und Life Cycle Services. Kunden aus allen Industriezweigen verwenden Lösungen von Kardex Remstar, um ihre intralogistischen Prozesse transparenter und einfacher zu gestalten sowie nachweisbar Platz und Prozesskosten zu sparen. Die Kunden von Kardex Remstar kommen aus allen Branchen, wie zum Beispiel Automotive, Elektronik, Chemie/Pharma, Handel, Maschinenbau oder Gesundheitswesen.

Kardex Remstar verfügt über zwei Produktionsstandorte in Deutschland (Neuburg und Bellheim). Der Intralogistikanbieter hat bis heute rund 140.000 dynamische Lagersysteme auf der ganzen Welt erfolgreich implementiert. Mit einem ausgedehnten Verkäufer- und Händlernetz ist Kardex Remstar in über 30 Ländern aktiv und beschäftigt rund 1.200 Mitarbeiter weltweit.

Weitere Informationen unter: www.kardex-remstar.com

# Leistungsspektrum

## Softwarelösung Power Pick Global:

### Cleverstore 1000

**Die clevere Lösung für das Lagern, Bereitstellen und Bestandsverwalten von Artikeln:**
Cleverstore 1000 ist die Lösung für das einfache Lagern und Bereitstellen von Materialien. Neben der Verwaltung von Lagerplätzen und -beständen, sorgen verschiedene Protokolle und Reports für einen reibungslosen Ablauf im Lager. Die Software ist auch die optimale Ergänzung zu den dynamischen Lagersystemen von Kardex Remstar.

### Smartpick 5200

**Die Lösung für die Verwaltung und Bearbeitung von Kommissionieraufträgen – speziell für die Elektronikindustrie:**
Smartpick 5200 ist die Lösung für das Kommissionieren speziell in der Elektronikindustrie. Insbesondere wurde der Fokus auf das spezielle Handling für SMD-Bauteile gelegt. Zum Beispiel wird bei der Einlagerung die Charge/Seriennummer erfasst und bei der Auslagerung dann die korrekte Charge/Seriennummer vorgegeben. Eine Fehlentnahme ist damit nicht mehr möglich!

### Smartpick 6000

**Effizientes Kommissionieren mit hohen Pickraten:**
Smartpick 6000 ist die Lösung zur Unterstützung von verschiedenen Kommissionierstrategien. Das Multi-Order-Picking (Batching) führt mehrere Aufträge zu einem Sammelauftrag zusammen, um ein Material, das für mehrere Aufträge benötigt wird, nur einmal picken zu müssen. Danach wird das Material mit den geforderten Mengen den Einzelaufträgen zugeteilt. Beim Multi-User-Picking führen mehrere Bediener die Entnahme aus dem Lagersystem gleichzeitig aus. Durch automatisierte Lichtsysteme werden sie zur entsprechenden Auftragsbox geführt. Eine Fehlbedienung wird somit auf ein Minimum reduziert.

## Vorteile beim Einsatz unserer Lösungen auf einen Blick:

- Erweiterung der Lagerfläche um bis zu 75 %
- Erhöhung der Lagerdichte um bis zu 35 %
- Verringerung der Bedienfehler auf 0 %
- Erhöhung der Präzision auf 99 %.

**KASTO Maschinenbau GmbH & Co. KG**
Industriestr. 14
77855 Achern
Tel. +49 (0)7841 61-0
Fax +49 (0)7841 61-111
kasto@kasto.de
www.kasto.de

**Geschäftsführer:** Armin Stolzer

**Gründungsjahr:** 1844

**Umsatz:** 110 Mio. Euro

**Mitarbeiter:** 600

**Standorte:** Deutschland, Frankreich, Großbritannien, Schweiz, USA

**Ansprechpartner:** Melanie Reichert

## Wir über uns

Die KASTO Maschinenbau GmbH & Co. KG ist einer der führenden Hersteller von Bügel-, Band- und Kreissägemaschinen einschließlich vollautomatischer Sägezentren und Lagersysteme. Das 1844 in Achern gegründete Familienunternehmen ist weltweit aktiv und rüstet Industrie- und Stahlhandelsunternehmen mit Säge- und Lagertechnik „made by KASTO" aus. Über 130.000 gelieferte Sägemaschinen und über 1.400 installierte Langgut- und Blechlagersysteme sprechen für sich. KASTO hält weltweit ca. 140 Patente und setzt mit einem perfekten Mix aus Mechanik und Elektronik auf Kompetenz sowohl im Bereich Hardware als auch in der Software.

## Leistungsspektrum

KASTO stellt Sägemaschinen für alle drei Sägeverfahren (Bügel-, Band- und Kreissägen) beginnend bei einfachen Werkstattmaschinen über leistungsstarke Sägemaschinen für die industrielle Fertigung bis hin zu Hochleistungssägeautomaten für die Großserienindustrie her. Seit 1972 bietet das Unternehmen Metall-Langgut- und Blechlagersysteme mit und ohne integrierte Sägemaschinen an.
Seit über zwei Jahrzehnten wird im Hause die Software der zunehmend komplexer werdenden Säge- und Lagersysteme selbst programmiert und weiterentwickelt. Daraus entwickelte sich ein umfangreiches Produktportfolio rund um die Themen Lagerverwaltung, Materialflusssteuerung und Schnittoptimierung.

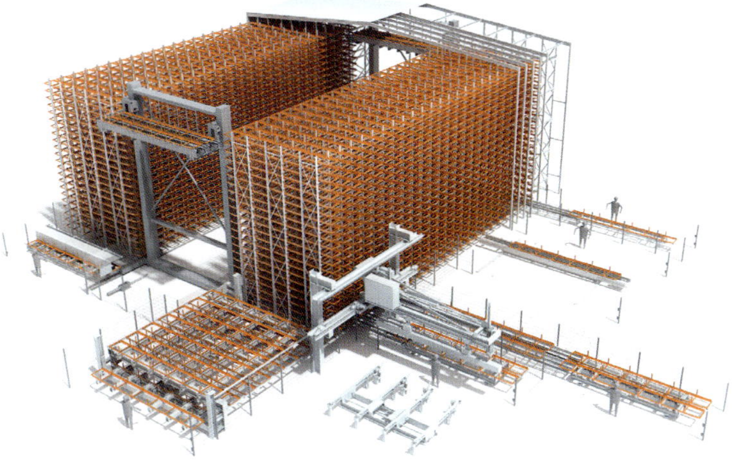

## Produkte

- Lagerverwaltungssoftware
- Materialverwaltung
- Auftragsverwaltung
- Chargenorganisation
- Permanente Inventur
- Pick & Pack, Etiketten
- Mandanten
- Kunden-Gestellverwaltung
- Manuelle/externe Lager
- EMail-Benachrichtigung
- Rechnerkopplung zu übergeordneten PPS-/ERP-Systemen (z.B. SAP)
- Anbindung von Säge- und Blechbearbeitungsmaschinen
- Handlingsgeräte (Manipulator, Roboter)
- Schnittoptimierung
- Anlagen-Simulation
- Teleservice/Fernwartung

## Unsere Kompetenz

Wir bieten Ihnen maßgeschneiderte Softwarelösungen einschließlich Projektplanung, Entwicklung und Umsetzung alles aus einer Hand. Ein umfassender Kundenservice rundet das Leistungsspektrum ab und bildet die Grundlage für eine langanhaltende nutzenstiftende Partnerschaft.

**Klug GmbH**
**integrierte Systeme**
Lindenweg 13
92552 Teunz
Tel. +49 (0)9671 9216-0
Fax +49 (0)9671 9216-112
www.klug-is.de
klug@klug-is.de

**Geschäftsführer:**
Dipl.-Ing. Johann Klug
Dipl.-Ing. Roman Sorgenfrei

**Gründungsjahr:** 1995

**Mitarbeiter:** 310 (2013)

**Standorte:**

- Teunz, Hauptsitz
- Altishofen (Schweiz)
- San Sebastián de los Reyes/ Madrid (Spanien)

Weiteres Vertriebsbüro:

- Venlo (Niederlande)

**Ihr Ansprechpartner:**
Ramiro Martínez
Head of Sales
Tel. +49 (0)9671 9216-0
markt@klug-is.de

## Wir über uns

Die Kernkompetenzen von Klug GmbH integrierte Systeme liegen in der ganzheitlichen Lösung von Intralogistik-Aufgaben im Bereich der Lager- und Kommissioniertechnik sowie der Versandabwicklung und Automatisierung. Von der Datenanalyse und Simulation bis zur Generalunternehmer-Abwicklung werden Projekte modular als Gewerke oder komplett realisiert. Projektierung, Projektleitung sowie Elektrotechnik und Software für manuelle, teilautomatisierte und vollautomatisierte Logistiksysteme kommen als Kernkompetenzen aus einer Hand.

## Leistungsspektrum

- Generalunternehmer mit Funktionsverantwortung
- Planung und Projektierung
- System-Simulation und System-Emulation
- Logistik-Management-System iWACS® für
  - · Lagerverwaltung
  - · Kommissionierung
  - · Versandabwicklung
  - · Visualisierung
- Steuerungstechnik
  - · Basis-Automation
  - · Anlagensteuerung
  - · Anlagenvisualisierung
- After Sales Service 24 h / 7 d

## Produkte

**iWACS®** – modulares Softwarekonzept vom Wareneinbis Warenausgang:

| | |
|---|---|
| **.WM** | Warehouse Management |
| **.MFC** | Material Flow Control |
| **.MIS** | Management Information System |
| **.MON** | Monitoring |
| **.P2X** | Picking |
| **.SAV** | Service, Analysis & Visualisation |
| **.STT** | Shipping, Tracing & Tracking |
| **.TRM** | Transport Resource Management |

## Referenzen

Branchenübergreifende Auswahl: AhorraMás, Almacenes Lázaro, Also, Arla, arvato media, Cofares, Express Gifts, Fiebig, Findel Education, Frit Ravich, Fronius, Grass, Horsch, Knauf, Linhardt, Lüdecke, Medi, Ocado, Partner Logistics, Prinz, Reemtsma – Imperial Tobacco, Rupp, Still, Swarovski, Tremco illbruck, UniPhar, Voigt, Wago, Zentis, ZF Trading

iWACS®

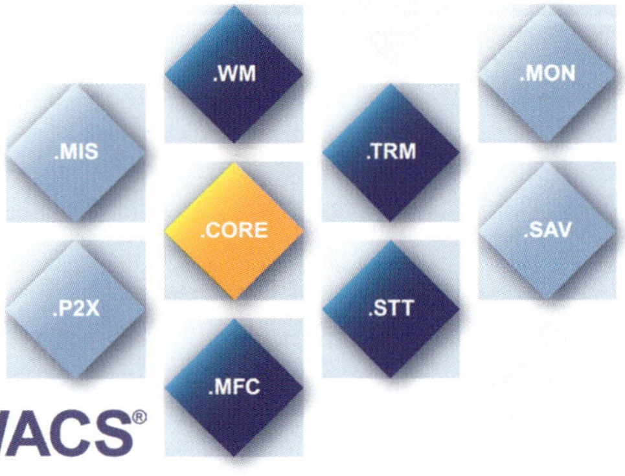

**KNAPP AG**
Günter-Knapp-Straße 5-7
8075 Hart bei Graz (A)
sales@knapp.com
www.KNAPP.com

**Umsatz:** 379,5 Mio. EUR

**Mitarbeiter:** weltweit 2.300

**Standorte:**
Headquarters Graz/Österreich, KNAPP Deutschland in Heusenstamm bei Frankfurt, Niederlassungen weltweit

**Ansprechpartner:**
Wolfgang Ferk
Head of Software Sales
Tel. +43 (0)316 495 4611
wolfgang.ferk@knapp.com

## Wir über uns

Die KNAPP AG zählt zu den führenden Anbietern intralogistischer Komplettlösungen und automatisierter Lagersysteme. Mit mehr als 1.500 aktiven Systemen und einer neuen Inbetriebnahme alle vier Tage ist KNAPP der führende europäische Software-Anbieter für leistungsfähige Logistiklösungen.

## Solution Provider

Als „Solution Provider" liefert KNAPP alles aus einer Hand. Das Leistungsportfolio reicht von der Konzeption und Entwicklung über die Umsetzung als Systemanbieter bzw. Generalunternehmer bis hin zur umfassenden Nachbetreuung nach Abnahme der Projekte. KNAPP bietet mit KiSoft (KNAPP integrated Software) eine skalierbare Software, die alle Anforderungen im Lager vom Wareneingang bis zum Warenausgang, vom manuellen über teilautomatisiert bis vollautomatisierten Lager abdeckt.

### Standard-System mit umfangreichen Features

KiSoft ist das führende Standard-System im Lager mit mehr als 1.700 Standardfeatures und steht mit spezifischer Branchenausprägung in den einzelnen Funktionalitäten zur Verfügung. Die permanente Überwachung aller Prozesse gewährleistet eine proaktive Optimierung und garantiert damit einen Mehrwert gegenüber herkömmlichen Lagerverwaltungs- und Lagersteuerungssystemen.

### Einfache Integration im intralogistischen System

Die Software zeichnet sich durch die flexible Integration von Automatisierung sowie das einfache Ausrollen auf mehrere Standorte aus. Klar definiertes Releasemanagement und die problemlose Integration bestehender Komponenten sind selbstverständlich. Bestandssysteme können ohne Unterbrechung des Betriebs nahtlos abgelöst werden. KNAPP bietet auch jenen Kunden eine bestmögliche Gesamtlösung, die aus IT- und Lizenzüberlegungen eine SAP-basierte Lösung in der Intralogistik präferieren.

### Hohe Investitionssicherheit

KNAPP bietet eine hohe Investitionssicherheit, durch eine mehrjährige Entwicklungsroadmap und investiert jedes Jahr mehrere Millionen Euro in die Weiterentwicklung der Software.

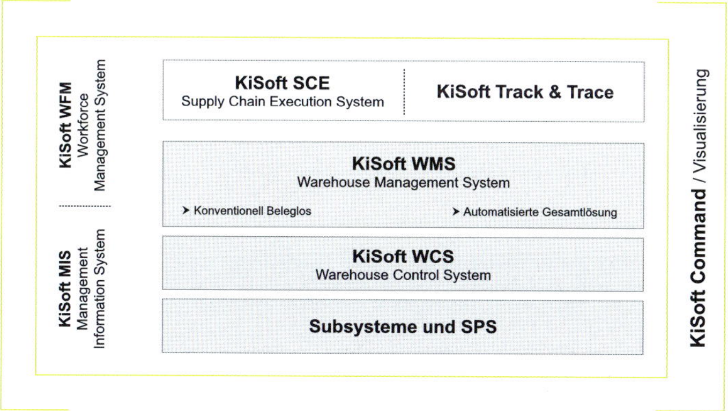


## Ihr Nutzen

Ihre Prozesse stehen im Mittelpunkt unserer logistischen Gesamtlösungen. Das Prozess-Know-how zeichnet die KNAPP-Experten besonders aus.

## Referenzen

Clarks, DB Schenker, Dennree, HAVI Logistics, Olymp, Luxottica, Noweda ProServ, REWE, Spar, Würth etc.

## Branchen

Pharma, Fashion, Retail (Food/Non-Food), Cosmetics, E-Commerce/Multichannel, Tools & Spares, 3PL, Media, Office und Tobacco

**MIC Customs Solutions**
Hafenstr. 24
4020 Linz (A)
Tel. +43 (0)732 778496-0
Fax +43 (0)732 778496-600
sales@mic-cust.com
www.mic-cust.com

**Gründungsjahr:** 1988

**Mitarbeiter:** 210+

**Standorte:**
Linz (HQ), Österreich
Salzburg, Österreich
Erlangen-Tennenlohe, Deutschland
Schaffhausen, Schweiz
Southfield, MI, USA
Vancouver, WA, USA

**Ansprechpartner:**
Rainer Roll
Director Sales & Marketing EMEA
Tel. +43 (0)732 778496-243
sales@mic-cust.com

## Wir über uns

MIC Customs Solutions ist der weltweit führende Anbieter für globale Zolllösungen – eingesetzt von 700+ Kunden, in 45+ Ländern.

Egal ob Global Player, mittelständischer Betrieb oder Logistikdienstleister – MIC Software hilft Ihnen, Zeit zu gewinnen und Geld zu sparen.

Wir liefern Ihnen 1 System, 1 Datenbank, 1 Benutzeroberfläche, 1 Wartung weltweit als Inhouse-Lösung oder als Software as a Service (SaaS).

## Produkte

### MIC CUST® – Globales Zollmanagement für 45+ Länder

- Import, Export, Single Authorization for Simplified Procedures (SASP)
- Zolllager, Aktive/Passive Veredelung, Freihandelszone, Umwandlung
- automatische Erstellung der Einfuhranmeldung aus der Ausfuhranmeldung
- New Computerized Transit System NCTS, Intrastat (für alle 28 EU-Länder)

### MIC ECM – Export Control Management

Produkt- und länderbezogene Exportkontrolle sowie Sanktionslistenprüfung

- Prüfung gegen Güter-, Personen- und Länderlisten
- Identifizierung von Genehmigungspflichten u.v.m.

### MIC CCS – Weltweite automatisierte Produkttarifierung

- Automatisierte Tarifierung von Artikeln für mehrere Länder inkl. Verwaltung zollrelevanter Artikeldaten
- Produkttarifierung für ein neues Land basierend auf der eines anderen Landes
- Massen-Umtarifierung gem. Korrelationstabellen
- Produkttarifierung anhand eines Entscheidungsbaumes
- Zuordnung der Warenklassifizierung (AL, ECCN)
- Schnittstellen zu Tarifquellen für 120+ Länder

### MIC OCS – Ursprungskalkulation & Verwaltung von Lieferantenerklärungen

- Automatische Kalkulation des präferenziellen Warenursprungs
- „Was-wäre-wenn" Kalkulationen
- Lieferantenerklärungen via Internetportal
- Stichprobenkalkulation
- Integration MIC CUST®/ MIC CCS
- Unterstützt 75+ Freihandelsabkommen
- Mahnwesen zur Einforderung ausständiger Lieferantenerklärungen und Ursprungszeugnisse.

### MIC ZOLARIS & MIC TRAMPER@Zoll

Komplettlösungen AT/DE/CH für eine schnelle, einfache und integrierte Zollabwicklung.

### MIC EMCS – Verbrauchssteuer

EU-weite Softwarelösung für das elektronische Versandverfahren für verbrauchssteuerpflichtige Waren unter Steueraussetzung.

## Services

Bei MIC kümmern sich mehr als 210 Fachleute verschiedenster Bereiche um Ihre Anliegen – Täglich. Rund um die Uhr. Rund um die Welt.

**proLogistik GmbH + Co KG**
Fallgatter 1
44369 Dortmund
Tel. +49 (0)231 5194-0
Fax +49 (0)231 5194-94
www.proLogistik.com
info@proLogistik.com

**Gründungsjahr:** 1983

**Geschäftsführung:**
Heidi Kühnert,
Jörg Kühnert,
Jörg Sänger

**Umsatz:** 14,5 Mio. € (2012)

**Mitarbeiter:** 120

**Standorte:**
Dortmund, Hamburg

**Ansprechpartner:**
Monika Möller
Tel. +49 (0)231 5194-0
marketing@proLogistik.com

## Wir über uns

Als Logistik-Systemhaus garantiert proLogistik den optimalen Einsatz Ihrer Ressourcen in den Bereichen Lagerverwaltung und Materialflusssteuerung, vom Wareneingang bis zum Warenausgang. Und das seit über 30 Jahren!

Dabei setzen wir auf Soft- und Hardware aus einer Hand, umfassendes Logistik-Know-how, lückenlosen Service und eine kompromisslose Kundenorientierung. Als Systemanbieter betreuen wir mit mehr als 120 Mitarbeitern über 580 Installationen weltweit.

proLogistik handelt nach dem Motto: „Komplexe Prozesse – einfach gelöst!“. Mit unseren LVS-Baukastenprinzip haben wir für jeden Kunden die richtige LVS-Lösung. Als Logistik-Systemhaus bieten wir – neben standardisierten Softwarelösungen mit kundenspezifischen Add-On Modulen – hochwertige, speziell für den industriellen Einsatz entwickelte Hardwarekomponenten.

Made in Germany: Wir von der proLogistik sind einer der führenden Anbieter im Bereich sprachgestützter Dialogsysteme (Pick-by-Voice). Wir entwickeln und fertigen unsere Hardwarekomponenten, wie z. B. Voice-Clients sowie mobile Bordcomputer und Terminals, für den industriellen Einsatz in Dortmund.

## Leistungsspektrum

- Lagerverwaltungssysteme – verschiedene Branchenlösungen
- Beleglose Kommissioniersysteme
- Automatisierte Staplerleitsysteme/Transportleitsysteme (ASL/SLS)
- Sprachgestützte Dialogsysteme (Pick-by-Voice / Move-by-Voice)
- Mobile Datenerfassung (MDE)
- Analysen und Planungen
- Pflichtenhefterstellung und -umsetzung
- Installation/Inbetriebnahme
- Schulung
- Wartung und Support

## Produkte

**pL-Store®**
Lagerverwaltungssystem für u.a. Handel, Industrie, Getränkehandel und Dienstleister

**pL-Store® Foodline**
LVS-Software für die Lebensmittelbranche (LEH und GVS)

**pL-Store® Techline**
LVS-Software für die Branchen Sanitär, Baustoff und technischer Großhandel

**pL-Kom**
Beleglose Kommissionierung

**pL-Trans**
Selbstlernendes Staplerleitsystem

**pL-Mat**
Materialflusssteuerung

**pL-Report**
Statistik & Logistikkennzahlen

**pL-Leitstandsmodule**
U.a. mit Personal-Leitstand, Prämienlohnsystem, Reporting-Tool

**pL-Voice**
Pick-by-Voice-Kommissionierung

**pL-Pick & Guide**
Duale Kommissionierung

**pL-Pick & Pack**
Kommissionierung in volumenberechnete Versandkartons

**pro-V-pad Classic**
Robuster Industrie-PC (IP65)

**pro-V-pad Steel**
Industrietauglicher IPC (IP67)

PSI Logistics

**PSI Logistics GmbH**
Dircksenstraße 42-44
10178 Berlin
Tel. +49 (0)30 2801-2850
Fax +49 (0)30 2801-2851
info@psilogistics.com
www.psilogistics.com

**Geschäftsführung:**
Dr. Giovanni Prestifilippo
Sacha Tepuric

**Gründungsjahr:** 2001

**Mitarbeiter:** 130

**Standorte:**
Aschaffenburg, Berlin, Dortmund, Hamburg, Moskau, München

**Ansprechpartner:**
Beate Wesenigk
Marketing
Dircksenstraße 42-44
10178 Berlin
Tel. +49 (0)30 2801-2127
Fax +49 (0)30 2801-2851
info@psilogistics.com

## Wir über uns

PSI Logistics ist spezialisiert auf die Entwicklung innovativer Standardsoftware zur Planung, Steuerung und Optimierung logistischer Geschäftsprozesse in der gesamten Supply Chain. Das praxisbewährte Produktportfolio wird kontinuierlich funktional erweitert und reflektiert ein über Jahrzehnte gewachsenes Branchen-Know-how. Die individualisierbaren Funktionsumfänge der modular konzipierten Standardprodukte ermöglichen eine ganzheitliche Abbildung und Manipulation der anwenderspezifischen Prozesse im Warehousing, Transport Management sowie bei der optimierenden Gestaltung von Logistiknetzen.

**Die Referenzliste** reicht von KEP-, Kontrakt- und Logistikdienstleistern wie DPD, der Stute Logistics (AG & Co.) GmbH und der Zufall logistics group über Handelsketten wie der Ludwig Görtz GmbH bis hin zu Herstellern und Zulieferern wie der Alfred Kärcher GmbH & Co KG oder der Schaeffler Unternehmensgruppe.

PSI Logistics ist nach den Anforderungen an die Informationssicherheit gemäß DIN ISO/IEC 27001 zertifiziert. Der Technologietransfer im Verbund des 1969 gegründeten PSI-Konzerns unterstreicht die Investitionssicherheit und Zukunftsfähigkeit der Softwareprodukte von PSI Logistics.

## Leistungsspektrum

Neben Entwicklung, Vertrieb und Zuschnitt marktgerechter Softwareprodukte bietet PSI Logistics Planungs- und Beratungsleistungen zur Optimierung logistischer Netze sowie weitreichende Support-, Schulungs- und After-Sales-Services.

## Produkte

### PSI*global*

- Analyse, Planung und Optimierung von Logistiknetzen
- Visualisierung, Überwachung und Steuerung von Logistikprozessen
- Stammdaten-Harmonisierung
- Standort- und Strukturplanung
- Supply Chain Monitoring und Optimisation
- ganzheitliches Resource Management
- Leistungsbewertungen in logistischen Netzwerken
- Tender Management

### PSI*wms*

- Warehouse Management
- Transport Control (SLS)
- Event Management
- Resource Management
- Yard Management
- Billing
- Leitwarte/Prozessvisualisierung
- KPI Informationsanzeige

### PSI*tms*

- Transport Management
- Touren- und Laderaumoptimierung
- Resource Management
- multimodale Transportplanung
- Dispositionsleitstand
- Transportdurchführung
- Frachtkostenmanagement
- Simulation von Transportkosten

### PSI*aps*

- Advanced Planning & Scheduling
- Absatzplanung
- Allokation
- Kapazitätsbedarfsplanung
- Produktionsfeinplanung
- ATP (Available To Promise)

### PSI*airport*

- Passagier-Handling
- Gepäck-Handling
- Baggage Reconciliation
- Retrofit
- Integration von Software und Anlagentechnik

Remira LogoMate®

*Einfach besser disponieren!*

**Remira GmbH**
Konrad-Zuse-Straße 3
44801 Bochum
Tel. +49 (0)234 974717-0
Fax +49 (0)234 974717-11
mate@remira.de
www.remira.de

**Gründungsjahr:**
1994

**Geschäftsführung:**
Oliver Jenneskens
Thomas Sindermann

**Ansprechpartner:**
Daniel Nowara
Tel. +49 (0)234 974717-32
daniel.nowara@remira.de

## Wir über uns

Remira entwickelt, vertreibt und betreut die intelligente Lösung *LogoMate*® für Bestandsoptimierung, Aktionsplanung, Automatische Disposition, optimale Warenverteilung und Bestandscontrolling.

## Leistungsspektrum

*LogoMate*® ist eine einfach zu bedienende und hoch performante Lösung für Absatzprognosen, Disposition und Bestandsoptimierung (Forecast & Replenishment).

Aufgrund der flexiblen Schnittstelle kann *LogoMate*® an jedes ERP-System angebunden und auf alle Unternehmensstrukturen und Anforderungen angepasst werden. Vom Zentrallager bis zur Filiale, im Ersatzteilmanagement, in Industrieprozessen sowie für Vendor Managed Inventory wird *LogoMate*® erfolgreich eingesetzt.

Automatisch werden rendite- und absatzorientierte Bestellungsempfehlungen erzeugt und somit die Lieferfähigkeit/Verfügbarkeit sichergestellt. Mit präzisen Absatzprognosen passt *LogoMate*® die Sicherheitsbestände dynamisch auf das richtige Niveau für jeden Artikel an jedem Standort an. Durch bedarfsgerechtes Bestandsmanagement sorgt *LogoMate*® für geringere Kosten, mehr Transparenz und höhere Erträge. Mit *LogoMate*® können Sie Ihre Beschaffung und Produktion entscheidend verbessern.

Auch bei über 30 Mio. SKUs werden täglich Ergebnisse berechnet, denn Remira setzt auf die eigens entwickelte Penta-Speed Technologie.

## Wir bieten

Das bringt Ihnen *LogoMate*®:

- Bestandsreduzierung
- Genaue Absatzprognosen/Forecast
- Verbrauchsgesteuerte Sicherheitsbestände
- Visualisierung
- Trenderkennung
- Optimale Dispositionsentscheidungen
- ABC-DN-Analyse
- Optimale Ausschöpfung von Bestellkonditionen
- Automatische Bestückung von Kundenlägern

**LM *push*+**
Automatische Verteilung von Einmalartikeln und Restanten

**LM *promo*+**
Vollautomatische Aktionsmengenplanung

**LM *control*+**
Mobile Lösung zur Kontrolle der KPIs

**LM *aps*+**
Integrierte Feinplanung zur optimalen Produktionsplanung unter Berücksichtigung von Ressourcen und Kapazitäten

**LM *vmi*+**
Optimale unternehmensübergreifende Warenversorgung

## Referenzen (Auszug)

Führende Unternehmen in Industrie und Handel nutzen *LogoMate*® höchst erfolgreich für genaue Absatzprognose, Disposition und Bestandsoptimierung:

Allmess, Alnatura, Austria Email, Bäko, BauMax, Bonprix, C+C Pfeiffer, Dehner, Eismann, EK/servicegroup, Fressnapf, Grohe, hagebau, Hettich, Hornbach, Hugendubel, Kermi, NKD, Obi, Palmers, POCO Domäne, Rameder, Rossmann, RWA, Schlumberger, Soennecken, Strauss Innovation, Toom, Viega, XXXLutz, Zielpunkt, Zurbrüggen, …

**Riege Software International GmbH**
Mollsfeld 10
40670 Meerbusch
Tel. +49 (0)2159 9148-0
info.de@riege.com
www.riege.com/de

**Gründungsjahr:** 1985

**Mitarbeiter:** ca. 80

**Standorte:**

- Deutschland
- Niederlande
- Schweiz
- Hongkong
- USA

Scope
Smarte Software für Spediteure

## Wir über uns

Riege Software International zählt zu den führenden Anbietern von smarten Softwarelösungen für Luft- und Seefracht sowie Zollanwendungen.

Seit über 25 Jahren zeichnet sich das Familienunternehmen durch zukunftsweisende und zuverlässige Softwarelösungen sowie hervorragenden Kundenservice aus.

## Produkt

Mit Scope, dem Transport-Management-System von Riege, können Speditionen und ihre Partner sämtliche Vorgänge und operativen Abläufe einfach abwickeln und dokumentieren.

Scope wird bereits von mehr als 3.000 Benutzern an über 250 Standorten eingesetzt und kombiniert alle wichtigen Funktionen von Procars, dem Vorläufer und Wegbereiter in Sachen Logistiklösungen von Riege, mit modernster Softwarearchitektur.

Ob groß oder klein, exportierend oder importierend – internationale Unternehmen und Speditionen schätzen die Vorteile von Scope, welches auch spezielle Module bereithält, um an der Cargo 2000 oder e-freight Initiative der IATA teilzunehmen.

## Referenzen

Dachser, DB Schenker, EMO-TRANS, Fast Forward Freight, General Transport, Globaltrans, Jet-Speed, Karl Heinz Dietrich, Kerry Logistics, Logwin, NISSIN, Pan Asia Logistics, SDV Geis, Streck Transport, UTi, Zufall u.v.m.

## Module

**Spedition**

- Luftfracht
- Seefracht
- Landfracht

**Zoll Deutschland**

- AES
- Exit
- Einfuhr
- EGZ
- Statistik
- NCTS
- Zolllager
- AV/UV
- NEE
- Aufschubkontrolle
- Bürgschaftskontrolle
- SumA
- EZT
- EAS
- Logbuch

**Zoll Niederlande**

- Export
- Import
- NCTS
- DGVS/C-Sum
- CLIENT VWA/PD

**Zoll Schweiz**

- Export
- Import
- eVV
- NCTS

**Zoll USA**

- AES

**Finanzen**

- Eingangsbelege
- Ausgangsbelege
- Sammelbelege
- Tarifwesen
- Statistiken
- Reporting
- Verträge

S&P Computersysteme GmbH

**S&P Computersysteme GmbH**
Systemhaus für Logistik
Zettachring 4
70567 Stuttgart
Tel. +49(0)711 72641-0
Fax +49(0)711 72641-70
info@sup-logistik.de
www.sup-logistik.de

**Geschäftsführung:**
Jürgen Probst, Horst Reichert

**Gründungsjahr:** 1985

SuPCIS-L8 Release 8
SYSTEM 2013 VALIDIERT
WAREHOUSE LOGISTICS

**Ansprechpartner:**
Rémy El Abd
Tel. +49 (0)711 72641-0
sales@sup-logistik.de

## Wir über uns

Die S&P Computersysteme GmbH realisiert seit 1985 Leitrechner- und Informationssysteme im Bereich der innerbetrieblichen Logistik (Intralogistik).

S&P bietet Beratung, Projektmanagement, Prozessdesign, Softwareentwicklung, Software- und Hardwareservice sowie Support aus einer Hand.

## Leistungsspektrum

Die Software- und Systemlösungen des Stuttgarter LVS-Spezialisten basieren auf Standardkomponenten, die individuell an die Anforderungen der Kunden angepasst werden. Hierzu zählen neben den Softwaremodulen zur Verwaltung, Steuerung und Optimierung der Logistikprozesse auch sämtliche Hardwarekomponenten, die für ein effizientes Produktions- oder Distributionszentrum benötigt werden.

S&P liefert auf Wunsch sämtliche für ein Intralogistiksystem benötigten IT- und Auto-ID-Produkte schlüsselfertig. Hierbei setzt S&P auf Partnerschaften zu u.a. IBM, Oracle, Motorola (Symbol), DLoG, KBS und Zebra Technologies.
Das Stuttgarter Systemhaus für Logistik betreut zufriedene Kunden im In- und Ausland aus den unterschiedlichsten Branchen in Industrie und Handel, vom Mittelstand bis zum Großkonzern, die sich auf einen zuverlässigen Service rund um die Uhr an 365 Tagen im Jahr stützen.

**S&P: Software & Prozessberatung für die effiziente Intralogistik.**

**WMS: SuPCIS-L8**

Die Anwendungssoftware SuPCIS-L8 besteht aus modularen und parametrierbaren Standardbausteinen zur Erstellung individueller Softwarelösungen für eine effiziente Lagerlogistik und einen durchgängigen Informationsfluss vom Wareneingang bis zum Versand. SuPCIS ist geeignet für Logistikprojekte jeder Größenordnung – vom manuell bedienten Lager bis hin zum Hightech-Logistikzentrum in der Produktion und Distribution.

**SuPCIS-Produkte:**

- Lagerverwaltung (LVS, WMS)
- Logistikleitstand (LMS)
- Materialflusssteuerung (MFS)
- Transportsteuerung (TLS)
- Staplerleitsysteme (SLS)
- Beleglose Kommissionierung (POP, PbL, PbV)

SuPCIS verfügt über standardisierte Schnittstellen zu verschiedensten Unternehmenssoftwaresystemen (u.a. SAP, eNVenta, ABAS, Movex, proAlpha, NAV, AX). Inbetriebnahmezeiten werden durch bewährte Schnittstellen zu automatischen Lager-, Sortier- und Transportsystemen aller relevanten Hersteller minimiert. SuPCIS ermöglicht die beleglose Abwicklung per Datenfunk und Sprache (Pick-by-Voice) in nahezu allen operativen Geschäftsbereichen.

## Referenzen

Bachmann, Borne, Ebro Foods (Birkel), Escada, Farbtex, Hermes Arzneimittel, Häcker Küchen, Hugo Boss, Husqvarna Logistics (Gardena), J.J. Darboven, Kramp, Kränzle, Lampenwelt, MairDumont, Meyer&Meyer Warehousing, Mädler, NKD, Nobilia Küchen, Oberalp (Salewa), Rayher Hobby, Schleich, Somfy, STIHL Vertriebszentrale, Streck Transport u.v.m.

SSI SCHÄFER

**Salomon Automation GmbH**
Friesachstraße 15
A-8114 Friesach bei Graz
Tel. +43 (0)3127 200-0
Fax +43 (0)3127 200-22
office@salomon.at

**SSI Schäfer Noell GmbH**
i_Park Klingholz 18/19
D-97232 Giebelstadt
Tel. +49 (0)9334 979-0
Fax +49 (0)9334 979-100
info@ssi-schaefer-noell.com

www.ssi-schaefer.de

## Wir über uns

**Firmenname: SSI SCHÄFER/**
**Fritz Schäfer GmbH** (Hauptsitz)
**Gründungsjahr: 1937**
**Standorte: weltweit**

SSI SCHÄFER ist weltweit der führende Anbieter von Lager- und Logistiksystemen. Die angebotenen Leistungen reichen von der Konzeptfindung über die Lagereinrichtung mit Produkten aus eigener Herstellung bis hin zur Realisierung komplexer Logistikprojekte als Generalunternehmer.

Die IT-Spezialisten der Unternehmensgruppe, SSI Schäfer Noell und Salomon Automation, sind mit ihren Softwarelösungen darauf ausgerichtet, sämtliche Anforderungen der Logistik umfassend abzubilden und zu optimieren. Vom manuellen Lager über Paletten- oder Kleinteilelager bis hin zu anspruchsvollen automatisierten und hoch dynamischen Verteilsystemen werden die Softwarelösungen SAP und WAMAS weltweit erfolgreich eingesetzt.

## Produkte

Die **SSI Schäfer Noell GmbH, Giebelstadt**, ergänzt als erfolgreicher, global tätiger Generalunternehmer das Leistungsportfolio. Die Realisierung von komplexen Logistiksystemen, ausgehend von der Systemplanung und -beratung bis hin zur schlüsselfertigen Anlage und maßgeschneidertem After-Sales-Service, gehört zur Kernkompetenz des Unternehmens. Abgerundet werden diese Leistungen durch innovative IT-Lösungen sowohl mit eigenen Standards als auch auf Basis von SAP-Technologie.

Als offizieller SAP-Service-Partner unterstützt SSI Schäfer mit eigener Consulting-Kompetenz neben Global Playern auch mittelständische Kunden bei der Auswahl, Realisierung und dem After-Sales-Service einer individuellen SAP EWM-Lösung.

Die **Salomon Automation GmbH, Friesach bei Graz**, erstellt als Generalunternehmer maßgeschneiderte Komplettlösungen für manuelle bis hin zu vollautomatischen Lagersystemen. Salomon Automation unterstützt seine Kunden von der Lösungsfindung über die Software-Implementierung bis hin zur Mitarbeiterschulung.

Ob manuell oder vollautomatisch – WAMAS ist für jede Logistiklösung optimal einsetzbar. Neben einem umfassenden Funktionsportfolio vom Warehouse-Management bis hin zu transparenten Überwachungs- und Kontrollfunktionen verfügt das WMS über Schnittstellen zu den gängigen ERP-Systemen.

WAMAS ist durchgängig modular aufgebaut, die logistische Anwendung klar und logisch strukturiert. Durch die laufende Weiterentwicklung von WAMAS und den regelmäßigen Releases fließt die Erfahrung der weltweiten Kundenprojekte in die Optimierung der Logistiksoftware mit ein.

## Referenzen

SSI Schäfer arbeitet seit Jahren für renommierte Unternehmen verschiedener Branchen, darunter Automobil, Logistikdienstleistung, Einzel- und Großhandel, Pharma/Drogerie, Textil, Maschinenbau, Tiefkühl- und Lebensmittelindustrie.

In enger Zusammenarbeit mit dem Kunden wird die auf seine Bedürfnisse zugeschnittene, optimale Lösung erarbeitet und umgesetzt.

Stöcklin
80 Jahre Kompetenzpartner

**Schweiz:**

**Stöcklin Logistik AG**
Förder- und Lagertechnik
Postfach
4143 Dornach (CH)
Tel. +41 61 705 81 11
Fax +41 61 701 30 32
info@stoecklin.com

**Deutschland:**

**Stöcklin Logistik GmbH**
Förder- und Lagertechnik
Untere Industriestraße 20
57250 Netphen
Tel. +49 (0)271 31793-0
Fax +49 (0)271 31793-100
info-de@stoecklin.com

www.stoecklin.com

**Geschäftsführer:** Urs Grütter

**Gründungsjahr:** 1934

**Mitarbeiter:** ca. 450

**Ansprechpartner:**
Marcel Grüninger
Verkauf/Produktmanagement
Tel. +41 55 225 44 18
marcel.grueninger@stoecklin.com

# Wir über uns

## Unternehmensprofil

Seit nunmehr 80 Jahren bietet die Schweizer Stöcklin-Gruppe weltweit innovative Logistiklösungen „alles aus einer Hand" an, welche höchsten Ansprüchen genügen.
Wir begleiten unsere Kundschaft bereits bei der Planung und Projektierung bis hin zur Lieferung schlüsselfertiger Gesamtsysteme. Mit unserer langjährigen Erfahrung und einer vorwiegend eigenen Produktion sind wir in der Lage, Förder- und Lagersysteme für verschiedenste Ladeträger sowie Flurfördermittel anzubieten, die dazu beitragen, Ihre Wettbewerbsfähigkeit langfristig und nachhaltig zu stärken.

## Unsere Kernkompetenzen

Stöcklin bietet Lösungen für die innerbetriebliche Logistik an. In einer eigenen Produktion und modernen Infrastruktur im schweizerischen Dornach, entwickelt Stöcklin Produkte vom einfachen Handhubwagen über Fördersysteme, Regalbediengeräte für jegliche Ladeträger bis hin zu Gesamtsystemen der Intralogistik. Eine besondere Stärke des Schweizer Unternehmens ist die Funktion als Generalunternehmer für den kompletten Intralogistikbereich.
Weltweit stehen rund 450 Mitarbeiter für Fragen rund um die innerbetriebliche Logistik zur Verfügung. Damit bieten wir unseren Kunden einen einzigartigen Service, wenn es um die Beförderung von Gütern und Informationen rund um den Materialfluss geht. Dank der konsequenten Weiterentwicklung unserer Produkte und Systeme sind wir in der Lage, modernste Technologien gepaart mit hochwertigen Materialien in flexiblen und verlässlichen leistungsstarken Lösungen zu vereinen. Mehr als 1000 installierte Gesamtsysteme rund um den Globus zeigen den Erfolg der wirtschaftlichen und erfolgreichen Arbeiten von Stöcklin. Überzeugen Sie sich selbst.
Wir von Stöcklin haben uns dazu verpflichtet, Produkte nach dem Prinzip „Qualität von Personen für Personen" zu produzieren. Dies zeigt sich nicht nur in den Produkten und Serviceleistungen, sondern auch in der nachhaltigen Produktion und dem schonenden Umgang mit den vorhandenen Ressourcen.
Bei Fragen rund um die innerbetrieblichen Materialflüsse nehmen Sie mit uns Kontakt auf, eine umfassende Beratung von kompetenten Mitarbeitern ist Ihnen garantiert.

# Leistungsspektrum

## Förder- und Lagertechnik

- Schlüsselfertige Gesamtsysteme für alle Arten von Ladeträgern
- Generalunternehmer für Logistiksysteme
- Neuanlagen
- Modernisierungen
- Erweiterungen
- Temperaturgeführte Lagersysteme
- Förderanlagen und Regalbediengeräte für alle Arten von Ladeträgern
- Entwicklung und Implementierung von Lagerverwaltungs- und Materialflusssoftware
- Lifetime-Support (Kundendienst, Wartung, Service, Helpdesk 24/7)

## Flurfördermittel

- Handgabel-Hubwagen
- Elektrostapler
- Frontstapler
- Ex-geschützte Stapler ATEX
- Spezialausführungen
- Edelstahlausführungen Hygieneschutz
- Verladebleche
- Flottenmanagement

SUPPLYON

**SupplyOn AG**
Ludwigstraße 49
85399 Hallbergmoos
Tel. +49 (0)811 99997-0
Fax +49 (0)811 99997-110
info@SupplyOn.com
www.SupplyOn.com

**Vorstand:**
Markus Quicken (Vorstandsvorsitzender), Dr. Stefan Brandner

**Gründungsjahr:** 2000

**Umsatz:** 34 Mio. Euro

**Mitarbeiter:** 135

**Standorte:**
Hallbergmoos (bei München)
Detroit, USA
Shanghai, China

**Ansprechpartner:**
Cornelia Staib
Head of Communications
Tel. +49 (0)811 99997-290
Cornelia.Staib@SupplyOn.com

## Wir über uns

SupplyOn ist die gemeinsame Supply-Chain-Kollaborationsplattform einer wachsenden Zahl global agierender Unternehmen – von Airbus, Bosch und Continental bis hin zu Yazaki und ZF. Sie und zahlreiche weitere Fertigungsunternehmen nutzen SupplyOn als zentrale Online-Plattform, um Geschäftsprozesse mit ihren Lieferanten und Dienstleistern über Kontinente hinweg strukturiert, transparent und sicher abzuwickeln.

## Leistungsspektrum

SupplyOn fängt dort an, wo interne ERP-Systeme aufhören und verlängert die internen Geschäftsprozesse nahtlos über Unternehmensgrenzen hinweg. Die als Software-as-a-Service angebotenen Lösungen sind auf die Prozessanforderungen der Fertigungsindustrie ausgerichtet und bilden unternehmensübergreifende Prozesse im Supply Chain Management, im Supplier Risk & Performance Management, in der strategischen und operativen Beschaffung sowie im Qualitäts- und Transportmanagement ab.

## Produkte (Auswahl)

### Transportmanagement

Die integrierte Transportmanagement-Lösung von SupplyOn macht den Gesamtprozess von der Bedarfsmeldung über die Sendungs- und Transportbildung bis hin zur Frachtrechnung transparent. Durch die Einbindung von Lieferanten und Spediteuren laufen alle transportrelevanten Daten und Prozesse über ein zentrales System. Damit können an zahlreichen Stellen im Prozess signifikante Einsparungen erzielt werden. Selbst hochkomplexe Logistik-Netzwerke lassen sich auf diese Weise kostenoptimiert gestalten und steuern.

### Supply Chain Monitor

Um Versorgungsengpässe zu vermeiden, ist es notwendig, die Bedarfsplanung auf Kundenseite mit der Produktionsplanung des Lieferanten in Einklang zu bringen. Der Supply Chain Monitor schafft eine gemeinsame Sicht auf die Planungsdaten zweier Unternehmen und ermittelt, ob eine kritische Situation entstehen kann. Falls es zu einer Unter- oder Überversorgung kommen sollte, informiert der Monitor beide Seiten frühzeitig.

## Ihr Nutzen

SupplyOn ermöglicht eine sichere, nachvollziehbare und transparente Kommunikation bei unternehmensübergreifenden Abläufen mit Lieferanten und Dienstleistern und unterstützt sowohl die operative Ebene als auch das Management bei wichtigen Geschäftsentscheidungen.

## Referenzen

In der Fertigungsindustrie mit Schwerpunkt Automobil, Aerospace, Railway und Transport, Maschinen- und Anlagenbau sowie Hightech und Elektronik hat SupplyOn ein Unternehmensnetzwerk etabliert, das rund 11.000 Unternehmen aus 70 Ländern miteinander verbindet. Zu den rund 11.000 Kunden zählen namhafte Industrieunternehmen wie Airbus, Astrium, die BMW Group, BorgWarner, Bosch, Continental, DEUTZ, Eurocopter, ITT, Kautex Textron, Liebherr, Qoros, Safran, Schaeffler, Schindler, Siemens, Thales, Yazaki und ZF.

www.tgw-group.com

**TGW Systems Integration GmbH**
Boschstraße 52
4600 Wels (A)
Tel. +43 (0)7242 66200-0
Fax +43 (0)7242 66200-3735
systems@tgw-group.com
www.tgw-group.com

**Geschäftsführung:**
Markus Augeneder
Thomas Berndorfer
Harald Stallinger

**Gründungsjahr:** 1998

**Umsatz (Gruppe):** € 388 Mio.

**Mitarbeiter (Gruppe):** 1.700

LEADING LOGISTICS SOLUTIONS

## Wir über uns

TGW Systems Integration hat sich auf automatische Logistiklösungen in der innerbetrieblichen Supply Chain spezialisiert. Als Generalunternehmer bietet TGW Systems Integration alles aus einer Hand und übernimmt Systemplanung, Realisierung sowie Betreuung im laufenden Betrieb.
Der Lieferumfang reicht vom automatischen Behälter- und Palettenlager über Funk- und Staplerleitsysteme bis hin zu kompletten Distributionszentren. Das Know-how basiert dabei auf über 200 realisierten Projekten mit führenden Unternehmen in Industrie und Handel im europäischen Zentralraum.

## Leistungsspektrum

- Anlagenrealisierung als Generalunternehmer
- Consulting und Systemplanung
- CI_LOG Supply Chain Software
- Prozessleitsysteme
- Lager- und Fördersysteme
- Funk- und Staplerleitsysteme
- Robotik- und Handlingsysteme
- Training und Life Time Services

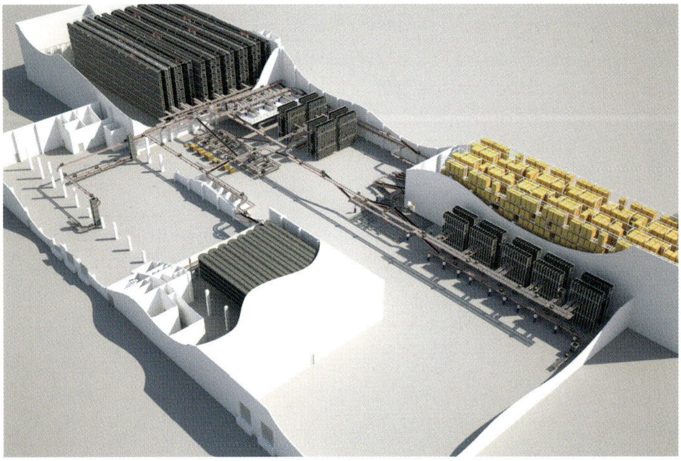

## CI_LOG

CI_LOG, die Supply Chain-Software von TGW Systems Integration, bildet das Kernstück einer effizienten Logistiklösung. CI_LOG ist eine branchenübergreifende Logistiksoftware basierend auf modernster Software-Technologie. Sie erfüllt alle Funktionen in der Logistikkette wie Warenübernahme, Qualitätssicherung, dynamische Lagerverwaltung, Kommissionierung, Versandsteuerung und Inventur. Modularität, Releasefähigkeit und Integration mit allen gängigen ERP-Systemen bringen Effizienz, Flexibilität und Investitionssicherheit.

## Produkte

- Warehouse Management System
- Materialfluss-Steuerung
- Anlagenvisualisierung
- Webbasiertes Infosystem
- ERP-Schnittstellen
- Funkleitsystem
- Pick-to/by-Light
- RFID-Lösungen

## Referenzen (Auszug)

- Aesculap (D)
- Agepan Tarkett Laminate Park (D)
- Almi (A)
- Bernecker & Rainer (A)
- ERCO (D)
- Heidenhain (D)
- OPO Oeschger (CH)
- Otto Chemie (D)
- Schenker Logistics (D)
- starlim//sterner (A)
- Weidmüller Interface (D)

**Unitechnik**

*PERFECTION AUTOMATED.*

**Unitechnik Systems GmbH**
Fritz-Kotz-Str. 14
51674 Wiehl
www.unitechnik.com

**Gründungsjahr:** 1971

**Mitarbeiter:** 300

**Standorte:**
Wiehl, Eisenhüttenstadt, Viernheim, Basel, Dubai, Shanghai, Sydney

**Ansprechpartner:**
Michael Huhn
Tel. +49 (0)2261 987-0
Fax +49 (0)2261 987-588
logistics@unitechnik.com

## Wir über uns

Unitechnik realisiert weltweit maßgeschneiderte Gesamtanlagen für die innerbetriebliche Logistik. Herzstück einer Unitechnik-Logistikanlage ist das Materialfluss- und Lagerverwaltungssystem UniWare. Ein professionelles Projektmanagement bildet das Fundament für den Projekterfolg. Die kompetente Betreuung der realisierten Anlagen durch unsere Serviceabteilung ist uns sehr wichtig.

**Referenzen:**
apt Hiller, B.Braun, BMW, Daimler, DEHN, Deutsche Bahn, Dubai Flower Center (VAE), Eaton, Electric, INA Nadellager, INL (VAE), Insta, Kostal, LSG Skychefs, Meyer Werft, Novelis, Qantas (AUS), Soennecken, soft-carrier, Spirit Air Cargo Handling (S), Storck, Tchibo, Teich (AT), Thyssen Krupp, Turck, VOSS, VW, Wieland, ...

Details siehe
www.unitechnik.com

**Branchen:**
Industrie, Handel, Verkehr

*UniWare: Mobiler Leitstand auf dem Smartphone*

## Leistungs-spektrum

- Generalunternehmer
- Planung und Simulation
- Herstellerneutrale Systemauswahl
- Gesamtprojektleitung
- Lagerverwaltungssystem
- Materialflussrechner
- Steuerungstechnik
- Montage und Inbetriebnahme
- Service und Schulung
- Retrofit
- Energiemanagement

**... für Distribution, Produktion und Airport-Logistik**

## Produkte

**UniWare** ist eine moderne betriebssystemneutrale Software für maßgeschneiderte Intralogistik-Prozesse.

**UniWare** ist ein integriertes System aus einem Guss:

- Lagerverwaltung
- Materialflusssteuerung
- Anlagenvisualisierung
- RBG und Fördertechnik-Steuerungen
- Wareneingang
- Lagersteuerung
- Inventur
- Kommissionierung (Pick by Voice, Pick by/to Light)
- Packerei/Versand
- Staplerleitsystem
- Mobiler Leitstand
- SAP-Integration
- Energiemanagement

Hohe Softwarequalität und kurze Inbetriebnahmezeiten gewährleisten wir durch intensive Systemtests und umfängliche Anlagensimulationen.

UniWare

FRAUNHOFER IML REHOUSE LOGISTICS 2012-2013 VALIDIERT

**viastore systems GmbH**
Magirusstraße 13
70469 Stuttgart
Tel. +49 (0)711 9818-0
Fax +49 (0)711 9818-180
info@viastore.com
www.viastore.com

**Geschäftsführer:**
Philipp Hahn-Woernle
Frank Apel

**Gründungsjahr:** 1988

**Umsatz:** 100 Mio. Euro (2012)

**Mitarbeiter:** 390

**Standorte:** weltweit

**Ansprechpartner:**

**viad@t:**
Markus Müllerschön
m.muellerschoen@viastore.com

**SAP Logistics Solutions:**
Patrick Eichstädt
p.eichstaedt@viastore.com

## Wir über uns

viastore zählt zu den international führenden Anbietern von schlüsselfertigen Intralogistik- und Distributions-Anlagen, von Warehouse Management Software, SAP-Logistik-Lösungen, Materialfluss-Systemen und Regalbediengeräten.

## Leistungsspektrum

- Beratung, Planung, Projektierung
- Generalunternehmerschaft
- Anlagen-Modernisierungen und Upgrades
- Shuttle-Systeme
- Regalbediengeräte
- 24/7 Hotline, Wartung, Ersatzteilservice

## Warehouse Management System viad@t

viad@t ist eine leistungsstarke, skalierbare und zukunftssichere Standardsoftware zum Management und zur Steuerung der Intralogistik.

**viad@tWMS**
WMS für konventionelle und automatische Lager und Distributionszentren

**viad@tONE**
vorkonfiguriertes WMS inkl. Materialfluss-System für Logistikanlagen mit geringer Komplexität

**viad@tRFM**
WMS für manuell- und staplerbediente Logistikanlagen

**viad@tMFC**
Materialfluss-System

**viad@tVISU**
Anlagenvisualisierung

## SAP Logistics Solutions

**Beratung:** Strategieberatung, Optimierung von Prozessen und Technologien, Projektmanagement, Hotline-Unterstützung

**Software:** Prototyping, Implementierung, Customizing, Testing und Dokumentation von SAP EWM, SAP LES, SAP TRM, ITSmobile und anderen SAP-Modulen und Sub-Modulen

**Intralogistik-Lösungen:** Applikationen für Leitstand, Wareneingang, Lagerverwaltung, Kommissionierung, Sorter, Versandbahnen, Packplatz, Verladung und Inventur

**Technologien:** Hardware-Auslegung, Systeminstallation, Funkperipherie, Belege, Steuerungen, Schulungen, Optimierung oder Vorbereitung für Zertifizierungen und Validierungen

# Best-Practice-Projekte

# Analysen gegen Retouren

Mit Big-Data-Analysen von Blue Yonder senkte der Onlinehändler Otto seine Retourenquote und sparte Kosten im Millionenbereich.

*Autor:*
***Peter Eck**, Vice President Sales,*
*Blue Yonder GmbH & Co. KG, Karlsruhe*

## Otto

Das Versandhandelsunternehmen **Otto (GmbH & Co KG)** mit Sitz in Hamburg beschäftigt durchschnittlich mehr als 53.800 Mitarbeiter. Im Geschäftsjahr 2012/13 erwirtschaftete der Konzern einen Umsatz von 11,8 Mrd. Euro, davon allein 5,7 Mrd. Euro im Onlinehandel.

Bequemes Einkaufen ist für Kunden ein wichtiges Argument beim Onlineshopping. Waren können am PC angesehen, verglichen und geordert werden. Hinzu kommt eine große Auswahl, wie sie im stationären Handel ihresgleichen sucht: Täglich werden zum Beispiel auf Otto.de mehr als 2,1 Millionen Artikelpositionen angeboten. Ein weiterer Vorteil des Kaufes im Web: Zuhause kann der Käufer den Artikel dann noch einmal genauer betrachten, anprobieren und bei Nichtgefallen wieder zurückschicken.

Für Onlinehändler wie die Otto (GmbH & Co KG) sind Retouren aber nicht nur ein Service, sondern auch ein zusätzlicher Kostenfaktor. Zudem belasten hohe Retourenquoten die Umwelt. Dementsprechend hat sich das Hamburger Multichannel-Unternehmen zum Ziel gesetzt, die Anzahl der Rücksendungen möglichst gering zu halten.

### Retourengründe erforschen

Als Basis dafür musste Otto aber zunächst die Gründe für seine Retouren erforschen. Mithilfe der Prognoselösung des Karlsruher IT-Unternehmens Blue Yonder GmbH & Co. KG sollten die eigenen Hypothesen anhand verschiedener Datenquellen fachbereichsübergreifend überprüft werden. Projektstart war zum Jahresbeginn 2012.

Als große Herausforderung kristallisierte sich schnell heraus, dass sich bei Otto im Laufe von mehr als sechs Jahrzehnten eine umfassende Menge an Daten angesammelt hatte. Heute fließen tagtäglich mehr als 100 Millionen Datensätze in die Systeme. Zudem war es erforderlich, der Bereitstellung und Aufbereitung der benötigten Daten aus verschiedenen Quellen besondere Beachtung zu schenken. Schließlich setzte sich die heterogene IT-Struktur aus verschiede-

Bilder: Hermes Europe

Sortieranlage in Aktion: Die Logistiktochter Hermes Europe wickelt den Versand und die Retourenvereinnahmung für Otto ab.

nen Systemen zusammen, die nur zum Teil in der Lage waren, miteinander zu kommunizieren. Komplexe Daten wie die aus dem Bereich der Lieferzeiten erweiterten den Projektumfang. Dabei mussten auch Datenschutzrichtlinien berücksichtigt werden. Und: Innerhalb von sechs Monaten sollten bereits die Ergebnisse aus dem Projekt vorliegen.

Zunächst überprüften die Experten bereits bekannte Retourentreiber, verifizierten sie und identifizierten neue Maßnahmenfelder. Als entscheidender Faktor entpuppte sich dabei die Lieferdauer: Nimmt diese zu viel Zeit in Anspruch, erhöht dies die Wahrscheinlichkeit einer Rücksendung. Dagegen wirkt sich eine unbeschädigte und ansprechende Verpackung positiv aus. Ebenfalls wichtig ist das Retourenhandling, denn gerade hier fördert ein reibungsloser Ablauf die Kundenzufriedenheit. Der Grund: Schickt ein Kunde bestellte Artikel wieder zurück, möchte er sein Geld möglichst schnell zurücküberwiesen haben.

Doch dazu müssen die aus den einzelnen Vorgängen gesammelten Daten im Anschluss zusammengeführt und die Inputwerte standardisiert werden. Denn für die Qualität der Analyseergebnisse ist eine ganzheitliche Betrachtung entscheidend. Dabei müssen alle Dimensionen wie beispielsweise das CRM und ERP, die Warenwirtschaft und das Kundenverhalten sowie externe Faktoren berücksichtigt werden.

Die Basis für genaue Prognosen bildet das sogenannte Pre-Processing, bei dem sowohl die Datenquantität als auch deren Qualität analysiert und für den Einsatz in der Analysesoftware vorbereitet wird. Diese Vorarbeit ist die Voraussetzung für eine hohe Leistungsfähigkeit und Prognosequalität. Danach folgt das „Machine Learning“: Mit den vorhandenen und neu hinzukommenden Daten trainiert das System, relevante Muster und Zusammenhänge zu erkennen. Otto-Sprecherin Ulrike Abratis nennt ein Beispiel: „Naturgemäß ist die Retourenquote bei uns je Sortiment sehr unterschiedlich. Damenoberbekleidung wird beispielsweise deutlich öfter retourniert als Technikartikel.“

## 30 Arbeitshypothesen

Nach Abschluss der Trainingsphase liefern dann aktuelle Daten neuen Input. Auf Basis der im Projektrahmen ermittelten Verbesserungspotenziale konnten bei Otto konkrete Maßnahmen zur Retourenoptimierung abgeleitet werden. Die Datenanalysten von Blue Yonder

**Blick ins Hochregallager von Hermes: Täglich bietet Otto.de mehr als 2,1 Millionen Artikelpositionen.**

und das interdisziplinäre Projektteam des Versandhändlers erarbeiteten gemeinsam etwa 30 Arbeitshypothesen rund um die Bereiche Logistik, Sortiment und Kunde. Im weiteren Projektverlauf analysierte Blue Yonder die zehn wichtigsten Ergebnisse.

Sie waren die Basis für umfangreiche Maßnahmenpakete, die Otto schließlich schrittweise umsetzte. Wird heute zum Beispiel ein Kleid auffällig und überdurchschnittlich oft zurückgeschickt, schlagen die Systeme Alarm. „Wenn sich bei der anschließenden Produktprüfung ein Materialfehler herausstellt, können wir schnell reagieren und das Kleid beispielsweise vorübergehend aus dem Sortiment nehmen", erklärt Abratis.

Außerdem führte der Onlinehändler ein, dass sich heute vor Beendigung des Bestellvorgangs ein Fenster öffnet, das darauf hinweist, die Umweltbelastung zu reduzieren. „Mit diesem weisen wir freundlich darauf hin, dass der Kunde bei der Bestellung desselben Artikels in verschiedenen Größen den Kohlendioxidausstoß für die zusätzlichen Transportwege berücksichtigen möge und im ersten Schritt seine gewohnte Größe bestellen", erläutert Otto-Sprecherin Abratis. Allein dadurch konnte die Zahl der Rücksendungen deutlich reduziert werden. Auf die Konversionsrate, also den prozentualen Anteil der Besuche eines Onlineshops, der zu Bestellungen führt, hatte dies keine negativen Auswirkungen.

## Positive Nachhaltigkeitsbilanz

Wie geplant, wurde das Projekt nach den veranschlagten sechs Monaten abgeschlossen. Im Ergebnis ließen sich bei Otto Kosteneinsparungen im Millionenbereich realisieren. So amortisierten sich die Projektkosten bereits nach sechs Monaten. Hinzu kommt eine positive Wirkung auf die Nachhaltigkeitsbilanz, denn weniger Retouren senken auch die Umweltbelastung. Darüber hinaus kann Otto auf Basis der Ergebnisse heute genau einschätzen, welche künftigen Investitionen in eine Verringerung der Lieferzeiten aus betriebswirtschaftlicher Sicht sinnvoll sind.

Mit den bisherigen Ergebnissen zeigt sich Alexander Pompös, Projektleiter Angebots- und Category-Steuerung bei Otto, zufrieden. „Der wesentliche Vorteil der Einbindung von Big-Data-Analysen in die Retourenprognose besteht darin, dass erstmals strukturierte und unstrukturierte Daten zum Thema Retouren miteinander verknüpft werden. Die daraus resultierenden Analysemöglichkeiten bieten viel Potenzial", urteilt der Manager.

# Ende der Glaskugel

**BorgWarner Beru Systems hat eine innovative IT-Lösung entwickelt, die Lieferantenrisiken automatisch vorhersagen kann. So ist der Automobilzulieferer bei Problemen frühzeitig gewarnt und kann gezielt Gegenmaßnahmen ergreifen.**

## Logistik Award 2013

Die **BorgWarner Beru Systems GmbH** mit Sitz in Ludwigsburg wurde Ende Januar 2013 mit dem Logistik Award des Verbands der Automobilindustrie (VDA) ausgezeichnet. Der Automobilzulieferer überzeugte die Jury mit seinem „Lieferanten-Performance-Monitor 3.0", der dazu dient, Lieferantenrisiken möglichst früh zu erkennen und vor allem im Tagesgeschäft der Disposition eingesetzt wird. Das Softwaretool trage massiv zur Steigerung der Transparenz bei – und zwar standortübergreifend, so die Begründung der Jury.

Mehr als die Vergangenheit interessiert mich die Zukunft, denn in ihr gedenke ich zu leben", hat der Physiker und Nobelpreisträger Albert Einstein einmal gesagt. Nach diesem Motto ist auch die BorgWarner Beru Systems GmbH, Ludwigsburg, vorgegangen: Der Automobilzulieferer entwickelte gemeinsam mit dem Beratungsunternehmen Melzerpartners ein neues IT-Tool, mit dem Lieferantenrisiken automatisch vorhergesagt werden können.

Während der letzten Wirtschaftskrise 2008 und 2009 „haben auch wir gelitten, zum Beispiel wegen höherer Bestände und Insolvenzen unserer Lieferanten", erklärt Ulrich Kropp, Abteilungsleiter Globale Lieferantenentwicklung bei BorgWarner Beru Systems, die Hintergründe. Damals sei dem Spezialisten für Zündungstechnik und Dieselkaltstarttechnologie, „erstmals richtig bewusst geworden, dass wir mehr tun müssen, als uns die herkömmlichen Methoden im Lieferanten- und Risikomanagement bieten". Die ausschließlich auf Vergangenheitsdaten fußenden Lieferanten- und Risikomanagementsysteme genügten den Anforderungen des Ludwigsburger Automobilzulieferers nicht mehr. Kropp: „Heute zu wissen, wie der Lieferant gestern geliefert hat, ist zu spät. Gestern zu wissen, wie der Lieferant übermorgen liefern wird, das ist innovativ."

### Trumpf aus der Stochastik

Auf der Suche nach einer Methode, die es erlaubt, drohende Lieferausfälle und nachlassende Lieferperformance frühzeitig zu erkennen, bildete BorgWarner Beru Systems ein Expertenteam: Gemeinsam mit der Unternehmensberatung Melzerpartners GbR, Berlin, tasteten sich Fachleute aus den Bereichen Logistik, Supply Chain und Qualitätsmanagement

Bilder: Fotolia/ Gina Sanders; BorgWarner Beru Systems (Screenshot)

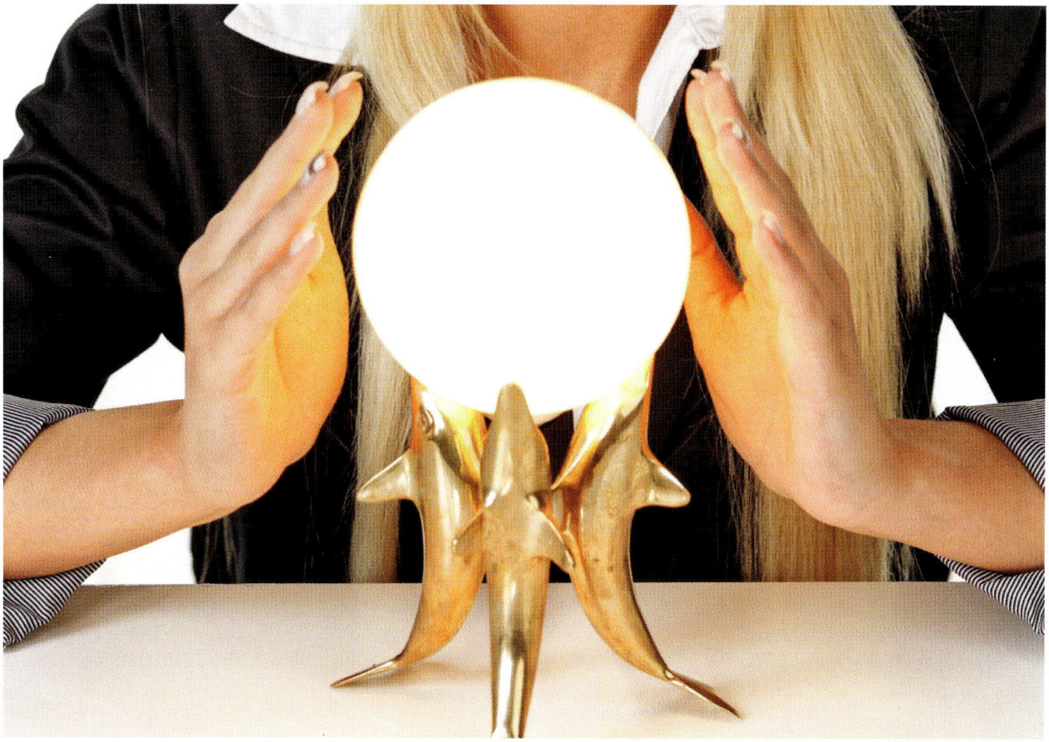

**Glaskugeln werden bei BorgWarner Beru Systems nicht gebraucht, um in die Zukunft zu blicken. Der Automobilzulieferer setzt auf das IT-Tool „Lieferanten-Performance-Monitor".**

an das Thema heran. Bald aber zeigte sich, dass der IT-Markt die gewünschte Lösung nicht bereithielt und auch in den 57 Werken des BorgWarner-Konzerns konnte niemand softwaremäßig weiterhelfen.

Schließlich entstand beim Automobilzulieferunternehmen die Idee, die vorhandenen Massendaten aus ERP- und anderen Systemen mit mathematischen Methoden der künstlichen Intelligenz auszuwerten und den „Lieferanten-Performance-Monitor" zu schaffen. Das mathematische Herz des Lieferanten-Performance-Monitors bildet das „Hidden-Markov-Modell" aus der Stochastik (Wahrscheinlichkeitsrechnung). Aus den Daten zu Lieferperformance, Qualität oder Finanzen zum Beispiel wird die Situation des Lieferanten errechnet.

Das Hidden-Markov-Modell evaluiert die Fakten und sagt voraus, mit welcher Wahrscheinlichkeit sich die Situation des Lieferanten ändert – sei es zum Positiven oder zum Negativen. Es wird also mit den vorliegenden Informationen die versteckte, nicht direkt zu beobachtende Verfassung der Lieferanten analysiert („hidden").

2011 ging BorgWarner Beru Systems mit zehn Lieferanten in die Pilotphase. „Wir haben sie intensiv darüber informiert, was wir machen wollen", sagt Beru-Manager Kropp. Das Tier-1-Unternehmen hat bewusst in- und ausländische Hauptlieferanten ausgewählt, keine kleinen C-Lieferanten.

„Wir haben das Programm dann über fast ein Dreivierteljahr getestet und geschaut, wie die Lieferperformance nachlässt oder zunimmt", berichtet Kropp. „Das Interessante und das eigentlich Motivierende waren die außergewöhnlich positiven Feedbacks der Lieferanten." Dazu gehörten laut Kropp zum Beispiel Antworten wie „Entschuldigung, das war tatsächlich so, dass Mitarbeiter gekündigt haben oder krank waren", nachdem der Lieferanten-Performance-

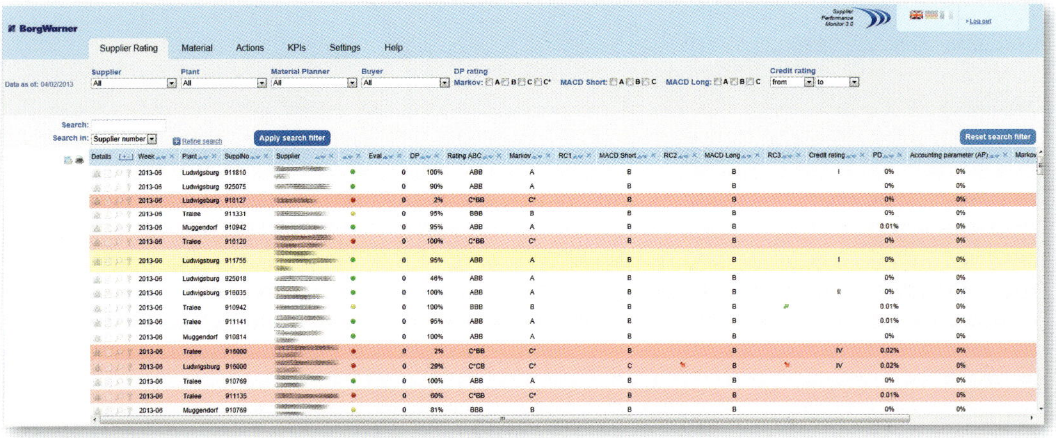


**Das IT-Tool bietet einen kompakten Überblick über die Zulieferer.**

Monitor vor Personalengpässen bei Lieferanten gewarnt hatte.

Die IT-Lösung wird vollautomatisch über Schnittstellen zu ERP-Systemen mit Daten versorgt (BorgWarner setzt SAP ein, es kann aber laut Melzerpartners auch jede andere ERP-Software angeschlossen werden). Derzeit ist die Software bereits im Werk Ludwigsburg bei Stuttgart, im fränkischen Werk Muggendorf und am irischen Standort Tralee ausgerollt.

Das Tool ist in Englisch und Deutsch verfügbar. Momentan werden etwa 150 Lieferanten über das System erfasst; was ungefähr 98 Prozent des Einkaufsvolumens für Serienproduktion der Geschäftseinheit BorgWarner Beru Systems entspricht. Weitere Standorte sollen noch angebunden werden.

„Das System zeigt gnadenlos die Wahrheit auf.“
**Ulrich Kropp, BorgWarner Beru Systems**

Heute steht der Lieferanten-Performance-Monitor bereits in der Version 3.0 zur Verfügung. Dafür erhielt BorgWarner Beru Systems im Januar den Logistik Award 2013 des Verbands der Automobilindustrie (VDA) *(siehe LOGISTIK HEUTE 1-2/2013, S. 25)*.

Wichtig war dem Automobilzulieferer bei der Weiterentwicklung immer, dass die Software einfach zu bedienen bleibt und über eine selbsterklärende Benutzeroberfläche verfügt. Den Disponenten, die tagtäglich damit arbeiten, werden deshalb nur diejenigen Zulieferer präsentiert, die sich kritisch darstellen. Diese Warnmeldungen („Alerts“) generiert das IT-Tool über die Trend-Veränderungen: „Die Voraussetzung ist das dreistufige AAA-(Triple A)-Einstufungssystem“, erklärt Roger Haase, Senior Manager bei Melzerpartners.

Die erste Stelle betrifft die heutige Situation und die der nächsten Lieferung. Die zweite Stelle macht eine kurz- bis mittelfristige Prognose über die Entwicklung in den nächsten Wochen. Und die dritte Stelle bezieht sich auf den Mittel- bis Langfrist-Status für die kommenden Monate. Wird ein Lieferant also beispielsweise mit „ACB“ bewertet, bedeutet dies: Aktuelle Entwicklung positiv, keine erkennbaren Schwierigkeiten (A); „C“: hohes Ausfallrisiko der nächsten Lieferungen und „B“: mittel- bis langfristig ist keine signifikante Verbesserung zu erwarten.

Das mit den Lieferanten zur Problemlösung Besprochene müssen die Disponenten schriftlich im IT-Tool hinterlegen: „Wir können dadurch intern die Kommunikationswege stark verkürzen“, nennt Beru-Abteilungsleiter Kropp eine Prozessoptimierung. „Das Management sieht bei kritischen Lieferanten, ob schon Maßnahmen eingeleitet wurden, um nachhaltig gegenzusteuern. Früher mussten dazu noch viele Meetings einberufen werden.“ Das AAA-Rating wiederum zeigt sofort auf, wie gut vereinbarte Verbesserungsmaßnahmen wirken. Dadurch werden die „Supply Chain Response"-Zeiten deutlich verkürzt.

## „Angstbestände" offenbart

Was durch den Lieferanten-Performance-Monitor auch transparent wird, sind „Angstbestände", wie es Jürgen Freund, Leiter Global Logistics bei Beru Systems, formuliert. „Bei Lieferanten mit zum Beispiel 85 Prozent Lieferperformance werden die fehlenden 15 Prozent über Angstbestände abgefangen."

Dank der neuen IT-Lösung erreichte BorgWarner Beru Systems 2012 im Vergleich zum Vorjahr eine Bestandsverringerung von etwa 20 Prozent. „Die Lieferzeitfenster wurden um 60 Prozent reduziert und die Lieferperformance optimiert", berichtet Lieferantenentwickler Kropp über weitere Erfolge.

In Zukunft soll das Thema Finanzen noch stärker einbezogen werden, Borg Warner Beru Systems will Trends und Veränderungen bei der Bonität der Lieferanten sehr frühzeitig erkennen. Die nachlassende Lieferperformance ist schließlich auch ein klassischer Frühindikator für Insolvenz. Bei Tests, ob der Monitor auch wirklich funktioniert, hat der Automobilzulieferer Lieferanten-Insolvenzen aus der Vergangenheit in der Software nachgespielt – mit dem Resultat, dass diese in der Tendenz bis zu sieben Monate im Voraus hätten erkannt werden können, wenn das Tool damals schon installiert gewesen wäre. „Das System zeigt gnadenlos die Wahrheit auf", sagt Ulrich Kropp.

## Lieferanten-Performance-Monitor 3.0

Eine Auswahl der Probleme beim Lieferanten, die BorgWarner Beru Systems mithilfe der neuen Software erkennt, bevor der Lieferant darüber informiert:

- Ausfall von Mitarbeitern/Dienstleistern
- Kapazitätsengpässe
- Vormaterialienengpässe
- IT-Probleme
- Politische Unruhen
- Störungen der Transportwege
- Qualitätsprobleme
- Insolvenz-Tendenz

# Transparenz spart Geld

Angesichts der schwachen Nachfrage strafft der Stahl- und Metalldistributor Klöckner seine Logistikprozesse in Europa. Allein in Deutschland floss ein sechsstelliger Euro-Betrag in ein neues AutoID-System.

## Klöckner

Als eine der Landesgesellschaften des Stahl- und Metalldistributors Klöckner & Co SE ist die **Klöckner Stahl- und Metallhandel GmbH**, beide mit Sitz in Duisburg, verantwortlich für das operative Geschäft in Deutschland. Sie übernimmt in den Bereichen Automotive, Hoch-, Tief- und Metallbau sowie im Maschinen- und Anlagenbau die Distribution von Werkstoffen, deren An- und Weiterverarbeitung sowie zusätzliche Dienstleistungen. Im Geschäftsjahr 2012 erzielte der Gesamtkonzern weltweit rund 7,4 Mrd. Euro Umsatz, davon trug der Klöckner Stahl- und Metallhandel 972 Mio. Euro bei. Aktuell beschäftigt Klöckner & Co weltweit etwa 9.800 Mitarbeiter.

Trotz des Einbruchs der Stahlnachfrage in Europa und einem kontinuierlichen Preisdruck für Stahlprodukte konnte der Duisburger Stahl- und Metalldistributor Klöckner & Co SE im vergangenen Jahr Absatz und Umsatz steigern. Wachstumstreiber waren die USA, wo der Konzern akquisitionsbedingt ein starkes organisches Wachstum verzeichnete. Dagegen lag der Absatz in Europa um 6,5 Prozent unter Vorjahresniveau; der gesamte Markt schrumpfte laut Klöckner um neun Prozent.

Das operative Ergebnis (EBITDA) des Unternehmens vor Restrukturierungsaufwendungen in Höhe von 139 Mio. Euro lag ebenfalls weit unter dem Vorjahresniveau (227 Mio. Euro). Für Europa hat Klöckner daher im September 2011 ein Restrukturierungsprogramm initiiert, das im Herbst 2012 nochmals erheblich verschärft wurde. Derzeit sind bereits zwei Drittel der Maßnahmen umgesetzt: 40 Standorte wurden geschlossen und die Anzahl der Beschäftigten um mehr als 1.200 reduziert.

Aus dem Osteuropa-Geschäft hat sich das Unternehmen weitgehend zurückgezogen. Im laufenden Geschäftsjahr sollen erneut 1.800 (16 Prozent) der Mitarbeiter entlassen werden. Die Anzahl der Niederlassungen soll von 290 auf knapp 230 sinken. Im Jahr 2013 wird bereits deutlich mehr als 40 Prozent des Absatzes im Wachstumsmarkt USA erzielt werden, prognostiziert Klöckner. Ziele des Restrukturierungsprogramms in Europa sind unter anderem eine bessere Produktivität in der Lagerhaltung sowie die Senkung von Gemein- und Logistikkosten.

Zur Optimierung der Wertschöpfungskette hat der Stahldistributor in den europäischen Lagern 2011 die „10 Commandments of Operations" eingeführt und 2012 auch in der ameri-

Bilder: Klöckner

**Blick ins Hochregal: Klöckner handelt unter anderem mit Flachstahl, Hohlprofilen und Rohren.**

kanischen Landesgesellschaft implementiert. Mit diesem System sollen Prozesse harmonisiert, Best Practices länderübergreifend ausgetauscht und ein kontinuierlicher Verbesserungsprozess sichergestellt werden. Ziele sind eine bessere Lieferperformance, mehr Effizienz der Logistikabläufe und eine höhere Arbeitssicherheit. Das beinhaltet die bestmögliche Nutzung der Lagerfläche, die verbesserte Wartung und Instandhaltung von Maschinen und Anlagen sowie Themen der Mitarbeiterführung und -einbindung.

Darüber hinaus wird die Umsetzung papierloser Prozesse vorangetrieben. In Deutschland verbessert eine 2012 eingeführte scannerbasierte Lösung die Verfolgbarkeit in den Materialflüssen. Hierzulande betreibt die Tochter Klöckner Stahl- und Metallhandel GmbH 14 Lagerstandorte. „Bis vor Kurzem wussten wir in unserem Distributionsnetzwerk nicht, wo genau sich jede einzelne der knapp 1,1 Millionen Sendungen befindet, die als Materialaustausch zwischen den Niederlassungen bewegt werden“, erinnert sich Stefan Kroos, Leiter Logistik bei Klöckner. „Es kam zu einzelnen Sendungsverlusten und natürlich hat auch die Liefertreue auf dem Weg zu unseren Kunden gelitten“, so Kroos. „Dieser Zustand war für uns auf die Dauer nicht haltbar und wir haben uns entschlossen, die Dokumentation unserer Logistikkette automatisiert abzuwickeln“, berichtet er.

## Schrittweise Einführung

Vor zwei Jahren begann das Unternehmen, schrittweise die automatisierte Datenerfassungslösung der AISCI Ident GmbH, Bad Salzuflen, einzuführen. In einem ersten Schritt stattete Klöckner sämtliche Hallenflächen – das sind immerhin mehr als 150.000 m² – mit WLAN-Technik aus. Im Warenausgang wurden mobile Datenerfassungsterminals vom Typ

**Im Warenausgang arbeitet Klöckner seit Kurzem mit mobilen Datenerfassungsterminals.**

„Falcon X3" der italienischen Datalogic S.p.A., Bologna, eingeführt. Mit den Terminals scannen die Klöckner-Mitarbeiter heute nach Ende der Kommissionierung die Barcodes der einzelnen Lieferpositionen und buchen sie direkt auf zuvor gekennzeichnete Pufferplätze. Über eine Schnittstelle zum Warenwirtschaftssystem SAP ERP 6.0 weiß Klöckner jetzt ganz genau, welche Artikel sich in welcher Stückzahl auf den einzelnen Pufferplätzen befinden. Beim Verladen für eine Kundenlieferung wird das Material ebenfalls gescannt und einem Transport zugeordnet.

Schrittweise soll das AutoID-System nun auch auf andere innerbetriebliche Logistikprozesse wie den Wareneingang, die Lagerhaltung und die Kommissionierung erweitert werden. Einzelne neue Module wie die Lagerplatzverwaltung, eine Inventurlösung, die Übernahme der Ausgangsbuchung oder die Rechnungslegung wurden bereits in das System integriert. „Hauptziel ist es, einen parallelen Informations- und Materialfluss über die gesamte Logistikkette und alle Niederlassungen hinweg herzustellen", betont der Logistikchef.

„Wir wollen einen parallelen Informations- und Materialfluss über die gesamte Kette hinweg."

**Stefan Kroos, Logistikleiter bei Klöckner Stahl- und Metallhandel, Duisburg**

Das deutsche Niederlassungsnetz von Klöckner hat in diesem Automatisierungsprojekt Pilotcharakter für weitere europäische Landesgesellschaften des Stahlgroßhändlers. Wenn voraussichtlich Ende 2013 alle Prozesse des Materialflusses in Deutschland integriert sind, soll die Lösung auch in andere europäische Länder schrittweise ausgerollt werden. Europaweit werden dann rund 1.000 Datalogic-Geräte bei Klöckner zum Einsatz kommen – die ersten 200 davon sind heute bereits installiert. Die Investition liegt laut Kroos allein in Deutschland in einem hohen sechsstelligen Euro-Bereich.

# Vom Ende der Steinzeit

**Die Lagerprozesse bei Reiff Reifen und Autotechnik steuert seit fünf Jahren ein WMS. Dank ABC-Klassifizierung und einer Pick-by-Voice-Kommissionierung steigerte der Großhändler die Effizienz um mehr als 25 Prozent.**

## Reiff-Gruppe

Mit rund 508 Mio. Euro Umsatz (2013), mehr als 80 Standorten in Europa und weltweit 1.630 Mitarbeitern zählt die **Reiff-Gruppe** mit Sitz in Reutlingen zu den führenden familiengeführten Handelsunternehmen hierzulande. Mit den vier Unternehmenseinheiten R-Tec, Reifen Krupp, Hanse-Trading und Reifen+Räder ist die Reiff-Gruppe bedeutendster Reifengroßhändler in Deutschland und der größte Motorradreifenhändler in Europa.

Die ABC-Klassifizierung ist für Lagerbetreiber vieler Branchen eine besondere Herausforderung. Besonders Anbieter von Saisonartikeln stellt sie vor die Aufgabe, die Sortimentsbestände regelmäßig umzulagern beziehungsweise redundant zu halten, um eine schnelle Auftragskommissionierung zu gewährleisten. Beispiel: die Reiff Reifen und Autotechnik GmbH.

Das Distributionszentrum des Unternehmens für die anteilige Belieferung der süddeutschen Niederlassungen und europäischen Nachbarländer befindet sich in Reutlingen. Etwa 3.000 verschiedene Artikel sind dort gelagert. In Stückzahlen liegt die Lagerkapazität unter anderem bei 175.000 Reifen und 10.000 Felgen. 750.000 Reifen durchlaufen pro Jahr das Distributionszentrum – bis zu 15.000 Stück pro Tag. „Das ist mit manuellem Handling und Wareneingangsbuchungen im ERP-System nicht wirtschaftlich zu bewältigen", betont Gerald Gierth, Leiter Logistik und Lager der Reiff Reifen und Autotechnik am Standort Reutlingen. „Beim Saisongeschäft mit Sommer- und Winterreifen wechselt die ABC-Klassifizierung und erfordert Umlagerungen. Bei chaotischer, manueller Lagerung ist das schnell mit hohen Fehlerraten bei der Auftragskommissionierung verbunden."

### Speziell zugeschnitten

Vor diesem Hintergrund suchte das Handelsunternehmen ein leistungsstarkes Warehouse Management System (WMS). Es sollte Transparenz in die Prozesse des statischen Blocklagers bringen und zugleich Effizienz und Servicequalität steigern sowie die Einführung moderner Kommissionierstrategien unterstützen. Den Zuschlag erhielt das „PSIwms" der PSI Logistics GmbH, Berlin. „Die erforderlichen Grundstrukturen für die Prozesssteuerung und Artikelver-

Bilder: Reiff

waltung vom Wareneingang bis zum Warenausgang waren im Standard des Systems bereits etabliert“, so der Lager- und Logistikleiter. Im kundenindividuellen Zuschnitt des Systems hat der Softwareanbieter zusätzliche Funktionalitäten etwa zur Komplettrahmen-Montage, für das Cross-Docking, die Vorkommissionierung für Export-Kundenläger oder für Prioritäten bei der tourengerechten Kommissionierung integriert. Zur Effizienzsteigerung der Kommissionierung wurde zudem ein Pick-by-Voice-System angebunden.

„Angesichts der wechselnden ABC-Klassifizierung der Saisonartikel lag die besondere Herausforderung beim Customizing des Tools in der intelligenten Bestimmung und Kennzeichnung der Lagerplätze“, erläutert Ludmila Grübel, Projektleiterin bei PSI Logistics. „Die gesamte Nachschubsteuerung musste auf dieses Phänomen zugeschnitten werden.“ Mit der Systemeinführung erfolgten eine exakte Aufteilung in Lagerbereiche sowie eine genaue Zuordnung und Kennzeichnung der Lagerplätze.

„Inzwischen bietet uns das PSIwms höchste Transparenz und ein Optimum an Flexibilität“, sagt Gierth. Über die Leitstandfunktionen der Software lassen sich die Anlagenauslastung und der Status der Auftragsfertigung in Echtzeit verfolgen, sind Bestände und Reservierungen per Mausklick im Blick. Bei Änderungen von Topologien oder speziellen Kundenwünschen lässt das System sich überdies komfortabel an die veränderten Prozesse anpassen.

Das Reiff-Distributionslager in Reutlingen ist strukturell in Nachschub- und Pickbereiche gegliedert. Die Anlieferungen der Reifen durch die Hersteller erfolgen größtenteils lose. Sie werden im Wareneingangsbereich auf Lager- und Transportpaletten umgelagert. Auf ihnen sind die Reifen sowohl sortenrein als auch gemischt gestapelt. Im Abgleich mit den Avis-Daten und Erfassung der Nummer der Transporteinheit

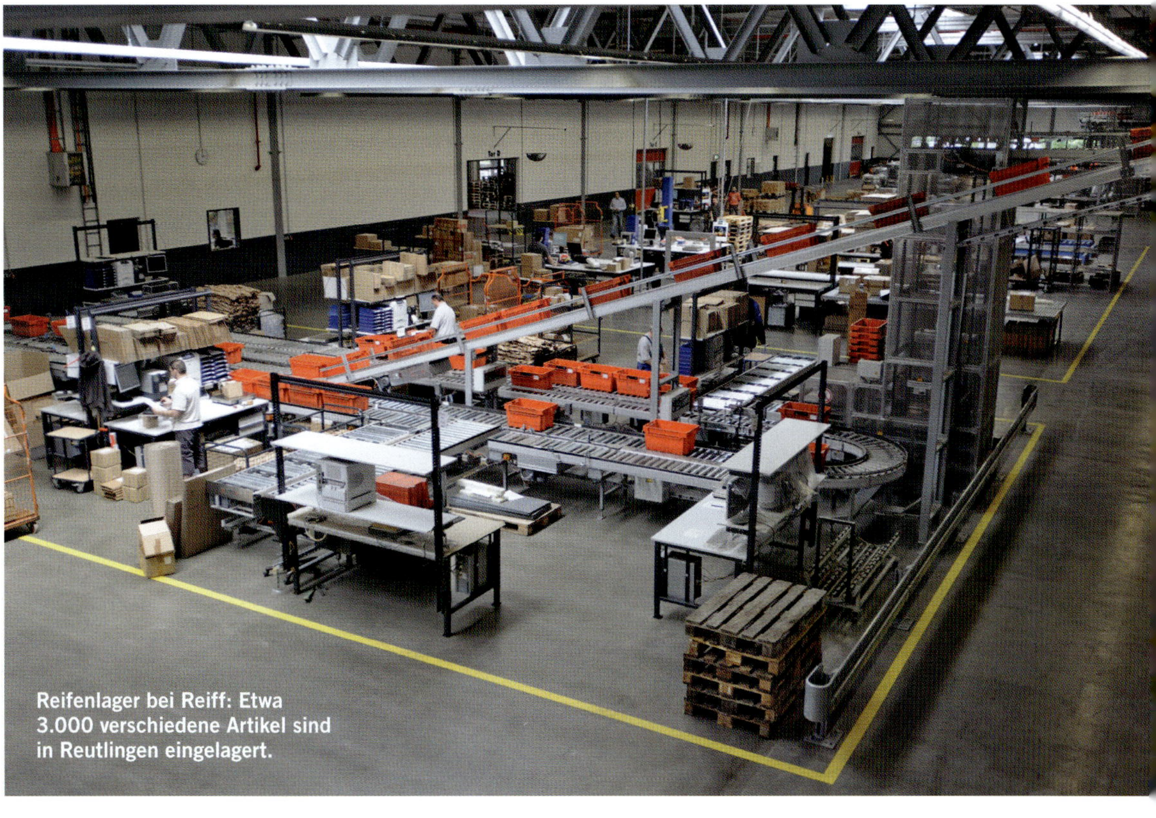

Reifenlager bei Reiff: Etwa 3.000 verschiedene Artikel sind in Reutlingen eingelagert.

Der oder der? Kunden von Reiff sind zeitnahe Lieferungen gewohnt. Möglich wird das dank einer effizienten Logistik.

(TE-Nummer) werden die Wareneingangsartikel und -mengen in PSIwms als Bestand verbucht. Das WMS generiert einen Lagerplatz und übermittelt die Transportaufträge über eine Funklösung an die eingesetzten Stapler. Das integrierte Staplerleitsystem „Transport Control" des PSIwms sorgt dabei für fahrwegoptimierte Ein- und Auslagerungen.

Die Wareneingänge werden in einem Blocklager mit bis zu vier Stahlpaletten übereinander gelagert. Wareneingänge, die nach Bestelldaten bereits für die Auftragsbearbeitung genutzt werden können, werden gar nicht erst eingelagert. Auf der Basis von Reservierungsstrategien für Warenbestände und Wareneingänge überführt PSIwms die entsprechenden Anlieferungen ins Cross-Docking, womit sie vom Wareneingang direkt im Warenausgangsbereich bereitgestellt werden. Ähnlich steuert das System bei Reiff die Materialflüsse für die Exportläger der Kunden.

Zur Kommissionierung erhalten die Mitarbeiter ihre Aufträge aus der Software. Sie werden vom IT-System wegeoptimiert aufbereitet, sodass sie in der Versandfertigung tourengerecht zusammengestellt und verladen werden können. Auf Basis hinterlegter Plan- und Sonderaufträge und verschiedener Transportdienstleister steuert PSIwms die Kommissionierung zur Versorgung der Niederlassungen dabei sowohl routensequenziert als auch nach optimaler Beladereihenfolge.

Unterstützt werden die Kommissionierprozesse bei Reiff von einem Pick-by-Voice-System. Dazu werden die Kundenaufträge vom PSIwms nach Lagerzonen getrennt in Teilaufträge gegliedert, sodass die Aufträge in den Lagerzonen parallel kommissioniert werden können. „Das verkürzt die Auftragsdurchlaufzeiten wesentlich", so Gierth.

Über das Funknetzwerk im Lager (WLAN) tauschen WMS und Kommissioniergeräte die erforderlichen Informationen aus. Die Geräteausstattung der Kommissionierer besteht aus einem am Gürtel tragbaren Spracherkennungssystem mit kabelgebundenem Headset, einer spezifischen Applikationssoftware sowie einem integrierten WLAN-Drucker. Die Software fungiert als unterstützende Verwaltungssoftware für die eingesetzten Voice-Terminals sowie als Gateway für die Übermittlung der Nutzdaten zwischen den Terminals und PSIwms.

## Stabile Prozesse, flexible IT

An 15 Versandplätzen werden die kommissionierten Teilaufträge schließlich zusammengeführt und die Auftragspositionen für den Warenausgang vorbereitet. Dabei steuert PSIwms auch den Druck der Versandpapiere und der Sendungskennzeichnung.

Inzwischen läuft das Warehouse Management System der PSI Logistics bei Reiff seit fünf Jahren – in der IT eine halbe Ewigkeit. Gleichwohl hat Reiff kein Release übernehmen müssen. „Die Prozesse sind weitgehend gleich geblieben, Änderungen konnten mit wenig Aufwand problemlos in die vorhandene Systemkonfiguration eingebunden werden", resümiert Gierth. „PSIwms steuert nach wie vor sämtliche Prozesse zwischen Wareneingang und Warenausgang, bietet uns Transparenz und hohe Flexibilität bei der Weiterentwicklung unserer Geschäftsprozesse. Trotz zusätzlicher Prozesskomplexität arbeiten wir mit PSIwms etwa 25 bis 30 Prozent effizienter als zuvor. Die Einführung 2008 hat uns hinsichtlich des Warehousings in wenigen Monaten von der informatorischen Steinzeit in das IT-Zeitalter katapultiert."

# Fertigung beruhigt

**Um Kapazitätsengpässe in der Produktion aufzulösen, hat der Schaltgerätebauer Fritz Driescher eine marktsynchrone Wertschöpfungskette von der Komponentenfertigung bis zur Endmontage aufgebaut.**

Mittel- oder Niederspannungsschaltanlagen, Transformatorstationen sowie Hoch- und Niederspannungs-Sicherungseinsätze gehören zum Produktspektrum der Fritz Driescher GmbH & Co. KG in Wegberg. Nach eigenen Angaben ist das Familienunternehmen inzwischen der einzige Mittelständler seiner Branche. Das erfordert eine hohe Produktqualität, eine hohe Flexibilität bei den Kundenwünschen, kurze Lieferzeiten und eine hohe Termintreue.

Die Komponenten für die auftragsbezogene Endmontage der Schaltanlagen stellt das Driescher-Zentrallager bereit. Das bisherige logistische Geschäftsmodell sah eine auftragsbezogene Komponentenfertigung und Materialbereitstellung für die Endmontage vor. Angesichts zunehmender Marktschwankungen, einer wachsenden Variantenvielfalt sowie kürzerer Lieferfristen stieß es jedoch zunehmend an seine Grenze.

## Zu lange Durchlaufzeiten

Die bislang fehlende Kapazitätsplanung musste das Auftragszentrum durch manuelle Priorisierungen kompensieren. Teilweise terminierten die Disponenten die Fertigungstermine dabei in die Vergangenheit. Laufend gab es Abstimmungsbedarf zwischen Komponentenfertigung, Zentrallager, Endmontage und Auftragszentrum. In der Endmontage fehlten dennoch häufig Komponenten. Die Mitarbeiter konnten teilmontierte Schaltanlagen nicht zu Ende bauen und begannen, Komponenten zwischenzulagern, was zu Platzproblemen und häufiger Materialsuche führte.

Die Komponentenfertigung kämpfte gleichzeitig mit hohen Auftragsrückständen und langen Durchlaufzeiten. „Nur mit hohem Kostenaufwand, großen Beständen, großer Flexibilität

## Fritz Driescher

Die **Fritz Driescher GmbH & Co. KG** mit Sitz in Wegberg ist spezialisiert auf die Entwicklung und den Bau von Schaltanlagen und Schaltgeräten für die Energieversorgung. 2008 erwirtschaftete der familiengeführte Mittelständler einen Umsatz von 40 Mio. Euro und beschäftigte 384 Mitarbeiter.

Bilder: Abels & Kemmner

**Für jeden der acht Montagebereiche errichtete Driescher eigene Kanban-Regale und Palettenstellplätze.**

der Arbeitszeitkonten und einem relativ hohen Anteil an Standardteilen konnten die Liefertermine gerettet werden", erinnert sich Manfred Bürger, Leiter des Driescher-Auftragszentrums.

Schließlich entschloss sich Driescher vor Kurzem, eine marktsynchrone Wertschöpfungskette aufzubauen. Die Unternehmensberatung Abels & Kemmner GmbH, Herzogenrath bei Aachen, führte mithilfe einer „Advanced Planning and Scheduling"-Software (APS) zunächst eine Ist-Analyse durch. Sie ergab, dass die Fertigung zu 69 Prozent durch nur zehn Prozent der Teile ausgelastet war. Die restlichen etwa 90 Prozent belegten ein Drittel der Fertigungskapazität. In der Komponentenfertigung betrug der Arbeitsvorrat im Durchschnitt 21 Arbeitstage. Das führte zu langen Durchlaufzeiten und Problemen bei der Termintreue.

Um die Fertigungskapazitäten zu erhöhen, wurden Aufträge vorübergehend nach außen verlagert. Eine Personalkapazitätssteuerung wurde installiert, um kurzfristig die Mitarbeiterkapazitäten dem aktuellen Fertigungsbedarf anzupassen. Aufträge wurden nicht mehr in die Vergangenheit gelegt oder verfrüht eingelastet, sondern nur noch zeitgerecht. Im Verlauf von sechs Monaten gelang es mit diesen Maßnahmen, die Durchlaufzeiten auf im Schnitt vier Tage zu senken.

Heute arbeitet Driescher nach der „Hase und Igel"-Strategie. Sie basiert auf einer 80/20-Nivellierung der Fertigungskapazitäten – differenziert nach Standard (XY)- und auftragsspezifischen (Z) Teilen. „Hasen"-Artikel (Z-Teile) werden weiterhin bei einem Fertigungsauftrag priorisiert mit kurzen Durchlaufzeiten und schneller Verfügbarkeit gefertigt (Push-Fertigung). „Igel"-Artikel – das sind AB/XY-Artikel und einige Z-Teile – lagern dagegen über eine Pull-Steuerung

**Um das Material für die Endmontage effizienter bereitstellen zu können, führte Driescher „Supermarktregale“ ein.**

(via Kanban) bestandsgeführt im Zentrallager oder in einem Zwei-Behälter-Kanban-System in sogenannten Supermarktregalen der Endmontage. Sie wurde so umgebaut, dass für jeden der acht Montagebereiche eigene Kanban-Regale und Palettenstellplätze entstehen konnten. Ist ein Behälter leer, wird per Barcodescan ein Umlagerungsauftrag im Zentrallager generiert. Innerhalb von zwei Arbeitstagen muss die Box dann wieder aufgefüllt werden. Während dieser Umlagerungszeit bedienen sich die Mitarbeiter aus dem zweiten Kanban-Behälter.

Dieses System ermöglicht es, die Endmontage mit einer Lieferbereitschaft von zum Teil über 98 Prozent mit Standardkomponenten zu versorgen. Bisher wurden für die acht Montagebereiche 3.176 Artikel auf das Zwei-Behälter-Kanban-System umgestellt. Interessantes Detail: Trotz der zusätzlichen Lagerstufe sanken die Lagerbestände.

Für die Pull-Steuerung via Kanban wurde im ERP-System „Baan 5“ der Infor GmbH, Friedrichsthal bei Aachen, eine Erweiterung programmiert. Eine einfache Excel-Access-Applikation hilft zusätzlich, eine Kapazitätsplanung auf Basis der Baan-5-Daten für alle Fertigungskapazitäten aufzubauen.

## Stetige Nachjustierung

Die Kapazitätsbedarfe für Maschinen und Personal werden jetzt ausgehend von den Bedarfsterminen für jede Fertigungsstufe überwacht. Darüber hinaus wurde im Baan-5-System die Materialbereitstellung (Kommissionier-Reports) für die auftragsbezogen gefertigten Artikel so reorganisiert, dass jetzt Umlagerungsaufträge in die Endmontage nur noch dann erfolgen, wenn eine 100-prozentige Materialverfügbarkeit aller Komponenten für einen Auftrag gegeben ist. Regelmäßig justieren die Planer die Planungs-, Steuerungs- und Dispositionseinstellungen im Baan-5-System mithilfe der APS-Software artikelspezifisch nach.

Ergebnis: Durch das neue logistische Geschäftsmodell stieg der Durchsatz in der Komponentenfertigung ohne Kapazitätserweiterung. „Die kanbangesteuerten Artikel sind zu Selbstläufern geworden, die lediglich in regelmäßigen Abständen überprüft und nachjustiert werden müssen“, resümiert Manfred Bürger.

**„Die kanbangesteuerten Artikel sind zu Selbstläufern geworden.“**

**Manfred Bürger, Leiter Auftragszentrum, Fritz Driescher**

# Anschluss fürs Tor zur Welt

Unter dem Projektnamen „Change 3.0" richtet die Hamburg Port Authority die IT-Infrastruktur im Hamburger Hafen neu aus. Allein 20 Mio. Euro flossen in ein neues IT-System für die Hafenbahn.

## Hamburg Port Authority

Die **Hamburg Port Authority (HPA)** betreibt seit 2005 das Hafenmanagement im Hamburger Hafen und beschäftigt rund 1.800 Mitarbeiter. Im Jahr 2012 hat die Behörde einen Umsatz in Höhe von rund 157 Mio. Euro erwirtschaftet. Als Anstalt öffentlichen Rechts ist die HPA verantwortlich für die Vorbereitung und Durchführung von wasser- und landseitigen Infrastrukturmaßnahmen, die Sicherheit des Schiffsverkehrs, die Hafenbahnanlagen, das Immobilienmanagement und die wirtschaftlichen Bedingungen im Hafen.

Dass der Hamburger Hafen zu den größten deutschen Knotenpunkten für den Bahnfrachtverkehr gehört, ist wohl nur Insidern bekannt: Jeder dritte Container erreicht oder verlässt das Hafengebiet mit der Bahn, jeder siebte Bahntransport in Deutschland beginnt oder endet dort. Auf dem rund 300 Kilometer langen Gleissystem mit Gleisanschlüssen für mehr als 170 Betriebe verkehren täglich gut 200 Züge mit etwa 4.500 Wagen. Dabei gibt es eine Besonderheit: Das gesamte Gleisnetz im Hafen gehört – ebenso wie die Straßen und Kaianlagen – der Stadt Hamburg und wird von der Hamburg Port Authority (HPA) betrieben.

Derzeit nutzen 99 Eisenbahnverkehrsunternehmen (EVU) aus ganz Europa das Gleisnetz. Die HPA rechnet mit starkem Wachstum: „Wir gehen davon aus, dass sich bis 2025 die Containerzahlen verdoppeln oder sogar verdreifachen werden", sagt Dr. Sebastian Saxe, IT-Leiter (CIO) der HPA. „Das Projekt Change 3.0 zielt darauf, die IT-Prozesse im Hafen zu optimieren und dadurch das Potenzial der vorhandenen Infrastruktur besser auszuschöpfen", erklärt er. Denn die HPA steht vor einer Herausforderung: Wegen des begrenzten Areals lassen sich weder die Flächen für den Containerumschlag noch das Straßen- oder Gleisnetz nennenswert ausbauen. Kapazitätssteigerungen sind allein durch die Verbesserung der logistischen Prozesse zu erreichen.

### Komplexe Ablösung

Bereits vor einigen Jahren hat die HPA begonnen, die gesamte IT-Landschaft zu modernisieren und eine Integrationsplattform für den Schienengüterverkehr zu entwickeln. Die Planungs- und Konzeptionsphase startete 2007 mit Partnern aus der Hafenlogistik unter

Bilder: HPA

Auf dem rund 300 Kilometer langen Gleissystem im Hamburger Hafen verkehren täglich gut 200 Züge mit 4.500 Wagen.

Projektleitung der Lufthansa Systems AG, Kelsterbach, die 2010 nach einer Ausschreibung auch den Zuschlag für die Realisierung des Bahnprojekts erhielt. Weiterer Projektpartner war der Hamburger IT-Dienstleister Dakosy Datenkommunikationssystem AG, der schon an der Entwicklung und dem Betrieb des alten Hafenbahnsystems beteiligt war.

Insgesamt hat die HPA rund 20 Mio. Euro in den Ausbau der IT-Systeme für die Bahn investiert. Die Voraussetzungen für die Migration des „Altsystems" wurden mit den ersten beiden Stufen der Systemeinführung bereits im Herbst 2011 geschaffen. Das eigentliche Produktionssystem der Hafenbahn wurde im Juni 2012 in enger Abstimmung mit den Unternehmen der Hamburger Hafenwirtschaft live geschaltet.

„Die Ablösung des Altsystems ist ausgesprochen komplex, da es eine Vielzahl von Funktionen für Bahninfrastruktur und Bahnlogistik enthält. Um das Einführungsrisiko möglichst gering zu halten, haben wir die Ablösung in sukzessiven sogenannten Migrationsschritten geplant", erklärt Karsten Schumacher, Projektleiter von Lufthansa Systems.

## Funktionen entkoppelt

Das alte IT-System HABIS (Hafenbahn Informationssystem) stammte noch aus den 90er-Jahren, als die Deutsche Bahn AG, Berlin, noch das einzige EVU im Hamburger Hafen war. Es stieß nicht nur aufgrund seiner Softwarearchitektur und mangelnder Erweiterbarkeit an seine Grenzen. Vor allem waren die Prozesse

„Wir gehen davon aus, dass sich bis 2025 die Containerzahlen verdoppeln oder sogar verdreifachen werden."

**Dr. Sebastian Saxe, CIO der HPA**

zur Verwaltung und dem Betrieb des Gleisnetzes mit der Kommunikation zwischen Bahnbetrieb und Hafenumschlagbetrieben untrennbar verwoben.

Im neuen IT-System sind diese Funktionen für Bahninfrastruktur („TransPort Rail Basic") und Bahnlogistik („Bahn-Logistikknoten"; BLK) entkoppelt und in verschiedenen Softwaremodulen abgebildet. Die Prozesse im Schienengüterverkehr können so besser gesteuert werden. Dazu gehören unter anderem die Verfolgung der Wagenstandorte im Hafen, die Disposition der Hafenbahn-Infrastruktur und die Zuordnung von Containern auf Wagen.

Damit sich das Hafenbahnsystem in die künftige IT-Architektur einpasst, bildet eine Integrationsplattform den Dreh- und Angelpunkt der Lösung. Die Module für Bahninfrastruktur und Bahnlogistik werden als erste in diese sogenannte „Business Process Engine" integriert. Der Vorteil dieser Architektur: Weitere Module, die künftig im Rahmen des Modernisierungsprojekts „Change 3.0" entwickelt werden, sowie andere Hafen- und Logistikbetriebe können einfach an die IT-Landschaft angeschlossen werden. „Auf diese Weise wird die Grundlage geschaffen, um den Bahnverkehr zu optimieren und künftig verkehrsträgerübergreifend Synergien mit anderen Hafenbetrieben und Verkehrssystemen wie Schiff und Lkw zu erschließen", erläutert Projektleiter Schumacher.

Das gehört zu den wichtigsten Zielen, die IT-Chef Saxe mit Change 3.0 anstrebt: „Spediteure und Reeder sind heute nicht mehr allein am Transport per See, Bahn oder Lkw interessiert, sondern vor allem daran, dass die Schnittstellen zwischen den Verkehrsträgern reibungslos funktionieren. Hier ist die HPA als Infrastrukturbetreiber gefordert, zukunftsfähige IT-Lösungen für die Abwicklung anzubieten", betont der HPA-CIO. Er sieht die neue Architektur des Hafenbahnsystems als wichtigen Baustein dieser Strategie: „Anwendungen sind nicht mehr monolithisch, sondern werden über eine Cloud aus Services zusammengesetzt und sind auch mit mobilen Geräten nutzbar. Die neue IT-Landschaft, die wir im Hafen aufbauen, bildet die Basis für vielfältige Anwendungen, die alle am Hafenumschlag Beteiligten nutzen können", sagt der Manager.

## Apps in Planung

Als nächste Vorhaben stehen ein verkehrsträgerübergreifender Leitstand sowie die Entwicklung von Apps für die Integration mobiler Endgeräte auf der Agenda. Und Saxe denkt bereits weiter: an das sogenannte „Extranet of Things". Die Idee dahinter: Infrastrukturen werden in der Zukunft intelligent sein.

So kann etwa eine Weiche melden, wie oft sie gestellt oder wie häufig sie von welchen Gewichten befahren wurde. „Transportsysteme können dann mit diesen intelligenten Infrastrukturen kommunizieren. Auf diese Weise erschließen wir ein großes Potenzial für weitere Prozessoptimierungen", sagt der IT-Chef der HPA.

# Der gläserne Materialfluss

**Um Durchlaufzeiten zu senken und die Produktivität zu steigern, setzt der Werkzeugspezialist Kennametal auf Six Sigma, Lean Management und Prozesssimulation.**

*Autoren:*
***Bernhard Lukas**, Werkleiter bei Kennametal in Nabburg,*
***Günter Hetterscheid**, Six Sigma Blackbelt und Manufacturing Operational Excellence Leader bei Kennametal in Fürth*

Im globalen Verdrängungswettbewerb sind für Kennametal Qualität, Produktivität, Kosten, Liefertreue und Lieferzeiten wichtige Unternehmenskennzahlen in puncto Wettbewerbsfähigkeit. Six Sigma bildet im Einklang mit Lean Management und Kaizen-Aktivitäten bei Kennametal eine wichtige Säule, um diese Kennzahlen mit den Tools „VSM“ (Wertstromanalyse), „Setup“ (Rüstzeitanalyse) und „SOP“ (Standard Operation) zu verbessern.

Die Fertigungsprozesse bei Kennametal sind oft sehr komplex – mit einer Vielzahl an Operationen, Batchprozessen und geometrisch unterschiedlichen Produkten und Werkstoffen. Produktionen mit mehr als 200 Arbeitsplätzen zur Herstellung von Wendeschneidplatten sind ebenso vertreten wie kleinere Werke mit 100 Arbeitsstationen, in denen Zerspanungswerkzeuge gefertigt werden. Markt, Innovation und Wettbewerb verursachen ständig Schwankungen im Auftragseingang, die sich auf den Materialfluss auswirken. Daher ist es unumgänglich, Materialflussparameter wie Maschinen- und Personalressourcen, Losgrößen und Schichtsysteme zu justieren.

## Komplexe Materialströme

Werden Materialflussparameter angepasst, kommt es in vielen Fällen zu gegenseitigen Wechselwirkungen, die sich sowohl positiv als auch negativ auf die Prozesskennzahlen auswirken können. Diese Wechselwirkungen kann man bei komplexen Materialströmen nur ansatzweise prognostizieren. Oft lassen sich nur Teilprozesse sinnvoll anpassen – allerdings mit dem Risiko, dass andere Prozesse negativ beeinflusst werden. Es ist deshalb sinnvoll, den Fertigungsprozess ganzheitlich zu betrachten. Kennametal hat in den vergangenen zwei Jah-

Bild: Kennametal

**Im Werk Nabburg fertigt Kennametal Sonderwerkzeuge.**

ren eine Methode entwickelt, die mithilfe von Six Sigma, Prozesssimulation und Lean Management Durchlaufzeiten und Produktivität im Fertigungsprozess verbessert.

Erste Erfahrungen sammelte das Unternehmen im Rahmen eines Six-Sigma-Projektes am Standort Nabburg 2009. Ziel war es, die Durchlaufzeit und die Liefertreue in der Fertigung für Custom Solution/Sonder-Aufträge von Zerspanungswerkzeugen signifikant zu verbessern. Der Materialstrom umfasste etwa 45 Arbeitsstationen, vom Einlasten der Aufträge bis zum Versenden. Das Pilotprojekt lieferte vielversprechende Ergebnisse (Reduzierung der Durchlaufzeit um 22 Prozent und Verbesserung der Liefertreue um 16 Prozentpunkte auf 95 Prozent) und ermutigte Kennametal, diese Vorgehensweise an weiteren Standorten einzusetzen.

Das Projekt wird klassisch nach der „Six Sigma DMAIC Route" (Define-Measure-Analyse-Improve-Control) abgearbeitet. Nach Durchlaufen der Measure-Phase mit dem Fähigkeitsnachweis der logistischen Kennzahlen wird in der Analysephase die Workflow/Produktionskennzahlen-Matrix erarbeitet. Mit ihrer Hilfe erkennt man die ersten Schwachpunkte und Störgrößen im Materialstrom. Der Fokus liegt dabei auf Prozess-, Rüst- und Schichtzeiten, Auftragssteuerung und TPM (Total Productive Maintenance). Mithilfe einer FMEA (Failure Mode and Effects Analysis) bewertet man die teilweise mehr als 50 vermuteten Einflussgrößen und rückt auf Basis der RPZ (Risiko-Prioritäts-Kennzahl) die wichtigsten Stellhebel in den Vordergrund. Es ist relativ zeitaufwendig, die FMEA zu erstellen, sie kann auch durch die C&E-Matrix (Cause and Effect Matrix) ersetzt werden.

Für die Top-Einflussgrößen werden dann Hypothesen formuliert. Die erste große Hürde ist nun, diese Hypothesen nachzuweisen. Diesen Nachweis führt man mithilfe von Prozesssimulationen durch. Zum Einsatz kommt bei Kennametal das Prozessanalyseprogramm „iGrafx Process for Six Sigma". In iGrafx werden der Materialfluss, die Maschinen- und Personalressourcen und die Schichtsysteme als Modell abgebildet, welches unter Umständen bis zu 110 Arbeitsplätze beinhalten kann. Über eine Excel-Schnittstelle werden bis zu 10.000 Aufträge – aus zum Beispiel einem halben Jahr – aus dem SAP-System ins Modell eingelastet und simuliert.

Die Software iGrafx verarbeitet diese bis zu 60.000 Operationen innerhalb von fünf bis zehn Minuten. Die Auftragsdaten beinhalten alle Informationen, die notwendig sind, um die Transaktionen in iGrafx zu generieren, wie Zyklus-

und Rüstzeiten pro Auftrag und Zerspanungswerkzeug. In der ersten Phase der Simulation muss das Modell mit der Realität hinsichtlich der logistischen Kennzahlen abgeglichen (validiert) werden. Um das Modell grafisch und analytisch zu validieren, vergleicht man Durchlaufzeitenprofile aus dem SAP-System mit Ergebnissen aus der Simulation, die über eine Schnittstelle an die Statistiksoftware „Minitab" übertragen werden.

Nächster Schritt nach dem Modellabgleich ist das Testen der Hypothesen auf Signifikanz. Simulierte Veränderungen von Schichtmodellen, Rüstzeiten, Prozesszeiten und Auswärtsoperationen zeigen die Auswirkungen auf die Durchlaufzeit.

### Szenarien zur Optimierung

Die Software iGrafx liefert zusätzlich Informationen über lange Wartezeiten, Auslastung der Ressourcen und Engpässe sowie Kostentreiber. Die Erkenntnisse aus der Analysephase werden genutzt, um in der Verbesserungsphase Szenarien zur Optimierung von Durchlaufzeit, Produktivität und Kosten zu simulieren.

Die Ergebnisse werden in einer Szenarien-Matrix zusammengetragen. Hier werden logistische Kennzahlen wie Durchlaufzeit, Produktivität, Kosten, Auslastung Maschinen, Personal, Wartezeitentreiber pro Simulationsdurchlauf festgehalten. Positive Abweichungen dieser Kenngrößen gegenüber dem Ausgangsmodell werden grün markiert und negative rot. Man erhält schnell einen Überblick, welche Szenarien günstig sind zur Zielerreichung. Nachdem man die Ergebnisse zusammen mit dem Six-Sigma-Team, Prozessverantwortlichen und Projektchampion bewertet hat, wählt man ein optimales praktizierbares Szenarium aus und legt Maßnahmen fest.

Die Maßnahmen werden mithilfe von Lean-Teams umgesetzt. Sie können verschiedene Lean-Tools zur Anwendung bringen wie VSM, Rüstzeiten/Setup, SOP oder auch Kaizen. In der Control-Phase werden, nachdem die Maßnahmen umgesetzt wurden, die logistischen Kennzahlen überprüft und bei Abweichungen die über den sogenannten Controlplan definierten Gegenmaßnahmen (Counteractions) durchgeführt. Bis dato wurde diese Methode viermal mit Erfolg in Kennemetal-Werken angewandt. Dabei erzielte man jeweils Einsparungen in fünfstelliger Größenordnung.

Die Verbesserungsmaßnahmen auf Basis der Simulationsergebnisse sind vielfältig. In einem der Projekte zum Beispiel wurden die Rüst- und Zykluszeiten an bestimmten Maschinen mithilfe von Lean-Projekten verbessert. Zusätzlich wurden Schichtzeiten angepasst. Die Methode SOP wurde in einigen Fällen genutzt, um die Produktivität zu steigern, ebenso wie VSM-Projekte in Teilbereichen der Produktion. Die Durchlaufzeit wurde in diesen Fällen um bis zu 25 Prozent verbessert. Die Projektlaufzeit beträgt je nach Komplexität zwischen sechs und 24 Monate.

Die Methode ist für Kennametal zukunftsweisend. Pro Produktionsstandort wird in naher Zukunft ein Modell entwickelt. Das Ziel ist, dieses Modell produktionsbegleitend präventiv einzusetzen und zwar immer dann, wenn signifikante Veränderungen beispielsweise durch Anpassung von Schichtsystemen, Schwankungen im Auftragseingang und veränderte Ressourcen den Materialfluss negativ beeinflussen könnten. Die Auswirkungen auf den Materialfluss werden im Vorfeld betrachtet und bewertet.

## Kennametal

**Kennametal** mit Sitz in Latrobe (Pennsylvania, USA) ist mit weltweit fast 14.000 Mitarbeitern in über 60 Ländern präsent. Das Unternehmen erzielt einen Jahresumsatz von rund drei Milliarden US-Dollar. Kennametal bietet ein breites Spektrum an Werkzeugen für die Metallzerspanung in den Bereichen Drehen, Fräsen, Bohren und Werkzeugsysteme. Diese Produkte werden von den Kunden in der Automobilindustrie, der Luft- und Raumfahrt, dem allgemeinen Maschinenbau und in vielen anderen Industrien eingesetzt. In einem weiteren Segmentbereich werden Sinterwerkstoffe sowie Konstruktionsbauteile und Produkte für den Berg- und Straßenbau produziert. In Europa fertigen 16 Werke Produkte für die Metallzerspanung.